重庆三峡学院学术著作出版基金资助

中国改革与个人主体

詹宏伟 著

China's Reform and the Individual Subject

中国社会科学出版社

图书在版编目(CIP)数据

中国改革与个人主体/詹宏伟著．—北京：中国社会科学出版社，2014.12
ISBN 978－7－5161－5176－1

Ⅰ.①中…　Ⅱ.①詹…　Ⅲ.①改革开放—个人—主体—研究—中国
Ⅳ.①D61

中国版本图书馆 CIP 数据核字(2014)第 289768 号

出 版 人　赵剑英
选题策划　田　文
责任编辑　徐　申
责任校对　李　莉
责任印制　王　超

出　　版　中国社会科学出版社
社　　址　北京鼓楼西大街甲 158 号（邮编 100720）
网　　址　http://www.csspw.cn
　　　　　中文域名:中国社科网　　010－64070619
发 行 部　010－84083685
门 市 部　010－84029450
经　　销　新华书店及其他书店

印刷装订　三河市君旺印务有限公司
版　　次　2014 年 12 月第 1 版
印　　次　2014 年 12 月第 1 次印刷

开　　本　710×1000　1/16
印　　张　13.75
插　　页　2
字　　数　233 千字
定　　价　39.00 元

凡购买中国社会科学出版社图书,如有质量问题请与本社联系调换
电话:010－64009791

序

欣闻詹宏伟博士《中国改革与个人主体》一书即将出版，我感到十分高兴。本书的出版是他个人学术生涯的一件大事，也是运用马克思主义研究中国现实问题的可喜事情。综观全书，可以说这是一本理论与实际相结合的、有分量的学术专著。

我们的时代，是人类发展史上十分罕见的伟大时代，其发展之速，变迁之巨，影响之深远，诚为人类历史之最。尤其是中国的改革开放，作为中国共产党领导的近14亿人的实现中华民族伟大复兴的中国梦的伟业，更是举世无双，前无古人。时代的变化带来学术思想的繁荣。随着苏联模式马克思主义哲学的垄断地位的破除，在坚持马克思主义基本立场、观点和方法的基础上，形成了历史唯物主义的“多维视野”，这些多维视野的相互融合，深化了人们对唯物史观的深刻内涵的理解。本书从个人主体生成发展的独特视角理解马克思社会三形态理论，深入挖掘这一理论的内涵，可以说是对唯物史观的一种新解读，是深化唯物史观的一种十分有益的尝试。

本书在导论部分论证了个人主体论的合法性，包括理论合法性和现实合法性。就理论合法性而言，这一概念和命题来源于对马克思、恩格斯原著的梳理和解读。就现实合法性而言，则来自于对中国前途与命运的关切。正如作者所吐露的：“学术研究最忌随波逐流，学人要有自己的定力。根据阅历、观察和体悟，我坚持认为，今天中国文化价值的深处和社会大众的潜意识中，价值取向仍然存在贬抑个人和个性的问题。”可以说，研究个人主体性问题对于中国这个一向忽视个人价值的国度，具有特别的针对性，切中了中国社会历史发展的症结。作者感到，中国仍然处于现代化过程中，而个人主体性与现代化之间具有内在的勾连。本书理性地分析了国内外学界掀起的“主体性的黄昏”、反主体性和主体间性思潮，认为这些理论思潮中对个人主体性批判的合理成分，使我们能够清醒地认识到西方传统的“个人主体性”

的内在缺陷，这些内在缺陷已经成为现代西方市场制度与西方民主制度的病根。但是我们不能因此而回到文艺复兴之前的蔑视人的主体性的中世纪，全盘否定个人主体性，那是开时代的倒车。作者对个人主体性引起的悖论和危机进行了深入研究，其目的不是否定个人主体性，而是力图促进个人主体性及其产生的现代性的转型升级。作者尝试从个人主体性危机的角度理解现代性危机，认为现代性危机源于自我与他者的冲突，由此提出了化解现代性危机的理论方案——“个人主体性区间论”，其功能在于既充分发挥个人主体性，又防止其损害他者。这是富有创造性的观点，因为这对于克服个人主体性过度膨胀和不当发挥造成的现代性危机，不失为一种解决问题的思路。我认为，这可能是本书中最值得注意的学术观点。

为了论证上述观点，作者提出，个人主体论与个人主义是两回事，个人主体性与集体主义精神和利他精神并不构成完全对立的关系。如作者所说，英雄模范人物一般都有很鲜明的个性，其个人主体性的发挥也较充分，他们为社会、集体乃至人类做出的贡献远大于普通的、主体性不彰的个人。因此，作者提出的“个人主体论”反对蔑视和压抑个人的整体主义和虚假的集体主义，主张确立和尊重个人的主体地位、充分发挥个人的主体性，认为这是社会活力的来源。如果一个社会每个个体的主体性都受到压抑，每个个体都萎靡不振，那么能期望这个社会有活力吗？那只能是死水一潭、万马齐喑。至于每个个体都得到解放后造成的不同个体之间的冲撞，那当然是应该探索解决的问题，但不能成为取消个人主体性的理由。

本书的重要特点是“对现实问题进行深入的理论思考”，从而使其理论观念更具有鲜活的色彩。本书梳理和解读马克思唯物史观不是从理论到理论，而是从解决现实问题的需要出发创新理论，然后用新理论观察和分析现实问题。这是一种理论联系实际的研究风格，也是问题导向方法的具体运用。正是遵循这种研究思路，作者能够对唯物史观在当代中国改革开放中的应用提出自己的独到见解。本书运用马克思个人主体视野下的社会历史理论（马克思社会三形态理论），深入分析中国改革的背景、实质、意义、问题和走向，揭示了中国改革与人的发展（个人主体的生成和发展）之间存在的内在的、客观的联系，并由此提出中国改革和人的发展存在的问题，提出了解决问题的理论思考。在我看来，本书达到了理论与实际良性互动、相互促进的效果，其理论意义和实际意义都很显著。

综上所述，我认为这本书是一部具有鲜明特色、理论联系实际、聚焦于唯物史观的人学理论的好著作，既具有重要的理论意义与学术价值，也具有重要的现实意义与实践价值。作为此书作者昔日的老师，我深为詹宏伟博士的学术成就高兴，并期盼他以后有更丰硕的研究成果问世。

鲁品越
2013 年 12 月 18 日
于上海寓所

内容摘要

“个人主体论”反对蔑视和压抑个人的整体主义和虚假的集体主义，主张确立和尊重个人的主体地位、充分发挥个人的主体性。但绝不能将其与损人利己的个人主义相等同，也不能将其混同于“个人本位论”。实际上，它强调的是，个人应该在与客体和他者的相互关系中摆脱依附性，确立主体地位，形成独立人格；个人应该充分发挥主体性，即个人作为活动主体在与客体及他者的相互作用过程中表现出来的能动性、自主性和创造性。

本书从个人主体生成发展的角度解读马克思社会三形态理论。这一理论揭示了个人发展与社会历史发展的关联，揭示了个人主体生成与现代化之间的内在联系；这一理论揭示了落后国家发展迟缓的症结——个人长期处于人对人的依赖关系中，个人主体一直难以发育和成长起来；这一理论启示后发国家必须大力推动个人主体的发育成长，着力革除羁绊个人主体性发挥的制度设施和文化价值；这一理论深刻地揭示了个人发展第二阶段和社会发展第二大形态的历史局限性，既肯定个人主体性的合法性又指出其历史局限性，为我们走向现代化提供了理论警示和鉴戒。

运用马克思社会三形态理论观察和分析中国改革，本书着力研究了两大问题：第一，如何认识中国改革的实质与意义？中国改革就是推动中国社会的现代转型，个人主体的生成发展是改革和转型的实质，也是其伟大历史意义所在。本书具体从经济、政治、社会、文化、教育等方面深刻揭示中国改革的这种本质和意义；第二，如何认识和化解现代性危机？观察现代性危机的视野是多样的，本书以马克思个人主体视野下的社会历史理论（即马克思社会三形态理论）为指导，认为现代性危机本质上是个人主体片面发展和个人主体性过度发挥引起的自我与他者和自然的剧烈冲突，具体地分析了中国改革过程中出现的现代性危机，并提出了促进个人主体健康发展、克服现代性危机的理论方案。

本书从个人主体生成发展的角度审视了中国改革的深刻背景。中国传统的社会结构、亚细亚的生产方式和传统文化有一个共同的重大缺陷，即阻碍个人主体的生成，抑制个人主体性的发挥，最后导致中国社会停滞不前。新中国成立到改革前这一段历史时期，我们实行了高度集中的计划经济体制。实行计划体制有其复杂的历史原因，有其历史合理性和历史功绩。但是，计划体制客观上延续和强化了贬抑个体的传统，导致后来中国经济社会的发展活力严重衰减，到了不改革难以为继的地步。

从个人主体生成发展的角度看，我国改革的实质是：经济改革就是赋予个体以经济权利；政治体制改革就是确认个体的政治权利，在政治和社会领域内肯定个体的价值与自由；文化领域变革就是改造群体本位的文化模式，扬弃整体主义文化理念，树立肯定个人主体性的文化观念。

中国改革的伟大意义不仅在于物的增长，而且更在于它促进了和促进着个人主体的生成发展。首先，在经济改革方面，以市场经济体制为目标的经济体制改革过程也是个人主体生成发展的过程；农村家庭承包责任制的改革促进了农民个人主体的生成；国有企业改革促进了企业和个人主体地位的确立；个人拥有产权是形成个人主体的必要条件，我国产权明晰化的改革取得了重大进展，但国企产权改革和农地产权改革尚需要深化，要进一步改革公有制的实现形式，促进公有产权各项权能的人格化，以解决产权主体缺位的问题。产权明晰化不等于产权私有化，公有产权改革的原则是：加速公有产权的明晰化、防止公有产权的私有化。其次，在政治改革方面，人民群众当家作主是建设民主政治的根本方向，而个人主体地位的确立是推进民主政治的前提。现阶段的突出问题是权力缺乏规范和制约，社会发育滞后，权利缺乏有效保障，制约了个人主体的生成和社会的自我管理，因此必须重构“政府—社会”关系，加紧以“小而有效的政府、大而有序的社会”为阶段性目标的政治体制改革，以充分发挥社会和个人的自主性、自治力。鉴于中国的特殊国情，政府有责任扶持和促进社会的发育壮大和自我管理能力，但要避免社会组织的行政化倾向。最后，在文化价值的变革方面，改革促进了人们的思想解放，唤醒和强化了民众和个体的主体意识。但我国个人主体的生成和个人主体性的发挥面临着复杂的文化环境，前现代、现代和后现代等不同文化观念混杂冲突，使我们难以形成主导的文化价值，导致人们的思想无所适从。就目前中国所处的历史阶段和面临的现代化任务而言，改造贬抑个体的传统文化价值和教育理念，弘扬个人主体性，仍然是我们文化价值重构和文化价值转型的一项重要任务；同时，我们也应该及时克服金钱本位观念对个人的控制和对个人主体性的伤害，一个根本措施是积极促进我们的文化价值从“个人主体论”升级为“能力本位论”。

纵观改革30多年的实际效果，可以发现：个人主体的生成、个人主体性的发挥，为中国经济社会的发展提供了充分的源头活水，注入了强大的微观动力。

但是，任何事物的生成发展都不是一帆风顺的，我国个人主体的生成发展也是如此。在当代中国，初步生成的个人主体已经陷入了困境。第一，我国个人主体面临传统主义和后现代主义的双重挑战，处于夹缝之中，个人主体和个人主体性在传统的质疑和后现代主义的审查下面临着合法性危机。第二，个人主体性过度发挥和不正确发挥造成了种种深刻的危机：自我与他者的分化和冲突加剧，主体际关系高度紧张，主客际对抗加剧，自由与平等二律背反，个体理性与集体理性尖锐对立等，造成了个人主体性自我否定的危机，这是现代性危机的重要方面。第三，我国个人主体发展“过”与“不及”同时并存，导致个人主体动辄得咎，陷入进退维谷的尴尬境地。

个人主体陷入危机的主要原因，在于它企图摆脱客观制约性、藐视客体和他者，向片面狭隘的方向滑去。

怎样拯救个人主体呢？

我们必须端正指导思想，以马克思主义为观察和解决社会历史问题的理论武器。首先，以马克思历史辩证法审视当代人类的主体性危机可以得到如下认知：对以往只见客观规律而漠视主体向度的思想与实践进行批判是值得肯定的，但人们往往忽视了“人们自己创造自己的历史，但是他们并不是随心所欲地创造”的道理，从一个极端走向另一个极端，脱离了客体制约性的个人主体性必然掉进主体性黄昏的陷阱。其次，根据马克思“现实的个人”的思想可知，人既是有实践能动性的存在，也是关系性的存在，现实的人是社会关系的总和。它启示我们，个人主体在发挥主体性时，一定要协调好与他者的关系。人际关系既是个人主体发挥主体性的条件也是其制约因素。之所以说是发挥主体性的条件，因为任何个人的存在和发展都借助了他人和社会的帮助；之所以说是制约因素，是因为个人如果只把他者当作工具，则一定会遭到对方的抵制；人把自然当作任意宰制的对象，从本质上看还是源于人际关系的狭隘性。个人主体如果与他者缺乏健康的互动，缺乏他者的认同，则最终会举步维艰、困难重重。这就迫切要求把人际关系从“主—客”

型转变为“主—主”型，构建和谐的主体际关系。

本书最后提出了拯救个人主体、化解现代性危机，推动其健康发展的理论方案。其总思路是：设定个人主体性区间。所谓个人主体性区间，就是个人主体性的发挥存在一个下限和上限，上下限之间构成一个区间，个人主体在这个区间内发挥主体性，从而既清除羁绊，以充分发挥个人的主体性，又防止其过度发挥和错误发挥，防止其损坏他者。具体如下。

首先，所谓下限，亦称底限，指必须确保个人主体地位的确立，以便发挥个人主体性。无论文化观念还是各种建制，都不能贬抑、损害、取消个人主体及其主体性，这是底限。本书第二、三、四章主要论述了改革开放促使个人主体的发育、生成，并指出了目前我国个人主体的生成发展尚存在的问题：一是改革的地区性不平衡。中西部落后地区个人主体性的启蒙任务还很艰巨；二是许多改革任务尚未完成，亟须深化。如产权改革、政治体制改革、社会体制改革、教育体制改革等；三是文化转型尚任重道远，传统和极“左”思维对个人主体性的羁绊仍然严重。这些问题的存在警醒我们：在当代中国，个人主体性的发育和发展还很不够，个人的主体地位还不巩固，还需要我们精心呵护和培育，还需要通过深化改革继续清除羁绊个人主体性的各种观念和建制。

其次，所谓上限，指规范、引导和制约个人主体性的发挥，使得个人主体性既正确地发挥出来，又不过度发挥，防止走向片面和狭隘，防止个体在发挥主体性时伤害他者，使得个人主体正确处理与他者（他人、集体、社会）和自然的关系。本书具体而深入地研究了这个问题，提出了一系列措施：第一，促进个人主体的转型升级。要克服“占有性”的、狭隘的旧式个人主体，着力推动与他者和谐共生共进的新型个人主体（“权利—责任平衡型”个人主体，“利他型”个人主体）的生成；着力推动个人主体性向个人交往主体性的转型升级。新型个人主体和个人主体性是对唯我独尊的传统个人主体和个人主体性的辩证否定，它既尊重和肯定个人的主体地位，又要求树立交往理性，促使自我与他者由“主—客”型关系转变为“主—主”型关系。第二，实现公平正义，促进多元利益之间的和谐。自我与他者冲突的最深厚的本质和最深刻的原因是利益冲突。协调这种冲突的原则是公平正义。除了自主性的社会自己按这个原则自主协调外，政府要为社会自主协调提供必要条件，政府还应该站在公共立场上适度而有效地帮助社会的协调活动，这就要求构建有限而有效的政府，尤其要规范公权力，防止公权力的异化，并改变政府执政方式和提升政府执政能力。第三，用集体理性引导个体理性，实现个体理性与集体理性的和谐。这是市场经济条件下面临的重大课题。常常犯的错误是个体理性和集体理性的二元对立。个体追求自身利益最大化是一个效率社会的基本动力，是社会活力的基础。但是，完全放任个体理性不能实现“帕累托最优”，集体利益往往受到损害。因此，需要在肯定个体理性的同时用集体理性对它加以规范和引导，塑造具有集体理性的个体，使个体理性和集体理性实现双赢式的和谐。社会主义核心价值观是引导个体理性升华的强大精神力量。第四，推动实现中西方文化价值的互补、融合。必须警惕中西文化价值各自的缺点，吸取中西文化价值各自的优点，实现二者的互补、融合。具体来说，就是把西方尊重个体和独立人格的文化价值与中国重视人际协调和集体利益的文化价值融合在一起。中西文化价值的互补、融合，既可欲，又可能，且必要，今后要持之以恒地做到两点：一是精心设计体现中西文化价值互补、融合的各类、各层次的制度；二是以各种有效形式大力宣传中西互补、融合的文化价值，使其深入人心和日常生活，并日久积淀为中华文化的新传统。第五，深入理解和贯彻科学发展观理论体系，促进发展方式转型。人本、和谐、增长都是科学发展观理论体系追求的重要价值，这是对传统发展观和发展方式的辩证否定。传统发展观和发展方式严重践踏了“和谐”和“人本”这两种价值，造成了深刻的危机。科学发展观理论体系就是要消除传统发展观和发展方式造成的主体际关系紧张对立，重拾和谐与人本价值，再造人际关系，形成一个协调互动、相互促进的良性的人际关系。但再造人际关系必然涉及利益格局的调整和再造，往往会遭到一些既得利益个体和群体的反对和阻挠。“覆巢之下，安有完卵?”各社会主体、各利益群体，尤其既得利益个体与群体，应该理性对待利益格局的调整和再造。作为公共利益代表的政府，必须以巨大的勇气、高超的智慧和有效的措施，推动利益格局的优化和调整，形成和谐的人与人的关系，建成和谐社会。总之，中国要努力构建具有和谐性格的现代性，以化解个人主体性危机和现代性危机。

目　录

导　　论

一　关键概念：个人主体、个人主体性

“个人主体”、“个人主体性”是本书最关键的两个概念，有必要严格界定其含义、明确二者的关系。

（一）“个人主体”、“个人主体性”概念内涵

主体属于主客体关系范畴，与客体互相规定，不可分割，离开主客体关系就无所谓主体和客体，即没有主体就没有客体，没有客体就没有主体，主体和客体是相互规定的。而主体性属于属性范畴，指主体的特点、性能和属性，人的主体性即人作为主体在与客体的相互作用中所表现出来的主动性、能动性和创造性等。

但个人主体与此有所不同，个人主体是主体分化的一种形式，而且其参照系不仅仅是指人作为主体与自然的相互作用，更重要的还包括个人作为主体与他人、群体、社会等他者主体的相互作用。随着主体的分化，个人主体的价值日益显现出来，过去关于人的主体性的参照系随之发生变化，从人与自然的关系系统转变为个人与自然的关系系统及个人与他者（他人、社会等）的关系系统。

因此，可以概括地说，个人主体是指：在与客体和他者的关系中摆脱了依附性、确立了主体地位、形成了独立人格的个人；或者说，个人主体指具有能动性、主动性和创造性的个人。个人主体性指：作为社会个体的个人在与客体和他者的相互关系中摆脱依附性、确立主体地位、形成独立人格，个人作为活动主体在与客体及他者的相互作用过程中所表现出来的能动性、自主性和创造性。

（二）个人主体与个人主体性的关系

个人主体和个人主体性是一枚“硬币”的两面，个人主体和个人主体性两者是一而二、二而一的关系。

“个人主体性的‘性’是作为‘体’之用而存在的，如果没有个人主体之‘体’的存在，个人主体性也就成了‘皮之不存，毛将焉附’的属性了。”①一方面，个人主体性是个人作为活动主体所表现出来的特性，是个人主体在与客体和他者相互作用过程中表现出来的个人的自觉、自主、能动和创造的特性；另一方面，个人主体就是具有能动性、主动性和创造性的个人。这说明个人主体和个人主体性两者是密不可分的，是互相印证和相互确认的。

笛卡尔“我思故我在”哲学命题虽然是一个唯心主义命题，但不能否认他的这样一个洞见：思想和思想者是不可分的，是一体的两面，思想是思想者的属性，思想不可能脱离开思想者而独立存在，思想是思想者的思想，思想者的存在乃是思想的条件，没有思想者则不可能有思想；反过来也一样，思想证明思想者本身的存在，思想的存在或思想在进行证明思想者存在或在场，思想活动过程中思想者离场的情形是不可想象的，那是在神秘的宗教中编织出的神话。同样的道理，个人主体性是个人主体的属性，个人主体性不可能脱离个人主体，个人主体性在发挥作用而个人主体却离场的情形是不可想象的，个人主体的确立或形成乃是个人主体性的前提条件；反过来也一样，个人主体性是个人获得主体地位的确证和反映。有个人主体而无个人主体性和有个人主体性而无个人主体同样是不可想象的，个人主体和个人主体性总是同时在场的，是不可分割的。因此，在确认和肯定个人主体地位的时候，自然包含了肯定个人主体性；在肯定和宣扬个人主体性的时候，自然包含了对个人主体地位的确认和肯定。

在我国改革过程中，个人主体地位的确立与个人主体性的发挥是同一个问题的两个方面，是同步的。家庭承包责任制使农民个人在农业生产经营中获得了主体地位，并因此激发了农民个人的主体性，极大地推动了农村经济社会的发展。同样，企业改革、产权改革、经济体制改革、对外开放、政治体制改革、文化价值嬗变等，一个重要的成就是推动了个人主体的生成，促

① 龙柏林：《个人交往主体性研究》，广东人民出版社 2005 年版，第 12 页。

进了个人主体地位的确立，同时极大地激发了我国广大劳动者的个人主体性的觉醒和发挥，使我国经济社会的发展获得了充分的源头活水。

总之，本书把个人主体的生成发展与个人主体性的发挥发展密切联系起来，认为它们是同一个问题的两个方面。因此，本书经常交叉使用个人主体和个人主体性这两个概念。这是需要先行说明的。

（三）“个人主体”、“个人主体性”话语辨正

国人很容易对“个人”、“个人主体”和“个人主体性”这样的话语产生误解、偏见和反感，往往把这类话语与个人主义、尤其损人利己的个人主义划等号。只有纠正误解，才能确立个人主体和个人主体性理论话语的合法性。

“个人主体论”主张发挥和弘扬个人主体性，反对蔑视和压抑个人的整体主义和虚假的集体主义，主张确立和尊重个人的主体地位、充分发挥个人的主体性。但绝不能将其与损人利己的个人主义相等同。其实，主张弘扬个人主体性的个人主体论与个人主义是两回事，个人主体性与集体主义精神和利他精神也不一定是对立的关系，比如，英雄模范人物一般都有很鲜明的个性，其个人主体性的发挥也较充分，但他们为社会、集体乃至人类做出的贡献远大于普通的、主体性不彰的个人。

个人主体性充分发挥是社会活力的前提。如果一个社会每个个体的主体性都受到压抑，每个个体都萎靡不振，那么能期望这个社会有活力吗？那只能是死水一潭、万马齐喑。至于每个个体都得到解放后造成的不同个体之间的冲撞，那当然是应该探索解决的问题，但不能成为取消个人主体性的理由。

二 研究个人主体性问题的现实意义和理论意义

研究个人主体性问题是有风险的。第一，我们的文化价值缺乏重视个人的传统；第二，极“左”时代虽然已经结束，但防止“资产阶级个人主义”的思维定势很容易引导我们处处警惕和贬抑个人，很容易把弘扬个人主体性的思想误解为宣扬个人主义的思想；第三，西方后现代主义形成了反主体性、反个人主体性的思潮，影响甚广；第四，现代化和市场经济的负效应凸显，损人利己的个人主义猖獗，引发严重的危机。在这样的思想文化条件和

现实条件下，肯定和弘扬主体性尤其是个人主体性，很容易被认为是不合时宜的。君不见，为了规避风险，研究者一般不敢过多肯定个人主体性，而是马上转向个人交往主体性，即马上提出用个人交往主体性取代个人主体性；或先强调尊重个体和个性的重要意义，紧接着立即提出“但是”，并在“但是”之后大做文章，重心显然落在后面。这样虽然可以规避风险，但留下了回避和遮蔽现实问题的缺憾。

其实，个人主体论与个人主义是两回事。如前所述，个人主体性与集体主义精神和利他精神也不一定是对立的关系，比如，英雄模范人物一般都有很鲜明的个性，其个人主体性的发挥也较充分，但他们为社会、集体乃至人类做出的贡献远大于普通的、主体性不彰的个人。如果一个社会每个个体都能充分发挥自己的主体性，那么这个社会的活力就是无穷的。相反，如果一个社会每个个体的主体性都受到压抑，每个个体都萎靡不振，能期望这个社会有活力吗？那只能是死水一潭、万马齐喑。至于个人主体性错误发挥和过度膨胀，导致不同个体之间的剧烈冲撞，导致自我与他者的严重冲突等危机，那是随后应该探索解决的问题，而不能成为取消个人主体性的理由。可以把“个人主体性”比喻为“水”，治水要学习大禹的方法而不能学习鲧的方法，即可以疏导而不能一味地“堵”。马克思主义哲学告诉我们：矛盾是事物发展的动力，矛盾解决了，事物向前发展一步，紧接着新矛盾产生，解决了新矛盾事物又向前发展一步……人类社会就是这样在矛盾的推动下不断向前发展，人类社会不断走向自我完善。在前现代社会，人类社会处于人对人的依赖阶段，普遍的人身依赖关系，个性受到压抑，社会死水一潭；在现代社会，个人得到解放，个人主体性充分发挥，社会发展获得强大的微观活力，但个人主体性无度发挥和不当发挥，造成自我与他者剧烈的冲突；人类正在探索如何解决这一现代性危机，可行的方案是，在尊重个人主体地位和发挥个人主体性的前提下，努力构建和谐的主体际关系和主客际关系，推动人类社会进入一个新的阶段和新的境界，本书后面提出的“个人主体性区间论”就是这样一种理论努力。

学术研究最忌随波逐流，学人要有自己的定力。根据阅历、观察和体悟，笔者坚持认为，今天中国文化价值的深处和社会大众的潜意识中，价值取向仍然存在贬抑个人和个性的问题。这其实是可以理解的。希冀经过改革开放短短30余年的洗礼就改变数千年积淀下来的厚重传统，那是天真的。极“左”年代以“人民”、“阶级”的名义打压个性和贬抑个体的政治话语，与数千年的传统文化价值互相强化，并积淀到民族心灵的深处，无论集体还是个体，都形成了一种潜意识或无意识：本能地对“个人”、“个性”、“个人主体”抵触和反感，贬抑个性的传统文化价值仍然发挥着深刻而普遍的影响。不说别的，仅举我们的教育一例，真是令人忧心忡忡！从幼儿园到大学，摧残学生个性、践踏学生独立人格的事件屡见不鲜。鲁迅当年“救救孩子”的呐喊声时不时回响在耳边。笔者是一个孩子的父亲，对此有切身的感受。确实“难得糊涂”，越是看透教育现状，越是痛苦，但却无可奈何，且常常被大众同化，不自觉地按照现行教育成规和标准要求孩子。所幸笔者还没有丧失反思能力，事后往往痛心疾首，并调整自己的心态和行为，与传统观念和做法保持距离。但不久又“糊涂”了，又从众而为了。笔者，一个孩子的父亲，就这样在“清醒”与“糊涂”之间徘徊，个中滋味，就像愈合了的伤口旋即被重新划开，又愈合，又划开……真不如从流俗者“心灵无纷扰”啊！看看身边的家长们，大多不会像笔者一样因为价值观的游移而痛苦和徘徊，而是坚定地按既定价值观和教育理念“教育”着自己的孩子，消磨着孩子的个性，窒息着孩子的创造性……笔者常常悲从中来！为民族未来忧虑！这也正是钱学森的忧虑：中国没有完全发展起来，一个重要原因是没有一所大学能够按照培养科学技术发明创造人才的模式去办学，没有自己独特的创新的东西，老是“冒不出”杰出人才。这是很大的问题。“想到中国长远发展的事情，我忧虑的就是这一点。”钱学森直言不讳，他的创新精神在许多方面得益于年轻时接受的大学教育——敢于挑战权威，鼓励提出与众不同的创见，更有浓厚学术氛围与竞争气氛。[①] 破解钱学森之问，不仅要在教育系统内部找原因，还要在整个社会的文化价值方面找原因，教育理念只是整个社会文化价值的一种表现或一个侧面。个性不彰的文化价值是问题的一个重要原因吗？我以为如此。

马克思主义理论界对个人主体性问题的研究还很不够，这方面的话语权往往被西方理论夺去，马克思主义理论甚至一度被误解为“存在一个人学空场”。人们习惯于到西方自由主义等理论中去寻找重视个人的思想资源。其实，马克思理论宝库中这种资源十分丰富，如马克思社会三形态理论中蕴涵着丰富的个人发展和个人主体性思想，由于历史唯物主义的支撑和介入，使得马克思社会三形态理论既是人学理论、个人发展理论，也是社会历史理

① 李泓冰：《重温“钱学森之问”的喜与忧》，《人民日报》2013 年 12 月 13 日第 5 版。

论，而且其关于人的发展、个人发展和社会发展的思想具有西方理论范式无法企及的深刻性和科学性。

如何认识中国改革？社会基本矛盾理论等经典历史唯物主义原理往往被公式化、简单化和教条化，唯物史观只有深化、具体化和当代化才有生命力。不必讳言，解读中国改革的话语权相当程度被西方理论范式掌握着，尤其是自由主义理论。要防止自由主义理论和极“左”思想误导和羁绊中国改革开放，就必须创新马克思主义理论。本书重新理解和深化理解马克思社会三形态理论，认为这一理论不仅是历史理论，而且是人学理论；不仅是一般的人学理论，而且是关于个人主体生成和发展的理论；不仅从客体的视角研究社会历史，而且从个人主体生成发展的角度观察和研究社会历史，揭示了个人主体生成发展与社会历史发展之间内在的、本质的、必然的联系。然后，以其为指导解读中国改革。从而从一个新的视角理解中国改革，大大丰富、深化和具体化了对中国改革的认识和研究。

本书认为，中国改革促进了个人主体的生成，这是一个现代性事件，是社会从传统向现代转型的重要标志；同时，个人主体生成和个人主体性的张扬，也带来诸多深刻的危机，这种危机的本质是现代性危机，如何破解这种危机，也是我国改革和发展必须面对的重大问题。因此，本书从一个新的视角理解现代性转型和现代性危机，有利于丰富和深化现代性理论。

三　解读和研究中国改革的理论范式[①]

中国的改革事业已历经了 30 多年，但我们还不能说已经完全真正深刻理解了它——它的意涵、实质、意义、问题和未来走向等，我们对改革的认识需要不断地深化。

我们需要深思：到底用什么理论范式解读和研究中国改革？我们有责任和必要深刻地解读中国改革，以便深刻地把握和真正理解这一具有世界意义和历史意义的巨大历史事件的精髓，从而真正对改革达到理论上的自觉、清醒和实践上的正确、坚定。

如何解读中国的改革？有多种解读范式。

---

① 参见詹宏伟、赵明强《解读中国改革的理论及其深化——一种人本视野下的分析》，《理论探讨》2013 年第 4 期。

必须确立以人为本的改革观，在以人为本的视野下，我们可以深化对中国改革的认识，可以正确地评价各种解读和影响中国改革的理论范式，可以科学地把握解读和指导中国改革的理论的发展方向，从而促使中国改革沿着正确的方向深化和发展。

中国改革的解读理论与中国的改革实践之间形成互动的关系，这种关系是理论与实践相互促进的关系。引导和解读中国改革的理论不是现成在手的，它随着中国改革实践的推进而建构和完善起来；中国改革实践也不是盲目和随意的，它在发展着的中国化马克思主义指导下而不断展开和深化。

（一）解读和研究中国改革的五种流行理论范式

对中国改革的解读有各种各样的理论范式，这里概括出其中五种主要的、有影响的理论范式。[①]这些解读范式都有自己的合理性和一定的解释力，但各有程度不同和性质不同的局限性。

第一种是技术范式或物本范式。我们把改革理解为推动中国的现代化，但曾把现代化归结为“四化”，即技术的进步和物的增长；我们把改革理解为推动中国的发展，但一度把发展理解为单纯的经济增长甚至 GDP 的增长。客观地说，这种理解有其历史合理性和必然性。但事实证明，仅从技术或物的角度理解改革及其推动的发展，内涵过于狭隘，实践中产生了诸多负效应。我们不讳言，20 世纪 70 年代末 80 年代初开启的中国改革的直接动因是解决物质的短缺、技术的落后、极端的贫困等问题。但是，第一，我们绝不能把中国的改革视为一个时间点上发生的事件，事实上，中国的改革是一个很长的历史过程中发生的并正在发生而且将继续进行的巨大历史事件；第二，更重要的是，我们必须充分注意到：中国改革的演化越到后来越超出物和技术的范畴和意义。如果我们对改革的理解和目标追求停留于物和技术层面，那比“师夷长技以制夷”的洋务运动高明多少？那不仅会导致我们在认识上窄化改革的深刻意涵和伟大意义，而且会在实践上误导中国改革的未来走向，阻碍中国改革的深入发展，不利于中国改革和现代化的健康发展。

第二种是经典历史唯物主义范式。马克思主义坚持用历史唯物主义的立场、观点和方法观察和解释社会历史事件。对于中国改革，也可以运用历史唯物主义进行解读，例如，生产力—生产关系相互作用理论、经济基础—上

① 这并不排除还有其他解读范式。

层建筑相互作用理论等经典历史唯物主义理论可以有效解释中国的改革。但是在运用这一解读范式的时候，需要防止将其公式化、简单化和教条化的偏向，防止用客观性吞没主体性，防止遮蔽马克思主义的主体性向度和以人为本的精神实质，避免窒息马克思主义的人文精神。恩格斯逝世后，第二国际理论家们在社会历史发展问题上就犯过这类错误。苏联模式马克思主义哲学也在某种程度上存在这样的缺陷。

第三种是新制度学派范式。我们引进和学习西方的新制度学派理论，用以解释中国的改革，例如市场化的经济体制改革和明晰产权的产权制度改革等。这种解读范式有其合理性，有相当的解释力，是解读范式的深化和具体化。但是，这种解读范式并没有抓住事情的根本。人是社会历史的主体，任何社会历史事件的本质都是人或与人相关。但是，第一，西方新制度学派理论的逻辑前提是理性经济人，它对人性和人的本质的认识还是流于片面和抽象；第二，重视制度却忽视人。如果说苏联教科书哲学范式“见客观性不见主体性”，物本范式“见物不见人”，那么新制度学派范式的缺点是“见制度不见人”，它系统分析的是制度，具有一定的启发性，但是却缺乏对人的深刻研究。任何社会历史事件的最深刻本质都与人相关，因而新制度学派并没有抓住社会历史事件最根本的东西。对于中国来说，当然要重视制度改革，但也不能陷入“制度万能论”的片面思维，[①]我们绝不能忽视中国改革与人的发展的内在联系。

第四种是我国改革开放以来逐步形成的马克思主义人学范式。[②]这一理论范式的优点是明显的。随着对苏联模式社会主义和计划经济体制弊端的反思，随着西方马克思主义的引入和影响，随着改革开放的深化和观念的嬗变，我国学术界逐步恢复和拓展了马克思主义理论的人文精神和主体性向度，不再“谈人色变”了，改革开放以来实践唯物主义、人学、文化哲学等的崛起就是典型表现；我们认识到改革的人文意义，重视改革对于人的自由

① 西方有一种制度万能的思维，迷信“程序万能”，认为“只要制度好，谁上台执政都无所谓”。这恰恰给西方带来了危机（国纪平：《扭曲的民主结不出好果子——西方政治体制困境透视》，《人民日报》2013 年 2 月 1 日）。

② 参见周为民《以人为本思想的马克思主义理论基础》，欧阳康《三十年来我国的人性自觉与人学研究》，《马克思主义关于人的学说》（论文集），人民出版社 2011 年版，第 1—13、285—302 页。

和发展的作用。这些确实是认识的一个飞跃，是理论研究的一大突破，[①]为我们确立“以人为本”的改革观和发展观提供了重要理论支持。

但这一理论范式存在这样一个问题：忽视或回避个人主体和个人主体性问题。虽然不再“谈人色变”，但“谈个人”则存在着明显的不足——泛泛谈“人”的多，具体谈“个人”的则不够；泛泛研究“主体”、“主体性”的居多，具体研究“个人主体”、“个人主体性”的偏少；更突出的问题是，联系中国现实“谈个人”的研究更显不充分、不深入。首先，从理论思维来看，虽然我们恢复了马克思主义的人文精神，但我们还没有进一步地把这种人文精神具体到个体的层面，忽视了马克思审视人的发展和社会发展的个体维度，[②]对个人主体在社会历史发展中的地位和作用重视不够、研究不够。其实，马克思社会三形态理论中蕴涵着丰富的个人主体思想。其次，从理论研究的现实性来看，我们的理论研究落在了实践后面。没有个人主体的生成和确立，没有个人主体性的发挥，市场经济就无法有效运行，但在我国，与市场经济和现代化相适应的个人主体尚未完全确立和形成；我们知道我们的民主政治建设滞后，但自由、平等、人权和民主等现代社会的核心价值都以尊重个体价值为前提，并有赖于个人主体意识的觉醒，如果个人主体地位尚未确立，个人主体意识尚未觉醒，那么就谈不上民主，有的只是依附、迷信和盲从，即使给予民主权利，人们也无法有效运用，人的素质不高是我国民主政治发展的一个重要瓶颈。[③]然而，我们往往仍然“谈个人色变”，往往自觉不自觉地把彰显个人价值和唤醒个人主体意识的个人主体论与个人主义或损人利己的个人主义画等号。韩庆祥教授指出：“尤其是个人主体性问题，在

① 张一兵着力开拓了马克思哲学的主体向度（参见张一兵《马克思历史辩证法的主体向度》，河南人民出版社 1995 年版）；俞吾金凸显了马克思哲学的人文维度（参见俞吾金《人文关怀：马克思哲学的另一个维度》，《光明日报》2001 年 2 月 6 日）；30 余年来我国马克思主义人学研究硕果累累。

② 参见俞吾金《在实践中丰富马克思关于个人全面发展的理论》，《学术界》2001 年第 5 期；俞吾金《也谈“人的发展”问题》，《毛泽东邓小平理论研究》2004 年第 1 期；周为民《以人为本思想的马克思主义理论基础》，载《马克思主义关于人的学说》，人民出版社 2011 年版，第 1—13 页。

③ 为防止个人素质不高（包括个人主体性尚未充分发挥，个人主体意识尚未完全觉醒，民主意识淡薄，公共精神尚十分缺乏等）引起的风险，我国先在基层实行直选民主。这一试验破解了实行民主政治与个体素质之间存在的“鸡生蛋、蛋生鸡”的难题：推进民主政治，在一个对产生的问题可控的范围内，给予民众履行直接选举权等民主权利，在这个过程中逐步唤醒他们的民主意识、主体意识，锻炼他们行使民主权利的能力，培养他们的公共精神，探索民主政治的规律和路径，这又反过来促进民主政治的发展。然后，不断在一个较大的范围和一个较高的层次上实现民主政治“鸡生蛋、蛋生鸡”的良性互动。

当代中国具有重要的现实意义。”①最后，从马克思主义与其他具体人文社会科学的关系来看，我国人文社科领域大量引进西方理论范式，并积极借鉴之观察和研究中国问题，最典型的是经济学和法学：我们大量引进西方经济学理论分析和解决中国市场经济的构建和发展的问题，我们的立法大量引进和借鉴西方的法律，构建了庞大的适应市场经济的法律体系。但是，我们可能缺乏追问一个根本性的问题：西方人文社科学说，包括经济学和法学在内的人文社会科学都以尊重个体权利为逻辑前提和价值底蕴。这样，在我国就出现一个矛盾的现象：在经济学、法学等具体人文社会科学领域大量采用和借鉴西方以尊重个体权利为深层底蕴的理论成果，但我们在马克思主义这一主流意识形态领域往往相当程度回避个人问题，个人、个人主体或个人主体性问题是我国马克思主义研究领域的一个敏感问题，我国马克思主义与其他具体的人文社会科学之间存在某种隔阂和疏离，从而使得马克思主义对其他具体学科的影响力和导引力还很不够。不重视个人问题的马克思主义研究现状，导致人们往往到西方自由主义等理论中去寻找重视个人的思想资源，其实，马克思理论宝库中这种资源十分丰富，而且其深刻性和科学性是西方其他理论不能及的，如“现实的个人”的思想，个人发展三阶段和社会发展三形态理论等，对于指导个人和社会健康发展具有重大理论意义。马克思的个人主体思想有待我们进一步系统而深入地进行开掘，并联系实际和时代特征加以发展。

第五种是自由主义范式。我们用西方的自由主义理论范式解释和引导中国改革可行吗？自由主义不是很重视个人的自由和个体价值吗？诚然，从一般意义上看，自由主义重视个人价值和个体自由的主张是有其合理性的。但是，缺乏唯物论、辩证法、尤其唯物史观支撑的自由主义理论范式，肤浅和偏误是明显的，盲目追随之会使我们误入歧途。具体来说，这一解读范式有两个主要软肋：一是狭隘的自由观。它主张的自由实质上是少数人的自由、“精英”的自由、资本的自由，自由权的分配严重不平等，因而是狭隘的虚伪的自由。这与马克思主义的自由观、价值取向和当代人类发展趋势是相悖的。在整个中国社会主义现代化建设和改革过程中，我们必须经常警惕和抵制这种思潮。二是抽象的自由观。它不明白自由总是历史的、具体的和相对的，在不同历史发展阶段和不同的历史条件下，自由的具体内涵总是不同

① 韩庆祥、邹诗鹏：《人学：人的问题的当代阐释》，云南人民出版社 2001 年版，第 285 页。

的。西方自由主义忽视自由的客观制约性和历史性，使得它对自由的认识是非科学的，从而无法真正把握自由的本质和发展规律，无助于切实推进社会成员自由权利的落实与扩展。

（二）运用马克思社会三形态理论解读和研究中国改革

上述五种解读范式各有其合理性和有效性，但都有不同程度和不同性质的局限性，这要求丰富和深化观察和解读中国改革的理论。笔者认为，下面一种解读范式更深刻，更根本，更能抓住中国改革的深层本质、深刻意涵、重大意义和未来走向，从而有利于深化对中国改革实质和意义的认识，有利于正确把握中国改革的发展方向和发展趋势。这种解读范式就是马克思个人主体视野下的社会历史理论，尤其是其中的个人发展三阶段和社会发展三形态理论，简称马克思社会三形态理论范式。①

1. 马克思社会三形态理论及其科学性与重要意义

马克思不仅提出了人民群众是社会历史的主体的理论，即人民主体论，而且还提出了个人主体论。马克思个人主体论蕴涵于其社会历史理论之中，或者说是其社会历史理论的有机构件。马克思个人主体论强调个人在社会历史发展中的主体地位，主张弘扬个人的主体性。②马克思社会三形态理论从个人主体生成发展的视角分析了人类社会发展的过程和发展的规律。马克思社会三形态理论认为，人类社会历史的演进过程和演进规律是这样的：前现代社会，受制于落后的生产力，个人沦为血缘共同体或等级制度的附属物，没有独立性，个人尚未取得主体地位。随着生产力的发展和商品经济对自然经济的替代，现代社会扬弃了前现代社会，个人摆脱血缘共同体和等级制的束缚获得独立，个人主体形成，个体在社会历史中的作用显著上升。但是，危机，即现代性危机也出现了：一是物化和异化问题出现。独立个人之间不得不依靠交换价值建立联系，也只有交换价值才能把他们联系起来，个人被物或交换价值支配，从血缘和等级中解放出来的个人又被物束缚，成为交换价值的奴隶；二是个体与他者（其他个体、社会）和自然的关系紧张对抗，尤其是不同社会主体间分化严重，形成两极分化。马克思的资本主义批判理论

① 马克思社会三形态理论是马克思个人发展理论和唯物史观个人主体向度下社会历史理论的重要内容。

② “个人主体论”主张确立个人的主体地位和发挥个人的主体性作用，但绝不能将其与损人利己的个人主义相等同。

其实就是现代性批判理论。随着生产力的极大发展和社会关系的完善，未来社会将扬弃现代社会，个体成为真正的健康的个人主体，物化、异化和个体与他者之间的紧张关系被彻底克服，和谐的主体际关系和主客际关系得以形成，一方面每个人都获得自由个性，另一方面“每个人的自由发展是一切人的自由发展的条件”。

这就是马克思个人发展三阶段和社会发展三形态理论的核心思想。①它有科学性吗？它对中国改革和现代性转型有启发性吗？

有论者受后现代主义思潮的影响，认为马克思上述理论是一种宏大叙事，因而是应该放弃的理论。这种观点是我们不能苟同的。

首先，马克思社会三形态理论是科学的。马克思进行理论活动不像黑格尔那样沉迷于抽象的逻辑推演，而是深入历史事实，在大量占有历史材料的基础上作出理论概括。我们知道，从莱茵报时期之后直到晚年的人类学笔记时期，马克思终身重视历史材料的收集和历史研究，可以说，马克思就是一位历史学家，他的许多重大理论结论都是立基于真实而丰富的历史资料。例如，他关于个人发展三阶段和社会发展三形态理论，关于第一阶段和第一种社会形态的内容是马克思大量历史研究后的结论，是对已经真实发生的历史事实的理论概括；关于第二阶段和第二种社会形态的内容是对历史材料和马克思当时社会现实的理论概括；第三阶段和第三种社会形态尚未真实存在，但也不是纯粹逻辑推演的结论，而是在“批判旧世界”的基础上发现的“新世界”。可见，马克思这一理论是科学的、合理的，当然是应该坚持的。

其次，叙事的类型不能作为判断一种理论是否科学的根据。解构性后现代主义在经历一阵偏激的狂躁之后，开始回归冷静和辩证思维，人们开始认识到，不应该盲目否定宏大叙事。例如，以颠覆宏大叙事著称的利奥塔后来也调整了自己的偏激思想，他认为，所有类型的叙事都应该受到培育，要大力培养微型叙事，但要禁止用一种叙事去控制另一种叙事。②这是很有理论见地的。其实，决定叙事合法性的不在于叙事的大小，而在于其是否科学、合理。马克思主义许多理论是宏大叙事的，但却是具有合法性的科学的宏大叙事，因而是应该坚持的；黑格尔的社会历史理论是非科学的宏大叙事，因而

① 《马克思恩格斯全集》第46卷（上），人民出版社1979年版，第104页。

② 袁久红：《从后现代主义裂缝中重构后现代精神》，载《“马克思主义、后现代主义和当代社会发展”国际学术研讨会论文集》，2012年6月，第145—151页。

是应该批判和拒斥的；后现代主义许多小叙事不一定都合理，因而应该对其保持批判的态度。总之，我们不能以“宏大叙事”为由否认马克思社会三形态理论的真理性，不能否定它对于社会历史的深刻洞见，不能轻视其对于解决当今人类和中国发展问题的理论价值，不能忽视其对于中国改革开放的重要指导意义。

最后，还需要特别指出来的是，不能把马克思个人主体论与西方人本主义相混淆。马克思分析的个人是“现实的个人”而不是抽象的个人；在马克思看来，人的发展绝不能仅仅从“应然”出发，而要注重对人的发展的客观条件的分析，尤其重视人的发展的生产力条件、经济条件和社会关系条件，从而使自己的价值理想立基于科学的分析之上。马克思关于人的理论与西方各种人本主义有着本质的区别，其理论深度是后者无法比拟的。

总体来看，马克思社会三形态理论具有重大的理论意义和现实意义。这一理论揭示了个人发展与社会历史发展的关联，揭示了个人主体生成与现代化之间的内在联系；这一理论揭示了落后国家发展迟缓的症结——个人长期处于人对人的依赖关系中，个人主体一直难以发育和成长起来；这一理论启示后发国家必须大力推动个人主体的发育成长，着力革除羁绊个人主体性发挥的制度设施和文化价值；这一理论深刻地揭示了个人发展第二阶段和社会发展第二大形态的历史局限性，既肯定个人主体性的合法性又指出其历史局限性，为我们走向现代化提供了理论警示和鉴戒。

2. 运用马克思社会三形态理论解读和研究中国改革

如何运用马克思社会三形态理论解读和研究中国的改革呢？下面从两个方面展开分析。

首先，根据这一理论范式，中国改革实质上就是推动中国社会的现代转型，而个人主体的发育、生成和发展是中国现代转型的深层本质，也是中国改革的伟大历史意义所在——中国改革的伟大意义不仅在于极大推进了物的增长和技术的进步，而且在于促使个人主体的生成和发展。中国改革从经济、政治、社会、文化、教育、对外开放等方面有效地促进了个人主体的发育、生成、发展和个人主体性的发挥，为中国经济社会发展奠定了坚实的微观基础，注入了充分的源头活水。

关于中国改革的这一本质和意义，只有将改革置于我们传统的局限和计划经济体制的弊端这一大背景下，才能有深刻的领会。

就个体与群体的关系而言，中国五千年文明的主导价值取向是群体本位，个体遭到忽视和压抑。群体本位的文化价值和社会结构在相当长的历史时期内适应了中华民族的生存境况和生存条件，因而创造了长期领先的辉煌的中华古文明。但到后来，这种群体本位的价值不断走向极端，个体长期遭到贬抑甚至扼杀，造成了中国社会的活力丧失和发展停滞，被抛到世界历史发展的后面，并遭到西方文明的严峻挑战，导致了民族的生存危机。

1840—1949 年中国历史的主题是救亡，我们虽然不能说救亡与启蒙没有一致性，但是，在这段历史时期内，救亡是我们面临的最紧迫任务，中华民族与帝国主义的矛盾是最主要的矛盾。实事求是地看，救亡与启蒙有互相促进的一面，但也存在因为救亡而压倒启蒙的情形（抗日战争爆发后，中国共产党的政策由“打土豪、分田地”调整为“减租减息”就是一个生动的例子），以致我们来不及从容地系统地清理和改造自己的传统。

新中国成立到改革开放前这一段历史时期，我们实行了高度集中的计划经济体制。实行计划体制有其复杂的历史原因，也有其历史合理性和历史功绩。但是，计划体制客观上延续和强化了贬抑个体的传统，导致后来中国经济社会的发展活力严重衰减，到了不改革就难以为继的地步。

其次，这一理论范式认为，现代性危机的本质之一是个人主体片面发展和其主体性片面膨胀而与他者（他人、集体、社会）和自然相冲突造成的危机。因为很明显，既然任何社会历史问题本质上都是人的问题，那么现代性危机这一重大社会历史问题的本质也是人的问题，具体来说是个人主体性片面膨胀造成的异化或物化的问题、个体与他者关系紧张的问题。这些问题都曾经在历史上演绎过，马克思也曾经分析批判过。[①]改革开放以来，随着我国民众个人的主体地位的确立或初步确立，其发挥出来的主体性往往片面膨胀，个体藐视他者和自然，导致人与自然之间、个体之间以及个体与集体之间的严重冲突，各种问题、矛盾和悖论纷纷出现，必须引起我们高度重视。

那么，如何正确看待和解决我国社会现代转型过程中发生的个人主体片面发展产生的问题呢?

就研究现状来看，批判性偏多，建设性偏少。[②]批判当然不可或缺，但批判不是目的，问题揭示出来了之后，重心应该放在解决问题上，这就需要建

① 马克思资本主义批判理论就是对这一问题的深入研究。

② 批判是容易和安全的。之所以说是容易的，因为马克思主义经典作家这方面为我们准备了丰富的研究成果；之所以说是安全的，因为不会冒意识形态风险。但是，这样却无法解决我们面临的独特问题。

设性的理论研究。笔者认为，解决上述问题无外乎有三种方式可供选择。其一是借机否定个人主体和个人主体性，以讨伐“个人主义”的名义取消个人的主体地位，压抑个人权益，压制个人主体性的发挥。这无异于历史的倒退，是不可取的。其二是听任其发展，等待其自发的“物极必反”。西方走的就是这条道路，它们长期坚守“自由放任”的教条，直到付出了重大代价才慢慢改弦更张，逐步加大缓解冲突的力度。在中国，这种方式既是不可取的，也是不必要的。因为我们既付不起也不必要付出这么大的代价。人类社会的发展不是一个机械的过程，西方现代化道路不是每个民族唯一的宿命；而且，人类的一大特点是善于学习，中华民族更是善于学习的民族，中国共产党是一个重视学习和善于学习的学习型政党，我们完全可以吸取先行现代化国家的经验教训，利用新的历史文化条件，在一个更高的起点和更高的平台上展开现代化工程。其三是在尊重、保护个人主体地位和发挥其主体性的同时，从制度建设和文化价值建设等方面引导、规范和制约个人主体性，推动个人主体转型升级和健康发展，从而形成自我与他者和谐共生的理想局面。

我们当然应该选择第三种方式。但这种方式的具体化，即如何既充分发挥个人的主体性作用，又解决其片面发展带来的诸多消极现象，这既需要马克思主义理论的启迪和指导，也需要联系实际进行深入具体的理论研究，将马克思主义中国化、时代化、具体化，并借此机会深化、丰富和发展马克思主义有关理论。

当代中国化的马克思主义——科学发展观（“以人为本”理念和“和谐社会”理念等），是当代中国破解现代性物化和异化的危机及个体与他者关系紧张的危机的科学理论。但理论工作者还需要密切跟踪、深入研究实践提出的新问题，及时回应时代的呼声，对科学发展观的理论内涵、理论特质和理论功能做进一步开掘和开拓。我们现在应该明确：“以人为本”的“人”既是群体的人，即人民群众，也是个体的人，即个人；人民群众是社会历史的主体，即群体主体，进入现代社会后，个体的作用不断凸显，个人也日益成为社会历史的主体，即个人主体；和谐社会的实质是自我与他者的和谐，在于形成和谐的主体际关系和主客际关系；在马克思“自由人联合体”的理想社会里，不仅每个人都获得主体地位，都具有自由个性，而且形成和谐的良性的主体际关系，即“每个人的自由发展是一切人的自由发展的条件”；①

① 马克思、恩格斯：《共产党宣言》，人民出版社 1997 年版，第 50 页。

在科学发展观指导下的中国改革和中国特色的社会主义现代化建设，就是朝着马克思这一伟大理想迈进的理论努力和实践努力。

总之，本书在马克思社会三形态理论指导下，具体深入地研究两方面的问题。

第一，如何认识中国改革的实质和意义？中国改革就是推动中国社会的现代转型，个人主体的生成发展是改革和转型的实质，也是其伟大历史意义所在。本书从经济、政治、社会、文化、教育等方面深刻揭示中国改革的这一本质和意义。

第二，如何认识现代性危机？现代性危机，本质上是个人主体片面发展和个人主体性过度膨胀引起自我与他者冲突造成的危机，本书将具体而深入地分析中国改革过程中出现的这一现代性危机，并提出克服危机的理论方案。

本书是运用马克思社会三形态理论解读和研究中国改革的尝试，是马克思社会三形态理论中国化的成果。

第一章　人学查审：中国改革的深刻背景

只有把中国改革不仅放在计划经济体制及其造成的经济社会危机这一直接背景下，而且放在更大更深更远的历史背景下加以查审，才能真正把握其深刻本质和伟大的历史意义。

第一节　中国传统社会对个人的压制

中国传统社会的一个突出特点是个人长期遭到忽视和压制。无论传统的经济结构、政治结构和与之相适应的传统文化，都体现了群体本位和高度集权对个人的严重压抑。中国传统社会长期处于马克思所说的人的发展的第一个阶段，即人对人的依赖阶段，而且由于特有的传统社会结构和特有的传统文化的影响，中国传统社会人对人的依赖程度更加严重，持续的时间更加漫长，个人始终无法获得主体性地位，个人主体始终难以生成。总之，传统社会向现代社会转型所需要的个人主体及个人主体性一直难以生成。这是中国社会后来停滞落后，迟迟难以向现代社会转型的根本原因之一。

从国家法律来看，中国传统社会个人的基本人身权利和财产权利都得不到法律的肯定和保障，一切都是最高统治者（皇帝等）的私有财产，“普天之下，莫非王土；率土之滨，莫非王臣”。费正清认为，古代中国“法家的法律只代表了统治者的命令。中国很少甚至没有发展出民法保护公民；法律大部分是行政性的和刑事的，是民众避之犹恐不及的东西”。[①] 民法的缺乏充分说明中国传统社会缺乏保护个体的权利的意识，说明个体没有独立的利益，个人主体没有形成。

---

① Edwin O. Reischauer and Jonh K. Fairbank, *East Asia*: *The Great Tradition*, Boston: Houghton Mifflin Company, 1960, p. 84.

“把智力健康和肢体健康发挥到极致然后再集合在一起，才是他们（指古希腊人——引者注）有关人的完整理想。我不止一次看到出土的古希腊哲人、贤者的全身雕像，大多是须发茂密，肌肉发达，身上只披一幅布，以别针和腰带固定，上身有一半袒露，赤着脚，偶尔有鞋，除了忧郁深思的眼神，其他与运动员没有太大的差别。别的文明多多少少也有这两方面的提倡，但做起来常常顾此失彼，或流于愚勇，或流于酸腐……我历来认为各种文明自成结构，很难拆开了作局部比较，但在奥林匹亚，我明确无误地感受到了古代中华文明的差距。这个差距的产生，不是由于局部，而是关及人的整体。中华文明较少关注个体意义和机体意义上的自我，在人际关系上做了太多的文章。结果真正的健全缺少标志，缺少赛场……”①

到明清时期，封建专制主义对个人的压抑到了极端，整个社会死气沉沉，死水一潭，毫无生机活力。清末诗人龚自珍实在忍受不了这种令人窒息的沉闷的局面，他痛心疾首地大声疾呼：“九州生气恃风雷，万马齐喑究可哀。我劝天公重抖擞，不拘一格降人才。”

英国著名马克思主义学者塞尔斯（Sean Sayers）认为：“在中国的传统里一直强调群体和等级，在这一点上，西方尊重个体的传统有很多值得中国借鉴的地方。”②

黑格尔也认为中国古代社会个人地位是卑微的：“中国人把自己看作是属于他们家庭的，而同时又是国家的儿女。在家庭之内，他们不是人格，因为他们在里面生活的那个团结的单位，乃是血统关系和天然义务。在国家之内，他们一样缺少独立的人格；因为国家内大家长的关系最为显著，皇帝犹如严父，为政府的基础，治理国家的一切部门。”③

下面具体分析，传统中国如何形成了忽视和贬抑个人的传统。

一 压抑个人的传统社会结构

（一）地理环境决定了先民最初的生活方式和社会结构

由于特殊的地理环境，中国在原始社会就形成了早熟的农业文明。我国

---

① 余秋雨：《千年一叹》，作家出版社 2002 年版，第 29—30 页。

② 陈海娟、陈旭东：《如何看待马克思主义的复兴——访英国肯特大学教授塞尔斯》，《社会科学报》2008 年 6 月 19 日第 7 版。

③ 黑格尔：《历史哲学》，王造时译，上海世纪出版集团、上海书店出版社 2001 年版，第 122 页。

先民生活的主要区域系黄河、长江流域。两地流域水系发达，土地资源丰富，气候温暖湿润，十分适于农业生产和定居。

早在新石器时期，我国除少数边远地区外，大多已由渔猎经济向农业定居过渡。这是中国传统社会结构的起点和基点。农业是主要的生产活动，畜牧业并没有独立出来，而是作为农业的补充，附属于农业，与农业紧密结合起来，这进而增加了定居农业的自给自足性。这是中国早期社会结构的一个突出特点，是与西方社会结构在起点上的区别。西方进入文明时代，是由于农业和畜牧业的分工，产生了私有财产和实现了社会交换所致，而中国畜牧业和农业的紧密结合，则使中国古文明的起源，更加有赖于农业自身的发展。直到中国原始社会的中晚期，也未曾发现足以印证有过畜牧业为主的部落联盟。我国手工业起源也非常早，而且水平很高。但手工业同畜牧业一样，也一直在相当漫长的时期里附属于农业。手工业品只是用于自给自足，而不进入流通领域。①畜牧业和手工业附属于农业，是农业与畜牧业和手工业结合的方式，加强了中国古代自给自足的生产方式。

而且，早熟的定居农业与原始社会的氏族社会结构结合在一起，起到互相巩固的作用。中国先民所处的特殊地理环境，使得定居农业是最适合于他们的生产方式和生活方式。如前所述，畜牧业和手工业的出现并没有瓦解定居农业这种生存模式，反而更加巩固了它。而定居农业所依托的社会组织形式是氏族组织，这两者形成了相互加强和相互巩固的关系，“农业定居的生活，反过来为氏族组织的迅速发展和巩固，提供了极大的方便”，“氏族组织与农业定居之间这种相辅相成的关系，有助于农业生产力的发展，也有助于氏族组织的自我繁殖与大型部族的形成”。②

一般而言，人们的生产生活方式决定他们的社会组织形式。但是传统中国社会的特殊性是，原始社会解体后，中国人的生产生活模式保留了下来，这一模式就是：农业定居生活。“以农为本”不仅是思想家的治国思想和统治阶级的统治政策，也是中国人几千年生存模式的写照。同时必然地，与定居农业相适应的以血缘关系为纽带的氏族社会结构也因此一直被延续了下去，并通过政治、经济、文化等不同方式被反复强化。可以说，氏族制度所内含的以血缘关系为纽带的社会结构，是中国几千年的历史发展的“底板”、

① 沈大德、吴延嘉：《中国传统社会结构探析》，台北南天书局1998年版，第7—13页。

② 同上书，第17页。

“基因”，它从起点上规定了压抑个体的群体本位的社会结构，并始终制约着中国社会的演化。

马克思也把地理环境作为亚细亚社会形成的最初原因。在亚洲，“……气候和土地条件，特别是从撒哈拉经过阿拉伯、波斯、印度和鞑靼区直至最高的亚洲高原的一片广大的沙漠地带，使利用渠道和水利工程的人工灌溉设施成了东方农业的基础”，“水利”是浩繁巨大的工程，而分散的个体力量太小，必需联合起来才能从事这样的巨型工程，但在古代亚洲，“由于文明程度太低，幅员太大，不能产生自愿的联合，因而需要中央集权的政府进行干预”。①

可见，独特的地理环境制约着人们的生活方式，只有以群体的力量才能兴修水利，提供农业生产的基本条件，从而人们才能生存下去。所以，即使原始社会解体之后，古代中国也客观上需要保留原始氏族社会的血缘纽带，以保留和巩固人群共同体，应付自然的挑战，保证人们的生存。可见，地理环境是中国传统社会结构形成的起始原因。

（二）氏族血缘社会结构的延续和群体本位社会的形成

在新石器文化晚期，家族和家庭逐步成为社会基本劳动单位，中国氏族内部已出现了贫富分化，财富与权力集中在少数家族甚至家庭的手中。中国的原始社会趋于瓦解。但氏族血缘关系仍然保留了下来，成为奴隶社会维系社会成员关系的重要纽带。

我们知道，原始社会以氏族、部族为基本组织形式，它们的纽带是血缘。在原始社会后期，氏族内部出现了私有财产和贫富对立，血缘亲情关系日渐淡化，乃至被新的阶级关系取代，随之出现了奴隶主压迫剥削奴隶的专政机器——奴隶主国家，社会也从原始社会进入一个更高级的阶段——奴隶社会。这，是人类社会从原始社会向奴隶社会演进的一般规律。但是，中国由原始社会向奴隶社会的演化方式与上述人类一般的演化方式相比，具有特殊性和丰富性。在中国，氏族在内部出现阶级分野之后，并未立即解体，更未像希腊、罗马那样，打破血缘关系按地域组织来建立国家。中国的奴隶社会，保持了较完整的氏族组织，并以血缘关系为纽带来建立和维系奴隶制度及其国家。这种发展道路及其特点，是中国原始人生存模式和中国原始社会

① 《马克思恩格斯选集》第1卷，人民出版社1995年版，第762页。

结构造成的，这一生存模式并没有因原始社会的解体而转型，①从而导致了以氏族血缘关系为纽带的社会结构组织被长期保留下来，“事实上，中国的氏族组织不但未曾随原始社会的解体而解体，即使在奴隶社会里，它也仍然是社会组织形态的基本形式”②。何止是奴隶社会，就是几千年的封建社会，中国社会仍然保留并充分利用了以氏族血缘关系为纽带的社会结构，即所谓家国一体，家庭伦理与政治伦理是一致的。

从社会个体与群体关系来看，氏族血缘制度从本质上看是一种压制个体的群体本位社会结构。“中国原始社会的组织结构及其特点，使中国与西方社会发展道路迥然不同。它使中国从一开始，就具有长幼尊卑有序的宗法社会、等级社会的特征。由于社会的基本组织是血缘相连的部族、氏族、家族、家庭，而且层层相依，环环相扣，关系稳定而牢固，因而社会赖以建立的基础及其维护的基点是群体，而不是个体，个体的权利、义务、地位都由其在群体中的位置而定。这个社会从而具有内在的强大的向心力，形成不同凡响超强聚合机制，并在此基础上发源了自己特有的、延绵不绝的文化精神；另一方面，这个社会不重视、也不可能重视社会成员个人的正当权益，不仅对奴隶是如此，对平民乃至贵族也是如此。这种社会导致氏族奴隶制的产生，并使之成为中国奴隶社会的基本组织形式，而不像西方国家那样，其奴隶主要由外族战俘和氏族解体后由原来的氏族成员转化而成的债务奴隶构成。这种奴隶体制掩盖了社会成员之间的贫富分化与政治对立，掩盖了奴隶与奴隶主之间的阶级分野和阶级对抗。而且，由于它和自给自足的小农经济相结合的共同作用结构，还使中国在农业生产中，不可能出现希腊、罗马那样的大规模奴隶劳动情形，这就极大地限制了农业生产规模的进一步扩大，以及农业劳动内部分工与社会交换的发展。中西文化起步伊始，其间的差异就是根本性的、全局性的、结构性的。这种差异，使中国其后建立的封建社会和农业文明得天独厚，繁荣昌盛，又使它在近现代化的过程中先天不足，阻力重重。”③可见，群体本位的社会结构及相应的文化，既是中国文明曾经

---

① 生存模式包括生产方式、生活方式，它主要由生产力（自然生产力、社会生产力）决定，越是人类早期，社会生产力或人为生产力越低下，人类越依赖自然生产力——地理环境和气候条件决定的自然生产力，这一点中国传统社会长期未发生根本变化。地理环境和气候决定了中国传统社会农业定居的生存模式，这一生存模式又决定了源自原始社会的血缘关系能够保存和延续下来。这就为中国血缘关系长期延续下来找到了客观原因。

② 沈大德、吴延嘉：《中国传统社会结构探析》，台北南天书局 1998 年版，第 16 页。

③ 同上书，第 21 页。

发达、领先的原因，也是后来停滞、落后的原因。从传统社会向现代社会转型的前提是独立的社会个体的生成，而中国从原始社会一直延续下来的群体本位社会结构和文化传统正是中国走上现代化的根本障碍之一。

美国学者费正清对中国传统社会结构和传统文化压制和扼杀社会个体的内在机理进行了深入的分析。“家庭制度是等级制的同时又是专制的。每个人的地位由其辈分和婚姻状况而定。……一家之长的父亲是权力的中心。至少在理论上父亲掌管着家产，安排儿孙的婚姻。作为个人服从家庭的一种标志，子女孝顺是最受称赞的美德……婚姻由各自的家庭安排——大多数情况下无疑要请聪明的媒人说合——这比其他任何事都更清楚地体现出个人的服从。婚姻更像是家庭的结合，而不是个人的结合。……这一专制的家庭模式为国内政治生活中的社会秩序提供了基础。皇帝与其臣僚的作用只是父亲作用的扩大。一个地区的行政官员被称为人民的‘父母官’。”①

（三）家族本位制的确立

原始社会解体后，中国逐渐建立了以家族宗法制度为基础、政治国家为根本的一元社会结构。国家又完全取代了社会，使社会丧失了独立的品格。在中国，国家与社会是同一的。②但是，君主是国家的代表，君主不仅完全控制了国家和社会，而且完全控制了所有社会成员。以君主为代表的统治者是如何做到这一点的呢？答案是，充分利用原始社会以来的氏族血缘社会结构，逐渐形成了以家族宗法制度为基础、政治国家为根本的、家国同一的一元社会结构。从统治与被统治的关系来看，历代统治者不断巩固家族血缘关系，实质是一种巩固统治的手段；从个人与社会国家的关系来看，家族本位制度实质是压制个体的群体本位制度。

夏朝建立，中国进入了奴隶社会，并开始了“家天下”。商朝最后确立嫡长子继承制。周朝继承并发展了商朝的嫡长子继承制，不仅周天子由嫡长子世代相袭，周朝的贵族和平民家庭也一律实行嫡长子继承制。全国上至天子，下至庶民，以家族为本位，以天子为核心，组成一个严密的血缘宗法网络，形成“普天之下，莫非王土；率土之滨，莫非王臣”的局面。

家族本位的形成不是原始氏族制解体、奴隶制产生的结果，而是氏族制度发展和变形的结果，是中国奴隶社会的基石，是区别于欧洲奴隶社会最基

---

① ［美］费正清、赖肖尔：《中国：传统与变革》，江苏人民出版社 1996 年版，第 15—16 页。

② 邓正来：《国家与社会：中国市民社会研究》，北京大学出版社 2008 年版，第 6 页。

本的特征。家族制得以形成并表现出强大的生命力，主要原因在于前者比后者更能掩盖和淡化阶级分化，家族内部以及家族和宗主之间，血缘关系更加明确、更加简化、更加巩固、关系更加紧密，从而利于缓和阶级矛盾。同时，宗法统治手段更加具体了，家规、族规、家法、族法充斥了中国几千年的历史，到了封建社会，其发展得更加完备。家族凝聚力也因之而空前强化，它不仅有血缘作共同的纽带，还有人情关系作温情脉脉的面纱，既有国家专政机器的威慑力作其强大后盾，又有一整套相应的伦理观念与道德规范感化号召，还有由宗法制度的长期延续而从不断绝的文化精神，压制个体，桎梏人们的思想与思维方式，控制人们的心态，形成一个无形的舆论网络，疏而不漏，无处不在。

（四）家族本位制的发展与作用

中国的奴隶社会，没有用两个对抗阶级同归于尽的方式告终，而是通过奴隶主贵族统治集团内部，改革派与顽固派的反复较量中取得胜利，从而步入封建社会。因此在许多方面，中国封建社会与奴隶社会一脉相承，这是中国传统社会结构及其发展的又一个基本特征。这一历史特点的形成，不是宗法制被私有制和阶级关系破坏瓦解的结果，却恰恰是宗法制不断在新的历史条件下，得到保存和发展的结果，是传统宗法制度的“与时俱进”。

中国的封建地主阶级，不仅全盘接受了宗法制度的遗产，并不断加以创造性的发展与完善。秦朝正是在维护族权、父权、夫权的基础上，把君权抬高到至高无上的地位。秦朝的郡县制户籍法并不是取消宗族、家族制，而是使其和地域组织有机结合起来，直接置于国家的控制之下。秦朝曾强令十二万户富豪强宗迁到咸阳，两汉也曾下令强宗大姓不得聚族而居，并组织过几次强令大族迁移到别处的运动。但是，这些都只是对地方势力进行控制的需要，并不意味着反对和瓦解宗法制度。事实上，两汉以“仁孝”治天下，汉武帝“罢黜百家，独尊儒术”，强化了宗法制度及其相应的观念，有利于封建中央集权的加强。

宋、元、明、清，中国开始步入封建社会的中晚期，从式微走向没落。封建统治者对家族制的需要和重视也更加迫切。宋明理学的兴起，封建文化专制空前酷烈，对家族制的提倡达到无以复加的地步。

中国宗法制度，是宗族组织、地域组织、社会劳动组织与国家基层行政组织的紧密结合。这同希腊梭伦改革，打破血缘关系，以地域为单位建立国家的方式截然不同。前者使社会的细胞由群体组成，个人只有作为家庭、家族和宗族成员，才有社会价值，而其价值大小则由其在群体中的地位所决定。这个群体本身又是一个按长幼尊卑次序建构的、有着广泛社会关系的多层多面的金字塔。它的管理方式必然是由上而下的权力机制，大一统和皇权专制是它的内在要求和最终归宿。后者则以独立的个体即自由民为社会本位，社会管理必然相对强调自由民之间的平等与公正原则。而社会与自由民之间，则强调权利和义务的对等。这是古希腊和罗马能够一度出现共和制城邦国家的基础，也是它们在历史上具有民主传统的内在原因。

中国宗法制度的一个直接后果，是无所不包、无所不在的人际关系网，及其相应的亲情观念、乡情观念，强化了中国人，尤其是中国农民对故地的无限依念，无形中大大增加了农民对封建地主和封建国家的人身依附。形成了中国特有的“关系本位”社会。所谓“关系本位”，是把人们之间的各种特殊关系，特别是血缘关系，以及由它延伸的“义缘关系”视为最高价值，把这种关系的伦理法则——“忠孝节义”等作为行为的最高准则。[①]

可见，中国的宗法关系及其精神，从原始社会中期形成以来，就从未被革除，从未被中断，它经过奴隶社会和封建社会一直传了下来，它所经历的历史传统不是二千年，而是五千年到七千年，它根深蒂固，枝繁叶茂，并在漫长的历史进程中建立了与之相应的政治机制、劳动组织、经济生活方式、文化意识形态，以及独特的民族性格和心理。中国的传统成就了中国古代社会，尤其是封建社会时期灿烂文明，但厚重的传统也往往成为现代化的巨大阻力。

二　压抑个人的亚细亚生产方式

马克思从生产方式的角度透视包括中国在内的东方传统社会，取得了许多富有启发性的深刻的研究成果，其中的一个重要结论是，在亚细亚生产方式中，不存在独立的社会个体。这与上述分析得出的结论正好相一致。

马克思认为，亚细亚生产方式是一种以土地公有制为基础、与定居的农业生产相联系、封闭型的人类最初生产方式。这种生产方式因人类在征服自然过程中联合范围的大小不同而使所有制分为两类：一类是土地公社所有制。在这种所有制下，“公社是真正的实际所有者”[②]；另一类是土地的更高

---

① 鲁品越：《资本逻辑与当代现实——经济发展观的哲学沉思》，上海财经大学出版社 2006 年版，第 350 页。

② 《马克思恩格斯全集》第 46 卷（上），人民出版社 1979 年版，第 481 页。

统一体所有制。在这种所有制下，凌驾于一切小的共同体之上的“总合的统一体表现为更高的所有者或唯一的所有者，实际的公社却只不过表现为世袭的占有者”。至于每一个单个的人，则“在事实上失去了财产，或者说，财产（即单个的人把劳动和再生产的自然条件看作属于他的条件，看作客观的条件，看作他在无机自然界发现的他的主体的躯体）对这单个的人来说是间接的财产，因为这种财产，是由作为这许多共同体之父的专制君主所体现的统一总体，通过这些单个的公社而赐予他的。因此剩余产品（其实，这在立法上被规定为通过劳动而实际占有的成果）不言而喻地属于这个最高的统一体。”①在这两种形式下，个人都不是财产的直接所有者，所以马克思说：“在亚细亚的（至少是占优势的）形式中，不存在个人所有，只有个人占有”，“财产只是作为公共的土地财产而存在”。②由于不存在财产的个体所有，因此无论在公社内部还是在公社外部，交换都很不发达，商品经济的因素很难从自身内部发生，因此为了生存，公社内部必须实行严格的社内分工和农业、手工业的家庭结合，其结果，形成了农村公社最坏的一个特点，即他的封闭性或孤立性，以及由封闭性和孤立性而产生的公社的再生性和停滞性。

马克思认为，亚洲社会存在着两种从属关系：一是人和公社的关系，二是土地与人的关系。“共同体是实体，而个人则不过是实体的附属物，或者是实体的纯粹天然的组成部分。”③在亚洲，个人不是一个独立的存在而只是作为附属物而存在，作为“公社”的附属物而存在。只有“公社”是独立的，唯有它是一个“实体”，是超越于人的最高存在。既然连“人”都是公社的附属物，人无法成为独立的实体，那么土地自然就归公社所有，它不为个人所私有，只是被个人“占有”。在亚细亚社会结构及其次生社会结构中，除了共同体整体或最高的皇帝外，其他任何人，包括贵族、富商和官僚，对财产都只有占有权和使用权，但没有终极的所有权。黑格尔正确地指出过，财产权是独立人格的基础。亚细亚社会成员没有完整的或真正的财产权，从而也就没有真正的独立人格。

根据马克思的研究，从个人的发展的角度看，亚细亚生产方式的基本特

---

① 《马克思恩格斯全集》第46卷（上），人民出版社1979年，第473页。

② 同上书，第481页。

③ 同上书，第474页。

征可以概括为：其一，不存在个人所有，只有个人占有。在这种生产方式下，缺乏最基本最重要的权利——所有权。其二，个人对公社或国家来说"不是独立的，生产的范围仅限于自给自足，农业和手工业结合在一起"。其三，在它的次生阶段，国家或皇帝是最高的所有者，而公社和个人都不过是占有者或使用者而已。不仅"每一个单个的人在事实上失去了财产"，而且实际的公社也"只不过表现为世袭占有者"。只有"凌驾于所有这一切小的共同体之上的总和的统一体表现为更高的所有者或唯一的所有者"。因此，剩余产品不言而喻地属于这个最高的统一体。因此，亚细亚生产方式是一种既不同于奴隶制、农奴制，又不同于纯粹原始共产制，然而却普遍存在的、与农业生产相联系的独特生产方式。其四，政治上更多地表现为"东方专制制度"。其五，文化价值上必然宣扬贬抑个体的群体本位论和专制主义意识形态。

中国传统社会结构具有浓厚的"亚细亚"特点，是典型的亚细亚生产方式国家。甚至可以说，中国后来的社会结构和社会形态都只是亚细亚的变形。中国古代"普天之下，莫非王土；率土之滨，莫非王臣"的观念，及"量人之力而授之田，量地之产而取以给公"的体制，正说明了这一点。中国古代实行的是土地授受制度。土地为皇帝所"授"，为农民所"受"。农民所接受的土地，并不是农民的私产。农民对土地只有使用权和"占有权"而没有私有权。井田制就是这种授田制度的最明确的写照。既然农民的土地"从皇帝那里得来"，所以从根本而言，土地归国王与皇帝所有。马克思说，在亚洲国家中"国王是国中全部土地的唯一所有者"，存在的是土地的"国王所有制"，一种亚细亚式的土地"公有制"与"国有制"。我国著名历史学家吴泽在解读马克思思想的原义时说："在古代东方国家的国王是作为建立在全国各个农村公社基础上的'最高共同体的'代表者，也是全国土地最高的和唯一的'所有者'。"显然，中国的土地制度确如马克思所说，属于"国王所有制"。国王即是国家（"朕即国家"）——"最高共同体"的代表。"国王所有制"也就是中国古代的国家所有制，即中国式的"公有制"。[①]正如马克思所说：古代东方的国家，"是凌驾于所有这一切小的共同体之上的总合的统一体"，国王作为专制君主是"共同体之父"。[②]这种生产方式和社

① 盛邦和：《亚细亚生产方式与中国》，《中州学刊》2006 年第 2 期。

② 《马克思恩格斯全集》第 46 卷（上），人民出版社 1979 年，第 473 页。

会结构将压抑个体的群体本位社会与专制国家巧妙地结合起来，导致的结果是对社会的严密控制和对个体的严重压抑与扼杀。政治国家实行专制制度，个人在专制制度下是渺小的；社会推崇群体本位，个人是微不足道的；专制的政治国家吞噬了社会，进一步加重了对个体的压抑和控制。在这样的政治和社会体制下，独立自由的个人根本没有发育成长的空间，发达的商品经济即市场经济也始终发展不起来。①

三　压抑个人的传统文化

中国传统文化的内核和中华民族的心理结构，在更深层面上制约着中华民族的思维方式和行为方式，结晶为中华民族的文化生存结构，外化为中国人的生存和生活模式。而中国传统文化内核和思维方式的主要特点之一是，片面强调个人对整体、长者、尊者的服从，贬抑个人独立人格和主体性，是一种整体本位或群体本位文化。而政治国家是社会整体的代表，专制的政治国家吞噬了个人和社会，与之对应和相互强化的是全能主义的政治文化。

（一）礼文化压制个体的功能②

中国传统文化可以称为礼文化。礼是中国宗法社会所通行的社会礼仪等级制度和道德行为规范。礼的核心是维护宗族制度和宗法关系，所以其最重要的内容是推行祖宗崇拜。对于传统社会中的中国人而言，光宗耀祖是生而具有的天职，辱没祖宗是最大的耻辱。所以，传统中国人总是以群体的一分子，而不是以作为一独立存在的个体的身份活着，并且总是身上附着众多祖宗的阴魂与期望而活着，所以活得很沉重。

礼的社会功能是保证社会秩序的安定。礼严格规范人的言行，人们的任何言行都必须定名位，按品级，依照尊卑长幼有序的方法来进行，以保证社会的有序。所以礼文化又被称为“礼防”、“礼法”，即用礼文化来防止祸

① 中国很早就出现了商品货币关系，宋、明、清三朝的商品货币关系曾经十分发达。但就是发展不出商品／市场经济制度，原因就在于高度的专制制度的控制和打压。从本质上看，中国古代的商品货币关系只是现象形态上的，经济活动徒有商品货币关系的外壳，（斯大林认为，计划经济体制下，产品只有商品的外壳，只起经济核算的作用，但却不是商品。这里存在着惊人的相似，表明不同时代的专制体制是相通的，都不容忍商品／市场经济制度）而实质上，一切利益都被专制国家和帝王所控制和独占。

② 本部分参考了沈大德、吴延嘉《中国传统社会结构探析》，台北南天书局 1998 年版，第八章第 3 节。

乱。因此古人说，“夫礼，禁乱之所由生，犹坊（防）止水之所来也”。①

儒家文化与礼文化天然相同，是礼文化的理论升华与学术总结，而礼文化是儒家文化在大众日常生活中的社会表现形式。儒家是礼文化的崇奉者和实行者，而且以礼为其政治思想的重要内容。儒家把维护宗法关系的伦理纲常作为人生要务、立德之本，以及治理社会的基本准则。他们把“亲亲”原则扩展为“仁爱”原则，以人伦主义为中心，建立和维护现存社会秩序。他们把“尊尊”原则归结到尊君原则，“天无二日、土无二王、家无二主、尊无二上”②，用君权统一父权、夫权、族权。他们鼓吹以孝治国，以仁兴国，从每个人自身加强道德修炼做起，“克己复礼”。反之，“人无礼不立，事无礼不成，国家无礼则不宁”。到宋明理学，对礼教的强调到了无以复加的地步，牢牢地把人束缚死，使人心甘情愿，万死不辞。在国家，君叫臣死臣不得不死；在家庭，父叫子亡子不得不亡。难怪鲁迅先生一针见血地指出，中国传统礼教文化的本质是“吃人”。

（二）全能主义政治制度和政治观念

全能主义政治“指一种政治系统的权力可以不受限制地侵入和控制社会每一层面和每一阶层的政治制度。”③“中国人的思想活动乃至他们的整个人生观，都拘囚锢蔽在官僚政治所设定的樊笼中。”④对于居于独尊地位的政治权力的无上遵崇和服从，对作为政治权力人格化的君王和各级长官的无条件忠心乃至迷信，成为中国民众国民性和政治观念的重要特质。这一政治制度和政治文化进一步强化礼教文化和礼教制度，社会个体被牢牢控制住。

（三）推崇社会整体，强调个人对社会整体的单方面适应的文化

与西方文化外向张扬的价值取向不同，中国传统文化强调内向求索，使人通过严格的自我修养，达到身心平衡、内外平衡，以适应外界环境，即所谓“顺应自然”、“与物委化”，把自己的言行纳入自然、社会既定的运行轨迹。

与西方个体本位文化传统不同，中国传统文化偏重于社会或群体本位，个人只是作为社会有机体的构件被纳入家族、社会的网络系统。“仁爱”、“义务”、“贡献”、“宽恕”等社会规范和准则，被灌输并内化到每一个人的

① 《礼记·经解》。

② 《礼记·坊记》。

③ 许纪霖等：《中国现代化史》第1卷（1880—1949），上海三联书店1995年版，第11页。

④ 王亚南：《中国官僚政治研究》，中国社会科学出版社1981年版，第39页。

灵魂中，制约着人们的思维方式和行为方式。个人作为一种消极的个体，只有对社会、国家的顺应才能生存下来，个人沦为社会、国家的派生物。

（四）封建纲常伦理吞没个体

封建国家、君主和族长以君权神授理论、三纲五常之类的政治和生活伦理，配合君父合一的宗法制度，形成了对个人的绝对的支配力量。封建的伦理道德作为先验的教条原则普遍化为人的政治言行和精神桎梏，极大地吞没和消弭了个体的特性内涵和创造才能，个人在对社会、国家的政治权威的盲从中，寻找到了逃避自由和责任的生命安全，否定了人生的意义和生命活力。

（五）皇权主义心态和主奴心态①

中国人有强烈的皇权主义心态，这是一种对皇权崇拜、愚信、盼求的心态，人们觉得生活中不能没有皇帝。家国同构，由“家不可一日无主”到“国不可一日无君”，心态是一样的。家权主义蕴涵了皇权主义，二者本质是一致的，封建皇帝鼓吹“百行孝为先”，其实，他们倡导孝，意在培植忠君的根，皇权主义心态就这样一代代地被强化，被延续。

在皇权主义心态下，人们不但希望由别人来管自己的事，而且总希望有一个人说了算。人们对皇权、皇帝的崇拜、敬畏到了无以复加的地步。凡与皇帝有关的事情与物品，人们都视若神迹，奉为神明。君要臣死，臣不得不死，父叫子亡，子不得不亡。总之，整个社会只有皇帝，其他人是没有自我和自主意识的。

在前资本主义社会，各民族中普遍存在的是等级制，把人分为主和奴，分为一个个不同的尊卑等级。进入现代社会后，人身依附的身份型社会结构变成了独立个人之间的契约型社会结构。但中国传统社会始终停滞于前资本主义阶段或前现代社会，即马克思三大社会形态第一大社会形态阶段，这一阶段是人对人依赖的阶段，个人主体一直无法形成，人的个性没有得到解放，没有实现主奴身份型社会向契约平等社会转变。因此，我们社会中的等级观、等级心态、奴隶意识一直严重地存在着。主奴身份等级制的一个重要特点是高度的人身依附。首先是依附于国家，由于“朕即国家”，所以首先是依附于皇帝，“普天之下，莫非王土，率土之滨，莫非王臣”。人们全都是国家的仆人，皇帝的家奴，荣辱兴衰，生杀予夺，任由国家与皇帝的处置。

① 参见陆震《中国传统社会心态》，浙江人民出版社1996年版，第13—26页。

其次是依附于各级上司，官为主，民为奴，大官为主，小官为奴，人们只有在上司的庇护下才能生存，唯有这种依附关系下才有自己的价值。

这种主奴身份等级制的理论被一再理论化和系统化，并通过各种方式强化灌输到社会成员的心灵深处。儒家在这件事上花了很大气力，成就也最大，有一支以孔子为代表的等级制理论家，他们制定了“三纲五常”之类精美的等级制纲领和庞大的等级制理论体系，写出了《周礼》、《礼记》、《仪记》这样的等级制经典著作，这种将尊卑等级制理论化的情况，在世界上其他地方是少见的。这种理论和教化的目的，是不仅让人们对尊卑等级制口服，而且心服，不但知道必须做什么，而且要认为必须这样做是对的，应该的。

封建的皇权社会虽然早已逝去，但由于思想观念对于社会存在的相对独立性效应，直到今天，皇权心态还顽固地潜藏于大众的内心深处。例如，在日常生活中，“九五至尊香烟”、“皇室麦片”、“潮庭（谐音朝廷）酒家”、“棕南海（谐音中南海）桑拿”之类的消费品或消费场所屡见不鲜，“戏说乾隆”等帝王影视的广受热捧，等等，其背后的价值支撑，就是官本位的理念，甚至是封建皇权理念。

（六）“大一统”政治传统和文化专制主义对个性的压制

中国素有“大一统”的政治传统，君主专制是其最重要的本质特征，它一方面在形成中央集权、防止地方割据中，发挥着十分重要的作用；另一方面，又是政治腐败、动荡的重要根源，并在实践中越来越严重地束缚着人性的自由和社会的进步。

服务于“大一统”的政治传统的是文化专制主义，在具体实践中，它往往表现为对人性的摧残，对个性自由的限制，对真理探索的阻遏，明清时期一再发生的文字狱，即真实地反映了文化专制主义的“吃人”本质。

（七）总结：“吃人”的传统文化①

上面列举了中国传统文化的种种特征，归结到一点就是“吃人”。中国传统文化一个主要特点是贬抑个人，个人被视为家庭、群体、社会和政治国家的消极工具。常言道，旁观者清，西方人对中国传统文化的这一特点看得十分清楚。杜威强调了家庭伦理和保守无为思想对国民性格的深刻影响，同时重点分析了中国蔑视个人权利，同封建伦理这种不平等关系的内在关系。

① 本部分参考了沈大德、吴延嘉《中国传统社会结构探析》，台北南天书局 1998 年版，第八章和第九章部分内容。

如前文所述，黑格尔和费正清也看到了这一点。

反思我们的传统文化，我们现在对其缺陷看得很清楚。蔑视个体存在价值与个人的正当权利，是其中一个根本性缺陷。中国社会组织结构以宗族、家族和家庭为本位，文化结构以伦理为本位，政治结构以官僚为本位。不管从哪个方面看，个体都没有独立价值。在社会组织上，个人只是家族的代表和附庸，个体的正当权利得不到社会与法律的保护。在政治上，社会不以人的人品、能力、学识、气质来判定其价值高下，给予相应的地位，而是以官位高低和职务大小来衡量人。在文化心理上，越是模范遵守封建礼教，就越受到社会的承认和崇敬，而这必须以牺牲和丧失自我为代价。人们正当的权利受到家族和封建国家的各种干预，限制和摧残，就连生杀予夺大权也操在皇帝与家长的手中。

有一种观点认为，中国社会重人事，以人为中心，以民为邦本，所以中国传统文化富有深厚的人文主义精神。实质上，中国的传统是人伦主义和民本主义，它同人文主义和民主主义是性质不同的两码事。费正清曾分辨过中国所谓人文主义与西方人文主义的根本区别。他指出：中国原型的人文主义以社会礼法的有关规定为基础，“虽然也包括对个人的关怀，但是它是从社会的角度出发的”，而“个人的价值并没有像西方那样被认为是在每个人灵魂里先天取得的，它被认为是后天取得的”。中国人必须“承认社会习俗的力量，并且使他们自己从属于它们”，所以他们“所处的地位不如个人在西方的那么重要”。中国类型的人文主义“要求每个人以一种等级的方式，开始先爱自己的父亲、家庭和朋友，依次推及别人”。显然，这种人文主义正是典型的人伦主义，它不承认天赋人权，不承认资产阶级近代民主意识中的自由、平等、博爱原则，它所维系的是宗法制度的等级秩序，“培植了政府中的父道主义，并且允许了高度的专制主义”①。

中国传统文化为什么这样打压个人呢？正如马克思所言，任何意识只不过是意识到的存在。蔑视个体价值与权利文化传统，源于中国的宗法制度。林语堂说，在中国“人类不是个人，而是家族的一分子，是家族生活巨流的主要部分”。德国学者威尔海姆说得也十分透彻：“中国的农民意识集中在家庭，其人格自我不是小自我，而是家族式的大自我，家族的命运就是个人的命运。他们没有个人性的自我意识。一个个人仅作为家族的一个分肢被感

① ［美］费正清：《中国与美国》，商务印书馆1971年版，第26、31、104页。

知，作为‘集合类型’被感知，他们在家族内享有的权限是以他在家族中所占的地位、所具有的父或子之类关系而定。”这种家族本位以及相应的伦理本位和完整的儒家礼文化体系，使中国社会中群体与个体的关系处于高度对立的极端地位上，而且其本质就是以群体压制个体，以群体摧残甚至取消个体的合法存在。[①]但是，中国的这种群体本位并不是真正的社会本位，而只是一种宗派性的小圈子、小团体。家是国的全息微缩，国是家的放大，而国是皇帝个人的专利，朕即国家，国家即朕，整个社会及其中的每一个个体都隶属于皇帝一人。

有一点需要指出的是，对中国传统的评价，我们不宜简单化，应该采取历史主义的观点全面评价中国传统。应该这么说，群体本位的传统社会结构和传统文化适应了中国先民所处的生存环境，是先民适应生存环境的自然选择，并在后来很长历史时期中表现出了强大的生命力，创造出了灿烂的曾长期领先世界并对人类文明发展做出过巨大贡献的中华古文明。但是，后来这种传统的社会结构和传统文化的弊端越来越明显，它阻滞了中国社会的现代转型。但是，当西方发达国家陷入现代性危机时，当中国社会迅速现代化并随之产生诸多负效应时，我们发现中国传统文化有可开发利用的价值——缓解现代社会多元主体间日益加剧的冲撞。当个人主体性觉醒后，传统文化那种重视人际关系、重视自我约束、自我修养和自我境界提高的文化资源，完全可以开发利用，使之与现代社会相适应，使之成为建构健康合理的中国式现代性的建设性因素和力量。这个问题，在本书最后一章将有进一步的研究。

综上可知：农业定居的生活方式最初是由地理环境决定的，这种定居的生活方式和生存模式需要群体本位的社会结构和社会意识与之相适应。原始社会解体后，中国先民所处的地理环境没有发生大的变化，当然农业定居的生活方式也就没有大变化，从而相应的群体本位的社会结构和社会意识也没有发生大的变化，这是氏族式血缘关系及其社会意识一直保存下来的根本原因。而且，当原始社会解体后，出现了阶级分化，统治阶级为了维护自己的利益，不断加强政治专制，一再强化对个人的压制，其方法是文武两手兼用：一是运用国家机器实行专政和镇压；二是充分利用家族血缘关系这一群体本位的社会结构构建封建专制的社会结构，并推行与之相应的文化统治。

① 转引自沙莲香主编《中国国民性》（一），中国人民大学出版社1989年版，第157、165页。

传统的家族血缘关系与封建专制两者互相借助，政权与族权结合，共同压制个人，造成了贬抑个人的中国式传统社会和传统文化。这是当今中国不得不面对的历史前提和文化传统，它的负面影响是制约了个人主体的生成。

第二节　计划经济体制及其理论对个人主体性的压制和贬抑

一　苏联哲学对个人主体性的贬抑

作为为斯大林模式社会主义辩护的前苏联教科书哲学是计划经济体制的哲学基础。① 因此，有必要充分揭示苏联哲学及与之类似的各种马克思主义哲学理解模式的一个突出特点——贬损人的主体性（包括个人主体性）。

马克思的历史理论完整地将社会发展的主体性和客观制约性统一起来了，马克思哲学既高扬人类主体在历史发展过程中的能动性，又坚持了社会历史发展的客观制约性，是由历史地肯定人类主体作用的历史辩证法与坚持从现实物质生产出发的历史唯物主义的完整统一，把人们既当成他们本身的历史的“剧中的人物”也当成其中的“剧作者”。

但当时为了破除统治人类几千年的唯心主义历史观，加之为了论战的需要，② 马克思把自己理论阐述的侧重点放在社会发展的客观制约性和规律性方面。可是，在传播过程中，马克思哲学多次遭到歪曲，其理论的完整性多次遭到割裂，突出的表现是，用历史发展的客观制约性和规律性去否定或贬低人在社会发展过程中的主体性地位和作用，致使马克思哲学历史主体性思想一再被遮蔽，人在社会发展中“剧作者”的地位被忽视甚至取消。有代表性的理论和思想有：第二国际理论家、西方马克思主义中的科学主义派别、苏联哲学教科书等。

---

① 苏联官方哲学家米丁“将斯大林关于马克思主义哲学的主张系统化并提升为特定的研究模式：意识形态先行，哲学为政治服务。具体讲，即先有某种理论，再按理论制定方案，如‘集体农庄’蓝图，然后进行思想发动，组织人民向计划的蓝图迈进。这里，意识形态走在一切社会变革之先，全部实践依计划进行。不允许一切有悖于此的做法，无所谓自由可言”。参见郭凤海《自由的歧路——“苏联哲学”的历史命运及启示》，《理论探讨》2007 年第 3 期。

② 恩格斯说，“我们在反驳我们的论敌时，常常不得不强调被他们否认的主要原则，并且不是始终都有时间、地点和机会来给其他参与相互作用的因素以应有的重视。”（《马克思恩格斯选集》第 4 卷，人民出版社 1995 年版，第 698 页）

（一）第二国际

在第二国际之前，最早将马克思的社会历史理论歪曲为经济决定论的是德国资产阶级学者保尔·巴尔特，他认为马克思的历史理论不重视人，唯物史观把人看作是受经济摆布的机器，把思想看作是纯粹消极的形式和外衣。以保尔·恩斯特为首的德国社会民主党内的“青年派”，也对唯物史观进行了歪曲，“青年派”认为：“在马克思那里历史是完全自动地形成的，丝毫没有（正是创造历史的）人的参与，并且说什么经济关系（但是它们本身就是人创造的！）就像玩弄棋子一样地玩弄这些人”。[①] 这样，马克思对客观经济因素的重要性的强调被误认为只承认经济因素的决定作用，唯物史观被歪曲为“庸俗经济决定论”，人被视为经济必然性的奴隶。

可见，经济决定论的始作俑者并不是第二国际，但在马克思主义发展史中，最早将马克思的社会发展理论解读为经济决定论的是恩格斯逝世后第二国际的一些主要理论家们，其中最重要的代表是考茨基。“经济决定论是这样一种历史哲学，它把全部社会历史发展理解为自发形成的自然过程，在其中经济关系起着唯一决定性的作用。因此，经济决定论将全部社会历史关系不由分说地统统还原为经济关系，历史变成了由人之外的经济力量决定的宿命。”[②] 第二国际经济决定论的历史观，要害在于取消了社会发展过程中主体的作用，似乎人类社会的发展像抽象的自然一样，其运动、变化完全与人无关，社会历史发展的实践辩证法变形为实证主义和经济主义的自然发生学。在考茨基等人那里，人类历史成了自然历史的一个附属物，社会的发展规律不过是生物规律的一种表现形态而已。在社会历史的发展过程中，人只能站在这一客观进程旁边消极地观望。人类社会历史的发展似乎是一个离开人而独立运动的自然而然的客观物质进程，马克思的《资本论》仿佛就是一个铁的历史时刻表，物质生产力的生长自动产生着经济进程的变动，再由此发生全部社会上层建筑的改变。这样，资本主义的崩溃和灭亡将是科学定律式的“不可避免”，革命在一定的物质条件下自然而然要发生，无产阶级在一定的时刻也自然而然会成为自觉的革命力量，人们要做的事情只是等待客观物质条件的成熟。这是第二国际理论家与列宁致力于发挥无产

---

① 《马克思恩格斯全集》第22卷，人民出版社1965年版，第97—98页。

② 张一兵、胡大平：《西方马克思主义哲学的历史逻辑》，南京大学出版社2003年版，第28页。

阶级革命能动性的现实实践发生冲突的根本原因。19世纪初的俄国处于资本主义发展的初期，根据第二国际的经济决定论，俄国根本没有资格进行无产阶级革命。①

（二）“西马”科学主义流派

针对第二国际否定人在社会发展过程中的主体性的错误，早期西方马克思主义和人本学的西方马克思主义在突出人在社会发展中的作用和地位的同时，走向了夸大主体能动性和主体地位，抛弃马克思历史理论科学性的另一个极端。西方马克思主义内部的科学主义流派（科学的马克思主义）不满意这种对马克思理论的曲解，其主要代表人物是阿尔都塞。但阿氏却走向了另一个极端。他认为，“马克思主义是理论上的反人本主义”，1845年后，马克思主义哲学的科学世界观产生之后，马克思就抛弃了社会历史主体论，确立了一个新的从客观社会历史规律出发的“无主体过程”论。“历史是无主体的过程，在历史中起作用的辩证法不是任何主体的作用，无论这种主体是绝对的（神）还是仅仅是人类的，历史的本原意义已经被推到了历史以前，因此历史既没有哲学上的来源，也没有哲学上的主体。”② 与阿尔都塞持有相近的科学主义观点的德拉—沃尔佩和克莱蒂认为，马克思主义实际上是一种科学辩证法。在阿尔都塞的弟子普兰查斯那里，以及一直到后来的“分析的马克思主义”那里，我们同样找不到“人”的影子。③

张一兵先生对阿尔都塞等人的评价是十分中肯的，他说：“阿尔都塞等人的这种理论倾向与我们的传统哲学解释框架的思路是十分接近的。他们都仅仅抓住了马克思主义科学历史观中的客观逻辑，并将这种客观描述社会历史进程的观点与历史唯物主义狭义理解中经济力量占主导的观点混淆起来，再将其导入一种实证的层面，使之成为一种片面的形而上学怪物。这样，社会历史成了反人的非主体的客体运转，人类主体被实际地否定了，历史进程成为一种在人之外运转的机械决定论。”“在一定意义上，这种观点是第二国际‘科学的’马克思主义和传统哲学解释框架的一种更精致的漫画式的表述，它无非是以当代西方科学哲学（结构主义、实证主义）的形式重新出现罢了。”④

① 张一兵：《马克思历史辩证法的主体向度》，南京大学出版社2002年版，第315页。

② 阿尔都塞：《列宁在黑格尔面前》，《马列研究资料》1984年第5期，第233页。

③ 张一兵：《马克思历史辩证法的主体向度》，南京大学出版社2002年版，第326页。

④ 同上书，第327页。

（三）苏联教科书

苏联建立的高度集中的计划经济体制的哲学基础是苏联教科书哲学。因此有必要深入分析苏联教科书哲学的特点。反思马克思主义发展史可以发现，从理论上看，苏联教科书哲学是理论上曲解和肢解马克思哲学的产物。

苏联哲学教科书是苏联模式马克思主义哲学的简称，它是以斯大林对马克思主义哲学的理解为主导，以教科书的形式系统化，并加以推广普及的一种马克思主义哲学。由于苏联在社会主义阵营中的领导地位，这种模式的马克思主义哲学的影响亦十分大。

传统教科书哲学，一方面片面强调马克思哲学的科学性和逻辑性，从而在一定程度上忽略了马克思哲学中主体的存在。另一方面把马克思哲学等同于一般唯物主义，因此，它不是从现实的人的实际生活出发，从“从事实际活动的人”出发来理解人和人类历史，而是着重强调物质本体论，从“世界统一于物质”这一基本命题出发去理解马克思哲学。在这种本体论的还原式理解模式中，人与其他存在物一样受制于物质本体，人变成了与其他存在物一样的存在，人成了物质的一种表现形式，现实的活生生的人消失了，人类历史在实际上被解释成一种几乎与历史的真实主体（人）无缘的东西。[①] 翻开传统教科书随处可以发现，喋喋不休地论证和强调物质性、客观性、规律性，把人及其社会与一般的物质的差别磨平，为了反对唯心主义，反复强调的是人、社会与无生命的物质世界的共同点或共性——物质性、客观性，并牢牢抓住这个共性大做文章，大肆演绎——由这一共性出发构建了教科书哲学的逻辑框架和理论大厦。这种哲学给人带来的是灰色、死气沉沉、无活力无生气之感，这与叔本华、尼采等人反对的黑格尔哲学殊途同归——打压人的主体性，贬抑人的尊严和价值。这种唯物主义哲学与黑格尔唯心主义哲学同样走上了“杀人”的道路！

在这种模式的马克思主义哲学的解释框架中，马克思的历史唯物主义一向被解释成一种几乎与历史真实主体（人）无关的东西。无限丰富的人类社会存在，在这一解释体系中变成了三种物质实体的简单相加：与人无关的地理环境，被视为自然数量的人口，加上似乎与人无关的物质生产方式。社会运动中的生产力与生产关系、经济基础与上层建筑的基本矛盾及其“辩证运动”，也仿佛是离开人而运转的客体过程。还需要特别指出来的是，马克思

① 旷三平、常晋芳：《唯物史观前沿问题研究》，中国社会科学出版社2004年版，第105页。

关于在一定历史阶段上，经济力量成为支配人类主体的主导力量的理论，被放大为整个人类社会历史的一般状况，无论过去还是未来都是如此，由此把人类社会历史发展过程解释为一个不以人的主体意志为转移的、臣服于社会中“自然规律”的“自然历史过程”。由此看来，传统苏联教科书哲学框架为了坚持社会历史发展中的唯物主义原则，为了突出历史唯物主义的科学认识论和方法论特征，为了彻底革除唯心主义历史观的根源，付出了昂贵的代价，社会发展的总体辩证法和主体性在这个体系中被完全“蒸发”了；马克思的“历史什么也没做”，人类主体实践历史地、具体地、现实地创造着人类社会历史，从低级走向高级，从必然王国走向自由王国等人文思想，都被选择性地“遗忘”了。于是，社会历史中的人的主体能动性仅仅停留在社会意识的反作用上，类似于物体机械的作用和反作用原理，人的主体性和能动性逐渐萎缩、枯干。最后的结果是，马克思历史观又退化成了对“历史是在人之外”发生的客观进程之黑格尔式的论说。①

鲁品越教授在《生产关系理论的主体性复归》一文中，② 深刻地分析了苏联教科书哲学体系的生产关系理论的缺陷，那就是，忽视生产关系形成和发展过程中人的主体作用和价值，对马克思的生产关系理论进行了机械唯物主义的曲解。具体而言：第一，关于生产关系的定义问题。苏联哲学教科书全力排除生产关系中人的利益欲望、情感意志等主体性因素，形成类似于“分工”、“协作”这样纯粹的物质的、技术的、与人无关的生产关系定义，从而奠定了其社会历史理论的机械唯物主义基调。第二，关于“生产力决定生产关系”原理的机械性理解。总体看，苏联教科书哲学对这一原理做了机械决定论式的曲解。在苏联哲学教科书那里，生产力与生产关系的关系，不仅被抽象为脱离人类主体的那种“物质内容与物质形式”的关系，而且被进一步抽象为离开人类主体利益的那种作为抽象事物的“内容与形式”的关系，接着，根据“内容决定形式”的一般性、普遍性原理演绎出结论：生产力决定生产关系。可以发现，苏联教科书哲学的生产关系理论完全否认了生产力与生产关系矛盾中的人的因素，人的主体性、人的意志激情、人的利益等因素完全被排除在这一理论的视野之外。进行毫无生气的抽象的理论推

① 参见张一兵《马克思历史辩证法的主体向度·自序》，南京大学出版社 2002 年版，第 2—3 页。

② 参见鲁品越《生产关系理论的主体性复归》，《教学与研究》2002 年第 2 期。

演，是苏联哲学教科书的主要构建和演绎方式。第三，关于阶级和阶级斗争理论的机械性理解。苏联教科书哲学对唯物史观的阶级理论也进行了机械唯物主义的、抽象的解读。苏联马克思主义哲学教科书体系抽象掉阶级主体的具体特征，得到了作为纯粹客体的“抽象阶级”，世界上不同民族和国家、历史上不同历史阶段、各民族不同文化背景的丰富复杂的人，被这种哲学简单地归结为清一色的几大阶级。西方哲学史上费尔巴哈等人的抽象人性论把具体的、现实的人抽象为全人类统一的抽象的“一般的人”，而苏联教科书哲学则将现实生活中的、具体的、活生生的人抽象为几种简单类型的“阶级的人”。相对于抽象人性论，苏联教科书哲学还是有所进步，它毕竟使人的概念相对地具体化了一些，在“人性一般”外，看到了人的阶级性。但是，人性不仅仅是阶级性所能够涵盖的，只有阶级性规定的人性还是遗漏掉了活生生的人的民族性、时代性、理性、非理性等特征。这还是类似于马克思在《关于费尔巴哈的提纲》一文中批判过的缺陷：把社会中某一类型的人的本质理解为“类”，理解为一种内在的、无声的、把这部分人联系起来的共同性。结果竟是，各个具体的阶级的民族性及其历史环境特征、它的社会生活组织形式的特征等活生生的特殊性统统被抽象掉了，生动的具体的国情也被抽象掉了，人类各个民族的活生生的历史被理解为机械的模式化的几种类型的抽象阶级之间的斗争史。可见这一理论体系的抽象性和非现实性到了何种程度！其关于阶级和阶级斗争的理论内涵是多么贫乏、苍白！同时，其解释力和指导力也就可见一斑了。第四，关于经济基础与上层建筑关系原理的机械论理解。苏联哲学教科书对上层建筑反作用于经济基础原理也进行了机械性的理解。由于苏联哲学教科书关于生产力与生产关系的机械关系理论，明显与历史事实和现实生活相违背，教科书的作者们只好进行了一些弥补，即被迫用“反作用论”进行弥补。但是，这种所谓反作用的含义是什么呢？是被抽象为无主体的抽象的客观事物之间的相互作用，类似于机械运动的作用力与反作用力。上层建筑被抽象为脱离人类活生生的具体主体的几种类型，它们分别与历史上几个不同的阶级相对应；同样，经济基础也被机械地划分为几种类型；这样，经济基础与上层建筑之间的相互作用完全是外在的机械的相互作用——维护和巩固自己的经济基础，破坏和阻碍异己的经济基础。

总之，对生产力和生产关系、经济基础与上层建筑、阶级与阶级斗争这些最基本的活生生的事物以及它们之间的活生生的有机关系，苏联哲学教科书的基本逻辑理路是：首先，把它们从活生生的人的主体活动中抽象出来；然后，定型为某种独立的、脱离具体活生生的实践过程的、脱离具体主体的客观事物（即几种类型的生产力、生产关系、阶级和上层建筑）；接着，再分析这些事物之间的相互关系——机械的对应关系、机械的作用与反作用关系——如“对应”、“决定”、“维护”、“阻碍”等；进而，抽象地将这种机械的作用与反作用模式推广为放之四海而皆准的教条，机械地套用到一切具体社会当中，去解释一切、说明一切。苏联哲学教科书作者们就是不懂得：生产力与生产关系的相互作用，上层建筑与经济基础（生产关系）的作用与反作用，不是无生命的抽象事物之间的相互作用，不是与人无关的天体之间的作用与反作用，而是通过活生生的人类主体力量结构，在具体的、活生生的人类主体的实践活动中，用丰富复杂的具体形式来实现的。

苏联哲学教科书是苏联模式社会主义即高度集中的计划经济体制的哲学基础，归结起来，从哲学的高度看，这种体制犯了两个错误：一是把社会发展看作一个机械的无主体的过程，滑向了机械决定论和机械唯物主义；二是把社会发展交给了少数计划制定者，普通个人只是被动的，消极的，只要服从计划就行了。这两种错误实质上是藐视人民群众力量的英雄史观的变种。

总之，苏联哲学教科书取消了社会历史过程中的主体和主体性，当然也取消了个人主体性，造成了严重的后果。下面将详细论述这一点。

二　苏联计划经济体制对个人主体性的压抑

（一）计划经济体制的形成

“计划经济模式”是对“自由放任”的资本主义制度的批判和否定的产物。

马克思和恩格斯针对资本主义“自由放任”制度的严重社会后果，最早提出了有计划发展经济的思想。他们认为：“一旦社会占有了生产资料，商品生产就将被消除，而产品对生产者的统治也将随之消除。社会生产内部的无政府状态将为有计划的自觉的组织所代替。”[①] 列宁接过这种设想，他明确指出，要把全部国家经济机构变成一整架大机器，变成一个使几百万人都遵守一个计划的经济机体。斯大林把这种思想发展为国家全面控制经济的具体做法，从而为苏联模式规定了范式。他曾说：“商品流通是和从社会主义过

① 《马克思恩格斯选集》第3卷，人民出版社1995年版，第633页。

渡到共产主义的前途不相容的”，因而应该用“产品交换”来代替“商品交换”，在苏联取消“商品经济”。① 他说：“我们的计划原则与资本主义诸国不同，它的范围，并不仅以各托拉斯和辛迪加为限，而是要扩及整个工业和农业、财政、运输、国内外贸易之间的相互关系。”“我们的计划不是臆想的计划，不是想当然的计划，而是指令性计划。这种计划各领导机关都必须执行。这种计划能决定我国经济在全国范围内将来发展的方向。”②

十月革命后，迫于国内外严峻的形势，列宁曾实行过“战时共产主义”，这是一种军事化的体制，实行实物配给制，是应对战争的严酷形势所采取的一项特殊的政策和体制。但是“战时共产主义”体制也造成了深重的危机，主要是严重挫伤了人民群众的积极性，遭到了农民乃至工人的激烈反对。列宁的可贵之处是，勇于自我批评和自我否定，他不是从本本而是从实际出发，很快发现原来的想法是不切实际的，并迅速作了理论和政策的调整，提出并推行“新经济政策”，承认商品货币关系的客观存在，恢复并利用商品货币关系为经济建设服务。针对当时流行的把商品生产看作历史倒退的观点，列宁曾严厉批评道：“我们应当认识到，我们还退得不够，必须再退，再后退，从国家资本主义转到由国家调节买卖和货币流通。商品交换没有得到丝毫结果，私人市场比我们强大，通常的买卖、贸易代替了商品交换。”③ 列宁实际上提出了利用有国家调节的商品经济建设社会主义的光辉思想。可惜，伟人过早离世，“新经济政策”及相应的思想没有得到坚持和发展。

斯大林执政后，放弃了列宁的“新经济政策”，很快把苏联引上了全面执行计划经济的道路，此后直到苏联解体，70 余年时间中，苏联一直实行高度集中的计划经济体制，没有多大改动。

在这种体制下，国家通过计划的制订和贯彻，实现对经济生活的全面参与和控制。计划是指令性的，就是行政命令，计划具有法律一样的效力和强制力。计划体制对经济发展采取一种类似于军队的组织和管理方式，计划完全否定了基层、群众和个体的自主性和能动性。

苏联有一个编制计划的最高职能机关——国家计划委员会，并在各级政府中都设立有分支机构，便于从上到下的控制。计划委员会不仅制订经济发

① 《斯大林选集》下卷，人民出版社 1979 年版，第 609、611 页。

② 《斯大林全集》第 10 卷，人民出版社 1954 年版，第 280 页。

③ 《列宁全集》第 42 卷，人民出版社 1987 年 10 月第 2 版，第 228 页。

展的宏观计划，而且为成千上万的国营工厂、集体农庄制订具体的生产计划，以实现对全社会生产和消费的控制。在这种机制下，企业的人、财、物和产、供、销完全由国家计划规定，“企业的年度、季度甚至月度计划都要由中央审批，甚至每一千块砖头、每一双皮鞋或每一件内衣，都要由中央调配”①。计划在国家经济中无所不在、无所不包，正如苏联领导人古比雪夫说的：“在我们的计划体制中，我们已经走得这样远，这样深，以至于我们确实没有任何经济、文化或科学研究部门还在计划之外和计划工作之外。”②

（二）计划经济体制的弊端：压抑个人主体性

在计划经济体制下，政府对经济发展采取行政命令的管理方式，政府计划不仅大包大揽，管得太细、太多、太死，而且忽视劳动者物质利益，实行平均主义的分配方式，劳动者个人在生产过程中缺乏积极性和主动性，劳动生产率十分低下，经济失去活力和动力。

在农业方面，自 20 世纪 20 年代末起，苏联过早推行了全盘农业集体化，这不但妨碍了农村经济的正常发展，而且极大地挫伤了劳动者的生产积极性。在集体农庄内，由于吃“大锅饭”，干好干坏一个样，所以在相当长的一段时间内，农民消极怠工，纪律涣散，对此，苏联官方也不得不承认：“集体农庄的劳动还组织得不好，劳动纪律松弛”；“常有这样的时候，懒汉竟比埋头苦干不要滑头的庄员分的粮食还多。……庄员们对工作的切身利害感降低了，许多人甚至在大忙季节也不出工，一部分集体农庄庄稼直到下雪时还没有收割，并且收也收得不细，糟蹋得厉害。”③

工业生产部门的情况也大致如此。由于管得太死，一切指标措施都由指令性计划规定，加上生产过程中缺乏激励机制，劳动与报酬脱钩，因此企业中劳动者缺乏积极性与主动性。1938 年联共（布）中央通过的整顿劳动纪律的决议指出：“企业中不安心工作者、懒汉、旷工者和贪图私利的人……给工业、运输业和整个国民经济带来巨大的损失……他们常常只工作 4—5 小时，白白浪费其余 2—3 小时的工作时间，国家和人民因此常常每年损失几百万个工作日和几十亿卢布。”④

---

① 刘克明：《苏联政治经济体制七十年》，中国社会科学出版社 1990 年版，第 352 页。

② 转引自刘克明《苏联政治经济体制七十年》，中国社会科学出版社 1990 年版，第 354 页。

③ 《联共（布）党史简明教程》，人民出版社 1975 年版，第 348 页。

④ 《苏联党和政府关于经济问题指示汇编》第 2 卷，第 655—676 页；转引自刘克明《苏联政治经济体制七十年》，中国社会科学出版社 1990 年版，第 405 页。

高度集中的计划体制严重束缚了劳动者的积极性和创造性，也不利于新科技在生产中的应用。国营企业的产品不进入市场，没有竞争压力，因而企业不会为降低生产成本或提高生产率而冒采用新技术的风险，产品规格几十年如一日，造成技术水平长期落后。无论在工业还是在农业方面，苏联的劳动生产率都远远低于西方发达国家。苏联与美国比较，工业劳动生产率仅为美国的25%，农业劳动生产率仅为美国的9%。①

苏联模式极端缺乏后劲和活力，后果严重。撇开经济效益和劳动生产率不说（这方面问题更大），单看增长速度，20世纪70年代末之后，苏联经济的增长速度开始急剧下降，1976—1980年降为3.7%；1981—1985年持平；1986—1990年为2.5%，1990年首次为-2%。② 这样，计划经济体制粗放的增长方式唯一的“优势”——高速度增长也维持不住了，因为这种体制严重窒息了劳动者主体性或主人翁感，动力不断递减，不可能维持长期的高增长。根据马克思唯物史观，劳动者是生产力的首要因素，是经济发展的首要要素，它的主体性、积极性、活力被窒息了，生产力和经济发展就失去了源头活水，这是苏联计划体制后来日益走下坡路的根本原因。

苏联计划体制越到后来弊端越明显：经济体制高度集中，排斥市场经济，妨碍了人们在社会主义经济建设中积极性、主动性的发挥，以及竞争意识、开放意识、现代民主法制意识的形成和增强；政治上存在一个不受制约的绝对权力，形成了整个社会对政治权力的金字塔式的依附，个人崇拜之风盛行，人们崇拜“救世主”的封建主义思想意识继续蔓延，不仅导致了斯大林严重践踏社会主义民主和法制的悲剧，而且在整个社会的政治文化、政治心理中，封建主义政治影响得不到有效消除，成为人们产生、形成现代民主法制意识的严重深层障碍。

总之，在苏联高度集中的计划体制下，不可能有个人的主体地位，不可能发挥个人的主体性。

三　我国计划经济体制对个人主体性的压抑

新中国成立初期，我国仿效苏联建立了高度集中的计划经济体制。这种

① 转引自江流、陈之骅《苏联演变的历史思考》，中国社会科学出版社1994年版，第95页。

② 转引自钱乘旦、刘金源《寰球透视：现代化的迷途》，浙江人民出版社1999年版，第169页。

体制建立了纯而又纯的公有制，实质上是国家所有制，国家垄断了全部的社会资源，个人几乎没有自己独立的经济利益；权力高度集中，经济生活中只有国家一个经济主体，个人和企业只是被政府拨弄的“算盘珠子”，毫无主体性；排斥市场调节和价值规律的作用，国家通过指令计划，高度集中地控制社会经济生活，以行政手段直接配置资源，形成了一种“命令经济”或“指令经济”。[①] 这种体制的根本问题是，以尊重客观规律的名义，取消了个人在社会发展中的主体地位和主体性作用。这种体制下，个人似乎是无利益追求、无欲望、无意志的机械物，社会的运行被安排得像机械运动一样。这与苏联教科书哲学抽象地、片面地强调客观物质性，忽视和遮蔽个人的主体性的思想完全一致。当然危害也是巨大的。人民群众是历史的创造者，人是历史的主体，当每个人的历史主体性地位被剥夺，积极性和创造性被严重扼杀后，整个社会就陷入僵化、停滞的状态，社会活力几近丧失殆尽，经济几乎走到崩溃的边缘。

改革前，农村实行的是人民公社体制，这是一种几乎半军事化的体制。农民个人没有自由，甚至最基本的自由——人身自由也几乎被剥夺，农民被牢牢束缚在土地上，被严格限制在公社中；农民不能自主，甚至不需要思考，一切都由计划者的计划来安排，干什么、怎么干都由计划制订者决定，农民需要做的只是服从；农民几乎没有自己独立的利益，土地等生产资料名义上属于集体所有，实质上是虚置的，农民根本感受不到自己是生产资料的主人，倒是在少量的“自留地”上才有这种感受；农民的劳动贡献与自己利益是分离的，实行平均主义的分配方式，干好干坏一个样。……在旧体制下，农民几乎被当成无生命无利益追求的物体或机器零件，任人摆布安排，本质上是农民的主体地位被取消，要害是农民没有自己相对独立的利益和权利。其后果是严重的，农民劳动“磨洋工”十分普遍，毫无积极性，“农民对农业集体化抵制的最普遍的方式是消极怠工，出工不出力，表面上服从实际上反抗，这是最难制服的反抗”[②]；农业生产长期停滞不前，粮食产量始终难有起色，人民的温饱都解决不了。

改革开放前的企业也没有主体地位，其主体性也一样遭到扼杀。企业和

---

① 张银杰：《市场经济理论与市场经济体制改革新论》，上海财经大学出版社 2006 年版，第 152 页。

② 吴象：《中国农村改革实录》，浙江人民出版社 2001 年版，第 40 页。

职工没有自己相对独立的利益，企业的一切都是国家的，人们不能有自己的私利，追求私利是罪恶的，甚至追求私利的念头都不能有，要“狠批私字一闪念”；在分配上，不同企业干好干坏一个样，这叫“企业吃国家的大锅饭”，在企业内部，职工干好干坏也一个样，这就是“个人吃企业的大锅饭”……在国营企业制度下，政府直接经营管理企业，企业毫无自主权和决策权，国家以所有者的身份对企业实行统一经营管理，并统一支配其劳动成果，厂长的任务就是按照政府的计划指令和相关政策负责生产；企业为完成生产计划所需的资金由政府财政部门按计划直接无偿下拨或部分通过银行信贷解决；所需物资由政府物资部门按计划和统一价格供给；所需劳动力由政府劳动部门统一分配；企业的产品由政府物资部门或商业部门按计划统包统配、统购统销；员工工资由政府按照统一标准发放；企业盈亏由政府负责，技术投入和设备改造由政府统一安排。企业唯一能做的和必须做的就是按照一定的技术要求，把政府配给的资源组织起来，生产出政府计划的产品。这种企业制度导致企业只有社会的统一目的，完全否定了企业和员工对产品的所有权和支配权，使企业员工失去了为追求自身利益而发展的动力。在新中国成立初期物质极度匮乏的条件下这种企业制度曾经表现出很高的效率，但是随着社会经济的发展，企业面临环境的复杂程度提高，这种由政府统一决策的企业制度必然难以适应外界变化的要求，最终退化为政府行政体制附属物。可以说，改革开放前的企业并不是真正的企业，更像政府经营管理的大企业中的一个车间，像是由政府拨弄的“算盘珠子”，毫无主体性可言。20世纪80年代初，日本经济学家小宫隆太郎到中国考察后，宣布了一个举世震惊的观点：“中国没有企业”。这实质上就是对当时实行的国营企业制度的大胆批评。当然，这种国营企业制度导致的后果是十分严重的，工人没有主人翁责任感，没有积极性，企业普遍缺乏活力，效率低下，工业生产始终难有起色，整个社会物质极度匮乏，社会陷入短缺的危机之中。

有学者深刻地分析了改革开放前计划经济体制对个人自由或个人主体性的限制。这位学者认为，计划体制意味着国家对于所有社会成员赖以生存、工作、生活、发展的全部资源进行全方位的垄断，而且，当时阶级斗争理论成为主导性的、绝对的意识形态，这就极大地限制了社会成员作为个体人的行为和思想的自由。从而造成了两个十分有害的后果：第一，严重的人身依附性和隶属性。在计划经济体制下，国家对社会经济资源进行全方位的控制，公权计划得到无休止的扩张，个体人必须依附于某个单位或公社，而不可能拥有自我选择的空间，甚至不具有自主流动的权利。况且，从当时的阶级分析理论出发，显然是阶级利益高于一切，个人只不过是阶级的附属物，所以，在涉及国家、集体同个人的关系问题时，毫无疑问是前者的绝对优先，为了前者的利益哪怕是最小的利益，也可以牺牲后者最大化的利益。第二，形成新的身份等级制。计划体制通过严格的户籍制度将城市居民和农村居民分为两个在生活和工作待遇上有明显差别的、十分不平等的身份系列。而基于当时的阶级分析理论，则形成了以个人的政治成分和“家庭出身”为依据的先赋性的阶级身份系列。这种不平等的阶级身份系列将所有的社会成员都包括进去，并以特定的政治档案管理相匹配，从而直接影响着每一位社会成员的发展前途。严重的人身依附性和隶属性以及新的身份等级制，直接伤害了社会的活力，妨碍了社会经济的健康发展。①

第三节 本章延展：障碍重重却顽强生长的个人主体

鸦片战争是传统中国与近代西方资本主义的第一次较量，其后引出一系列深刻的冲突。这些冲突打破了传统中国长期封闭循环的历史格局，开启了中国通向现代社会的纪元。此后一个半世纪里，中国个人主体的生长与中国的现代化一样，经历了漫长崎岖、步履艰难、险阻迭起的历程。

与西方资本主义文明较量的一次次失败，使中国人逐渐认识到自己传统的致命缺陷，其中的一个重要方面是个人长期受到过分的压制，个人主体始终难以发育成长起来。正如梁漱溟先生在《中国文化要义》一书中所说的：“中国文化最大之偏失，就在于个人永不被发现这一点上。一个人简直就没有站在自己立场上说话的机会，多少感情要求被压抑，被抹杀。”在一个扼杀个体生命力和活力的万马齐喑的社会，怎么可能有发展的活力和动力？怎么可能不衰落？

西方列强的侵略、压迫和掠夺使我们面临亡国灭种的危机，我们不得不把救亡图存放在首位和中心位置。虽然破除传统社会结构和传统文化的现代化不一定总是与救亡图存相冲突，但后者确实往往压倒了前者，为了救亡图存常常不得不把现代性启蒙放在次要地位（中国共产党的政策由“打土豪、分田地”转变为“减租减息”就是一个生动的例子），“后来，诚如李泽厚

---

① 吴忠民：《走向公正的中国社会》，山东人民出版社 2008 年版，第 100—101 页。

所指出的，救亡的主题（集体至上）压倒了启蒙的主题（个体至上），于是，个人解放的问题被遮掩起来了。”①

新中国成立后，我们取得了建设现代化所必需的民族独立条件和根本的政治条件。但是，由于经验不足，我们仿效苏联社会主义模式，离开理论的历史前提，教条地抽象地理解马克思恩格斯对未来社会的设想，实行了几十年的高度集中的计划体制和单一的公有制。② 我们不否认计划经济体制有其历史合理性和历史功绩。但计划体制的弊端是无法否认的，从哲学上看，计划体制的根本弊端是伤害了人民群众在社会发展中的主体性，严重窒息了个体的主体性，造成了经济社会的僵化和停滞，阻碍了中国社会的发展。

计划体制企图取消商品（市场）经济，通过行政手段和政治运动实现工业化和现代化，事实证明这是失败的。不经过市场经济对传统社会的洗礼、改造和重构，现代化是无法完成的，工业化也是不可能真正实现的。

更严重的是，从 20 世纪 50 年代末到 70 年代末，我们深深陷入了极“左”思想和政治运动的泥坑里，不用说现代性启蒙，甚至许多传统的落后的封建的东西竟以新的形式沉渣泛起：个人崇拜盛行，集权专制严重，民主法制遭践踏，人身依附严重，个人权利被剥夺……使得我们错过了整整 20 年发展自己的黄金时期。而日本和东南亚许多国家和地区抓住了第二次世界大战后西方发达国家产业升级和产业转移的历史机遇，迅速发展了起来。

直到 20 世纪 70 年代末，伟大的改革开放才使得中国的现代化事业又顽强地兴起，中国开始认真对待市场经济，改革的基调总体上是市场取向的，中国社会一步一步地转向现代社会，与此相应，个人主体又开始发育生长起来。

只有把中国改革开放不仅放在计划经济体制造成的危机的直接背景下，而且放在更大更深更远的历史背景下，才能揭示其伟大的历史意义。

审视 20 世纪 70 年代末启动的中国改革开放，我们发现，它直接针对的是计划体制和极“左”路线造成的严重危机。改革就是从结束极“左”路线和松动计划体制开始的。改革极大地调动了人民群众的积极性。从家庭联产承包责任制、企业的放权让利，缩小指令性计划等，到发展个体私营经济，大力发展民营经济，引进外资，建立现代企业制度，不断明晰产权，保

① 俞吾金：《也谈“人的全面发展”问题》，《毛泽东邓小平理论研究》2004 年第 1 期。

② 准确地说是国有制，甚至是官僚所有制。

护物权等改革措施，都不断调动了人们的生产积极性，社会个体的权利逐步得到认可和保护，个人的主体地位逐步得到确立，个人的主体性在这个过程中逐渐得到发挥。

审视1840年以来的中国历史，从哲学的高度看，一言以蔽之，中国30多年来的改革开放极大地推动了中国现代化的发展，促进了个人主体的发育、生成和发展。

审视的视线再上溯到几千年前的中国传统社会，我们不否认中华传统文明曾拥有的领先地位和中国传统文化的历史优势，但我们也发现中国传统社会始终滞留于人对人的依赖阶段，现代社会发展所需要的个人主体一直难以生成和发展起来。近代以来，中国现代化启蒙屡遭挫折，中国现代化事业屡遭延误。但是，从20世纪70年代末开始，中国社会逐步真正地系统地自觉地向自己的传统告别，走向现代化，个人主体性随之日益得到张扬和发挥。

中国社会经过30多年的改革开放、发展，在深层的社会结构和文化上不断改造着自己的几千年传统，现代性的社会结构和文化价值正在不断地发育和生长着，并日益深入人心。这是比物的增长更加重要、更加根本、更加富有深远历史意义的巨变，其中的一个根本标志是个人的历史地位的变化：压迫和贬低个人的传统正在不断地遭到消解，现代性的个人正在生成发育之中，个人主体正逐步生成和确立，个人的主体性或者说个体自由得到了空前的发展。

伴随个体的主体性的解放和发挥，不同主体间的关系的协调日益成为深化改革发展面临的主题。主体间关系的协调需要相应的新的文化价值的支持，更需要构建合理的主体间的利益关系，构建公平正义的制度。可以说，我们的改革开放正沿着这个方向深化下去，也应该沿着这个方向深化。

总之，中国改革开放的过程就是促进中国从传统社会向现代社会转型的过程，是推动中国现代化发展和完善的过程，也是个人不断得到解放的过程；是个人主体生成发展的过程，也是协调不同主体间分歧、缓解不同主体间冲突、构建和谐主体际关系的过程。对于中国改革的这种性质、意义和过程，下面各章将有具体论述。

第二章　经济改革与个人主体的生成发展

危机孕育变革。计划经济体制造成了十分严重的经济危机和社会危机，整个社会和每个人都无法继续照旧生活下去，要生存就必须改革。肇始于20世纪70年代末的中国改革，其直接动因是解决计划经济体制造成的严重危机，中国改革就是从冲破计划经济体制及其相应的观念开始的；但是，中国改革的步伐并没有停留于此，而是不断向纵深发展，改革的对象直至发展到更深层次的制度、体制、社会结构、国民性、文化价值等。

从第二章开始到第四章，本书具体地从经济、政治、社会、文化、教育等方面深入分析中国改革与个人主体生成发展之间的内在联系，揭示改革如何具体地促进个人主体的生成和个人主体性的发挥，也具体地分析改革之不足对个人主体发育成长的羁绊，提出深化改革以进一步促进个人主体生成发育的思路和措施。

本章的研究表明，中国渐进式经济改革演进过程中隐藏着一条主线：从主体性到个人主体性，个人主体地位逐步得以确立和得到明确承认。回溯中国经济体制改革目标的探索确立过程，农村改革萌动和兴起的过程，以及国企改革和产权改革的曲折历程，这一线索可以清晰地呈现出来。这一线索的客观存在说明，中国的改革和发展事业与个人主体的生成之间存在着客观的、内在的、本质的关联。个人经济权利是个人主体的经济基础，中国经济改革逐渐赋予个人各种经济权利，从而推动个人主体的生成。

第一节　改革：调动人民群众的主体性

邓小平是我国改革开放的总设计师，是改革的主要创导者、推动者和领导者。邓小平创导和推动的改革，实质上就是把人民群众的主体性从高度集中的计划体制下解放出来。第一，邓小平倡导思想解放，使人民群众冲破了思想牢笼，成了具有独立自主意识的主体。第二，邓小平极力推行经济体制改革，冲破了计划经济对人民群众的束缚，并逐步走向市场取向的改革，将人民群众推向市场，使其成为生产经营主体、经济活动的主体。改革开放以来，通过打破旧的计划经济体制的束缚，使得人民群众置身于市场经济大潮中，成为经济社会发展的主体。邓小平推行的经济体制改革，其实质和核心是下放权力，让人民群众自己拥有经济发展权利，自主地生产和经营，走自己致富并最终达到共同富裕的道路。第三，在政治方面，邓小平力主政治体制改革，其用意在于精兵简政，扩大民主，调动人民群众当家作主的积极性，使人民群众的民主权利得到切实实现。第四，在科教和文化建设方面，大力提倡“科学技术是第一生产力”，确认“知识分子是工人阶级的一部分”。切实落实知识分子政策，使知识分子和科教工作者去大胆地工作，以主人翁精神去创造奉献，为新时期的科教事业做贡献。第五，在外交方面，坚持独立自主的和平外交政策，从不屈服于外来压力，从不看别人的眼色行事。依靠本国的经济发展和社会进步，维护世界和平，反对霸权主义，坚决捍卫国家主权。在处理与他国关系时，主张和平共处五项原则。在发展道路问题上，主张走自己的路，建设有中国特色的社会主义。在中国发展问题上，主张独立自主，自力更生，走自己的路。依靠中国人民自己的聪明才智和自主创造精神不仅可能，而且完全可以建设好自己的国家，当然不排斥外援，但却不能依赖外援。

在经济体制改革目标上坚持市场取向，最终确立了市场经济体制的改革目标。市场经济的威力在于它的民营经济性质，它大大优于官本经济。现代社会的经济生活异常复杂，海量的信息是任何政府机构在决策前无法完全准确地收集和及时处理的，导致政府决策的准确性、实效性根本无法保证。如果让千千万万的个人自主地参与经济活动，他们在相互关联的频繁的经济活动中会逐渐自动形成哈耶克所说的“默会知识”，从而确保与他们自己个人有关的经济决策的正确性和时效性，而任何官本经济想做到这一点，那只是“致命的自负”。更重要的是，官本经济只是少数人发挥主体性，大多数人是消极被动的。人民群众是历史的创造者，是真正的英雄，如果窒息了广大民众的主体性、积极性和创造性，社会发展就缺乏根本的动力和源泉。学者们在探讨没有资源优势的浙江创造经济奇迹的原因时发现，浙江经济的秘诀是民办或民营经济发达,[①] 千千万万老百姓成为经济活动的主体，经营的主体，创业的主体，产权的主体，创造财富的主体。人民群众都积极兴业创业，每个社会成员的主体性和积极性都充分地调动起来了，自主自觉自律地追求自己的经济利益，其动力和活力是习惯于躺在国家怀抱里的老工业基地集中的地区无法比拟的。

农村改革是从推行家庭联产承包责任制开始的。1978 年安徽的一些地方的农民率先实行“包产到户”，开始冲破人民公社体制。“包产到户”遭到了许多的责难和强大的阻力，但逐渐获得越来越多的肯定和支持，逐渐合法化，并迅速在全国推开。家庭承包制把经营土地的权利交给了农民，使劳动成果和劳动报酬直接挂钩，农民有了经营的自主权，自主经营、自负盈亏，成了独立的商品生产者，成了独立的微观经济主体，农民的生产积极性得到了充分的调动，农业生产力跳跃式提高，很快改变了农产品供应短缺的局面，迅速解决了长期困扰中国人民的温饱问题。

企业改革。最先做的是开展多种形式的国有企业放权让利和其他扩大自主权试点；为了进一步调动企业和职工的积极性，受农村改革的启发，在国有企业普遍实行了承包制。这些改革探索在一定程度上调动了企业的生产积极性，促进了工业生产的发展。企业改革始终是沿着调动企业的主体性这一正确方向前进的。但由于人的认识的深化有一个过程，加之企业改革问题的复杂性，因此，如何确立国有企业主体性地位，即找到体现和确保国有企业主体性的形式，需要一个艰巨的探索过程。我们也一直未中断这种探索，并且在不断取得成效。如，确立了按现代企业制度改革国有企业的方向，即把国有企业改革成“产权清晰、责权明确、政企分开、管理科学”的现代企业，以使国有企业成为真正的市场主体；再如，大力推行股份制，大力发展民营企业等。

如今，我们仍然要继续清除计划经济体制及其相应的思维方式对人民群众主体性的束缚和伤害。我国实行的是渐进式改革策略，我们的体制转轨任务尚未完全完成，过去计划经济体制残余及相应的思维方式、行为方式，仍然在不同领域中不同程度地发挥着影响力，制约着人民群众主体性的发挥，阻滞着经济社会的发展。例如，政府主导经济发展在改革启动和初期是必不可少的，但这不是长久之计，邓小平早就说过，“领导就是服务”，政府在经

---

① 高尚全:《大力发展民本经济》,《中外企业家》2002 年第 5 期。

济社会发展中的主要作用就是服务，即为人民群众在社会发展中发挥主体性创造良好的环境，而不要“越俎代庖”。因此，应该加快政治体制改革的步伐，切实简政放权和转变政府职能，加快政府驱动型和主导型的发展模式向市场驱动和民众主导型的发展模式转型。

第二节　经济体制改革与个人主体的生成

可以发现，本章第一节的话语系统仍然采取的是“群众话语”或“整体话语”。当我们论及主体性和主体意识时，需要追问一个问题：谁的主体性？谁的主体意识？答曰：人民群众的主体性和主体意识。这种话语就是“群众话语”或“整体话语”，是我国马克思主义哲学界的传统话语，是一种很“安全”的话语。不能否定这种话语的合理性，它体现了观察和理解中国改革和社会发展的某种合理和有效的维度。但是，这种维度、这种话语系统的局限性也是很明显的。如果不深入到个体维度和采取个体话语，那么，我们对社会历史的发展，对中国改革开放的理解，将无法达到深刻性和丰富性，无法把握更核心的问题。因此，下面我们就从个体的维度，采取个体话语，对中国改革进行审视和思考，以期捕捉深层本质性的东西和更富规律性的东西，以丰富、充盈、深化对中国改革的认识。

马克思社会三形态理论揭示了市场经济（第二种社会形态）与个人主体之间的内在联系，这对理解中国经济的市场化改革具有重要启发性。我国经济体制改革的过程就是选择市场经济的过程，这个过程也是个人主体生成发展的过程。

市场经济以个人利益为中心的动力结构有利于发挥每个个体的主动性和创造性，有利于激发个体从事经济活动的动力，这是市场经济活力的源泉。而计划经济的致命弱点是在强调统一的整体利益同时抹杀了个体利益，它的总体取向是为了整体利益而牺牲个体利益，不仅制度是如此安排的，而且在思想道德上也是这样宣传和要求的，从而扼杀了人们对个人利益的追求，使得经济的发展缺乏强大的动力支撑。① 计划经济体制为了解决经济发展的动力问题，只好不断搞政治运动，例如搞“抓革命、促生产”，但政治运动和

① 张银杰：《市场经济理论与市场经济体制改革新论》，上海财经大学出版社2006年版，第44页。

思想说教的动力效能不断递减，无法持续，不得不实现一定的有限的物质奖励措施，但其效果是有限的。只有市场经济体制才能彻底解决经济发展的微观动力和活力问题。

一 历史回放：经济体制改革目标的探寻过程

经济改革一开始并没有明确地、公开地提出以市场化为导向，但是客观上逐渐趋近这一方向。中国经济体制改革目标的确立经历了艰巨的探索过程，这一过程是从计划经济体制向市场经济体制转型的过程。

1949—1977 年我国实行的是高度集中的计划体制模式，这种体制的弊端越来越大，严重窒息了社会的活力，导致经济发展长期处于停滞状态，“从 1958 年到 1978 年，20 年间中国城镇居民人均收入增长不到 4 元，农民则不到 2.6 元，全社会的物资全面紧缺，企业活力荡然无存”。[①] 为了解决经济发展缺乏活力和动力不足的问题，也采取了一些措施，例如，大搞群众运动，“抓革命、促生产”；突出思想政治工作；对于工业，围绕管理企业的行政权力在中央和地方之间进行收权和放权的循环；对于农业，“三级所有，队为基础”的人民公社体制持续了近 20 年。然而，企业、社队和个人没有独立的利益，没有主体性地位，却是旧体制的一个根本的特点和致命缺陷。

改革伊始，人们只是强烈要求改革这种僵化的计划体制模式，但如何改革，改革的目标是什么，都是很模糊的。因此只能“摸着石头过河”，逐渐实现计划体制向市场体制的转轨，这种转轨经历了五个阶段。[②]

第一阶段，“计划经济为主、市场调节为辅”。这是改革初期中国经济改革的指导思想。社会主义经济是计划经济，指令性计划是计划的本质这种传统理论支配着人们的思想。在此前提下，人们逐步开始承认社会主义生产也具有商品性的一面，承认价值规律的有限作用，主张利用价值、价格、利润等经济杠杆来刺激生产，实现计划的目标，至多在产品的品种、规格、费用结构等方面，赋予企业以有限的权利，目的还是为了补充计划经济、完善计划经济。1982 年党的十二大明确指出，“我国在公有制基础上实行计划经济。有计划的生产和流通，是我国国民经济的主体。同时，允许对于部分产品的生产和流通不作计划，由市场来调节，也就是说，根据不同时期的具体

---

① 吴晓波：《激荡三十年》（上），中信出版社、浙江人民出版社 2007 年版，第 26 页。

② 参见张宇《中国的转型模式：反思与创新》，经济科学出版社 2006 年版，第 97—103 页。

情况，由国家统一计划划出一定的范围，由价值规律自发地起调节作用。这一部分是有计划生产和流通的补充，是从属的、次要的，但又是必需的、有益的”。“正确贯彻计划经济为主、市场调节为辅的原则，是经济体制改革中的一个根本性问题。我们要正确划分指令性计划、指导性计划和市场调节各自的范围和界限，在保持物价基本稳定的前提下有步骤地改革价格体系和价格管理办法，改革劳动制度和工资制度，建立起符合我国情况的经济管理体制，以保证国民经济的健康发展”。①

计划经济为主、市场调节为辅的原则在当时是具有积极意义的，它明确提出社会主义经济必须利用市场机制，把利用市场调节作为经济改革的一个重要方面，将严密的无所不包的计划控制撬开了一个缝隙，打开了一个缺口，这对于当时经济改革具有重要指导意义。但是，从总体方面来看，这一原则显然还是囿于传统集中的计划经济范畴之内。直接的指令性计划仍被看作社会主义制度的本质和整个经济运行的基础，市场调节只是从属的、次要的；计划与市场的关系是一种互相对立的“板块”式结合的关系，即计划调节是指令性的、排斥市场的，而市场调节是自由的、计划以外的部分。在这样的理论指导下，当时真正实行市场调节的改革只能在一些小商品的生产和经营中进行。

第二阶段，有计划的商品经济。这一阶段的基本特点是，指令性计划被否定了，国民经济中的生产、分配和流通过程逐步被纳入了市场调节的轨道，市场机制在经济生活中开始发挥重要的调节作用。但是，经济运行市场化只局限在商品市场上，资本和劳动力市场、产权的明晰化仍然被或明或暗加以限制，市场体系不健全，市场竞争不充分，市场机制并没有成为资源配置的基础。1984 年党的十二届三中全会通过的《中共中央关于经济体制改革的决定》提出了有计划的商品经济理论，《决定》指出：“改革计划体制，首先要突破把计划经济和商品经济对立起来的传统观念，明确认识社会主义计划经济必须自觉依据和利用价值规律，是在公有制基础上的有计划的商品经济。”我国计划体制的基本点可以概括为：“第一，就总体说，我国实行的是计划经济，即有计划的商品经济，而不是那种完全由市场调节的市场经济；第二，完全由市场调节的生产和交换，主要是农副产品、日用小商品和服务修理行业的劳务活动，它们在国民经济中起辅助的但不可缺少的作用；

---

① 《十二大以来重要文献选编》（上），人民出版社 1986 年版，第 23 页。

第三，实行计划经济不等于指令性计划为主，指令性计划和指导性计划都是计划经济的具体形式；第四，指导性计划主要依靠运用经济杠杆的作用来实现，指令性计划则是必须执行的，但也必须运用价值规律。”①

有计划商品经济理论的提出，是对社会主义经济中市场机制的认识上的一次重大突破，对于全面推进经济体制改革起到了巨大的促进作用。这一理论的主要突破点有：一是突破了把社会主义和商品经济对立起来的传统观念，第一次肯定了社会主义经济是商品经济，把商品经济当作了社会主义经济的内在属性。二是突破了把指令性计划当作社会主义计划经济根本特征的传统观念，肯定了指导性计划也是计划的一种形式，从而从根本上动摇了传统计划经济的基础。在这一理论指导下，从 1985 年开始，中国经济体制改革全面展开，大量农副产品和消费品放开由市场调节，工业生产资料实行了“双轨制”，企业经营自主权不断在扩大，市场机制开始在国民经济中发挥重要的调节作用。但 1984 年提出有计划的商品经济理论也存在明显的历史局限性，它的主要不足有两个：一是承认商品经济但不承认市场经济，把市场经济当作完全自发的市场调节，当作是资本主义所特有的。二是把发展市场体系仅理解为发展商品市场，因此对于市场机制的理解还较简单。

1987 年的十三大进一步发展了有计划商品经济的理论，对于社会主义市场机制问题进行了新的概括和说明。十三大报告指出，“社会主义有计划商品经济的体制，应该是计划与市场内在统一的体制。……第一，社会主义商品经济同资本主义商品经济的本质区别，在于所有制基础不同。……第二，必须把计划工作建立在商品交换和价值规律的基础上。以指令性计划为主的直接管理方式，不能适应社会主义商品经济发展的要求。……第三，计划和市场的作用的范围都是覆盖全社会的。新的经济运行机制，总体上来说应该是‘国家调节市场，市场引导企业’的机制。国家运用经济手段、法律手段和必要的行政手段，调节市场供求关系，创造适宜的经济和社会环境，以此引导企业正确地进行经营决策”。社会主义的市场体系，不仅包括消费品和生产资料等商品市场，而且应当包括资金、劳务、技术、信息和房地产等生产要素市场；单一的商品市场不可能很好地发挥市场机制的作用。②

十三大提出的“国家调节市场，市场引导企业”的模式，是对有计划商

① 《十二大以来重要文献选编》（中），人民出版社 1986 年版，第 569 页。

② 《十三大以来重要文献选编》（上），人民出版社 1991 年版，第 26—27 页。

品经济理论的一次重要发展。它的重要意义在于：第一，明确提出社会主义商品经济与资本主义商品经济的区别不在于市场与计划的多少，而在于所有制的不同，把基本制度与体制区别开来。第二，在“国家调节市场，市场引导企业”的模式中，计划是建立在市场体制基础上的间接计划，市场体制已经成为了经济运行的基础，市场调节的地位大大增强了。第三，明确提出了社会主义市场体系包括生产要素市场，这是对社会主义经济中市场机制作用认识的一次突破。

第三阶段，社会主义市场经济。对于经济体制改革目标的认识，1989—1991 年经过了几年的徘徊甚至倒退。[①] 1992 年春邓小平的南方谈话扭转了这一局面，大大促进了对这个问题的认识，极大地解放了人们的思想。邓小平说，“计划多一点还是市场多一点，不是社会主义与资本主义的本质区别。计划经济不等于社会主义，资本主义也有计划；市场经济不等于资本主义，社会主义也有市场。计划和市场都是经济手段”。[②]

在邓小平南方谈话精神指导下，1992 年召开的十四大明确指出，我国经济体制改革的目标是建立社会主义市场经济体制，以利于进一步解放和发展生产力。社会主义市场经济体制就是使市场在国家宏观调控下对资源配置起基础性的作用，使经济活动遵循价值规律的要求，适应供求关系的变化；通过价格杠杆和竞争机制的功能，把资源配置到效益较好的环节中去，并给企业以压力和动力，实现优胜劣汰；运用市场对各种经济信号反应比较灵敏的优点，促进生产和需求的及时协调。这样，人们对社会主义的认识就从传统的计划经济思想中彻底摆脱出来。1993 年中共十四届三中全会作出了《中共中央关于建立社会主义市场经济体制若干问题的决定》，全面系统地阐明了建立社会主义市场经济的基本框架和战略部署，中国的经济改革进入了以建设社会主义市场经济为目标的新的历史阶段，新旧体制的转换进一步加快，市场机制的基础作用进一步增强。2002 年 11 月中国正式加入世界贸易组织，这标志着中国经济转型进入了一个新阶段，中国的经济体制将由此纳入全球市场经济的轨道，从计划经济向市场经济的转型取得了历史性的进展。

第四阶段，完善社会主义市场经济。2003 年 10 月，中国共产党十六届

---

① 刘国光：《我的经历：计划与市场关系变革三十年》，《社会科学报》2008 年 10 月 16 日。

② 《邓小平文选》第 3 卷，人民出版社 1993 年版，第 373 页。

三中全会通过了《中共中央关于完善社会主义市场经济体制若干问题的决定》这一重要文件，其中提出了“以人为本，树立全面、协调、可持续的发展观”，即科学发展观；之后又在科学发展观基础上提出了构建社会主义和谐社会的理论，[①] 同时，提出了要在更大范围和更大程度上发挥市场在资源配置中的基础作用。从而开启了以科学发展观为指导的社会主义市场经济体制的深化和完善之路。

第五阶段，进一步深化社会主义市场经济体制改革阶段。2013 年 11 月，中国共产党第十八届三中全会通过了《中共中央关于全面深化改革若干重大问题的决定》这一重要文件，提出诸多新观点和新论断，其中最重要的一个新论断是：市场在资源配置中起决定性作用，同时更好地发挥政府的必要作用。修改了过去 20 年一直沿用的“市场在资源配置中起基础作用”的表述。这不仅仅是表述的变化，而且是深层理念的更新，是对社会主义市场经济认识的深化。这个《决定》提出，今后要“紧紧围绕使市场在资源配置中起决定性作用深化体制改革”，这是今后经济体制改革和相关改革的总思路和总体指导原则。今后，推动完善市场体系，形成统一开放、公平竞争的市场体系；改革和完善宏观调控体系；转变政府职能；推进基本经济制度的完善，使混合所有制成为基本经济制度的实现形式等，都要以“使市场在资源配置中起决定性作用”为指导和牵引。这一阶段的改革，将进一步充分发挥市场、社会和个人在经济社会发展中的主体作用，个人主体性将得到更加显著的彰显和发挥。

二　市场经济体制促进个人主体的生成

市场经济体制的改革目标的确立，其意义远远超出了经济范畴，市场经济不仅是一种资源配置方式，也是一种特殊的社会形态，是人的一种生存状态——是个人主体得以生成和个人主体性得以弘扬的社会形态。市场经济是平等经济、自由经济，没有个人之间的平等自由就没有市场经济。中国市场取向的改革的过程，中国市场经济的建立和完善的过程，从表层看是搭建市场体制框架的过程，从深层次看是确立个人平等自由即确立个人主体性的过程，是具有主体地位的个人的生成的过程。这是中国市场化经济体制改革的深层本质和深层意义。

---

① 和谐社会理念内在地蕴涵于科学发展观之中，是科学发展的逻辑展开和理论延伸。

学者张宇对市场经济有独到而深刻的见解。一种比较流行的观点是，市场经济是稀缺资源配置的一种方式。这种看法关注的是市场的表面过程，而没有揭示出市场经济深刻的社会内涵、复杂结构和人学意蕴。如果说市场经济是资源配置的一种方式，那么，这不仅仅是就它的物质内容而言的，而更重要的是就它的社会形式而言的。从政治经济学的观点看，商品不是物，而是被物的形式掩盖的人与人的一种特殊经济关系。资源配置归根到底是资源在相互存在利益差别以致利益冲突的不同人们之间的分配，因而在一定所有制基础上形成的整个社会的生产关系以及以此为基础的上层建筑是资源配置由以实现的社会基础。从表面看，市场机制是以价格为核心的，因此，管住货币，放开价格似乎就成为改革的主要内容。但是，价格以价值为基础，价值又反映了具有独立财产权的经济主体之间自由的交换关系，因此，没有产权制度的改革，价格信号就无法充分发挥作用。而产权制度的根本改革又要求有完整的生产要素市场、健全的法律制度和比较完善的社会保障体系，并要求与之相适应政治法律关系和意识形态。在政治上，市场经济需要个人身份的独立和自由、民商法体系的充分发展、政府与市场的明显分离。在意识形态上，市场经济的发展必然伴随着自主、自由、竞争、效率、功利、契约等意识的增强，需要与之相适应的文化氛围。经济剩余的日益增加、社会需要的日益丰富、人的能力日益提高、社会分工的日益广泛、技术和产品的日益创新，推动着市场经济从低级向高级的发展。因此，市场经济不仅仅是一种资源配置方式，也是一种特殊的社会形态，向市场经济的过渡不仅仅是资源配置方式的转换，而且是包括了社会、经济、政治、文化等各个方面深刻变化的长期复杂的社会整体性变迁的过程。①

在中国选择和发展市场经济的过程中，与市场经济相适应的法律制度的变迁经验生动地印证了市场经济与承认和保护个人权利、尤其财产权利的内在关系。私权主要包括财产权和人身权。中国传统素来缺乏私权，计划经济体制时期的“一大二公”体制同样没有私权存在的空间，其中的民众有限的一点私人产权都要被当做“资本主义尾巴”，并予以割掉，导致私权尤其私人产权几乎绝迹。但是，1986 年中国通过了《民法通则》，其意义十分深远，西方有评论家称，中国的《民法通则》是民事权利的宣言。这个法律 156 条条文将中国公民所享有的民事权利罗列出来，并规定了权利的内容。

① 张宇：《中国的转型模式：反思与创新》，经济科学出版社 2006 年版，第 72—73 页。

《民法通则》以财产权为主，但也是第一次将人身权写进去，包括姓名权、肖像权、名誉权、荣誉权等这样一些权利。这是一个革命性的开端，因为之前我国没有对民事权利做详细规定，正是从《民法通则》开始，我们对民事权利有了比较明确的认识，承认和肯定个体的权利。

如果说1986年的《民法通则》是中国社会重视民事权利的开始，《物权法》的通过则标志着中国社会和民众权利意识的进一步增强。在《物权法》讨论过程中，人们开始意识到自己享有权利的重要性。尤其在拆迁过程中，人们保护产权的意识高涨，从来没有这么一个权利复兴的年代，权利意识越来越自觉。如果说1986年还是自在的权利意识，到了《物权法》则是自觉权利意识的苏醒，人们开始为自己的权利而抗争。

限制公权力的一系列法规的出台，是私权得到尊重和保护的另一个里程碑。传统上，公权力是至高无上的，私权或个体权利在公权力面前显得微不足道。随着改革开放的深入，颠覆了这一传统和传统观念。《行政诉讼法》就是为了规范公权力、保障私权而制定的。这一法规实际上解决了两个问题：第一，行政权力行使的规范问题。《行政诉讼法》等法规明确了公权力的边界，可以防止行政权力走极端，限制公权力过分强大，对行政权力进行有效的制约和监督；第二，保证私权不受公权力侵犯。《行政许可法》、《行政强制法》以及行政复议制度等，都是为了保障私权，防止公权力对私权的侵犯。

总之，市场经济承认和保护个体权利或私人权利，尊重个人利益、自主决策和自由竞争，是一种权利经济和自由经济形式，是一种弘扬个人主体性的经济形式。同时，这一结论也获得了中国市场经济取向的改革实践的佐证，中国推行市场取向的改革过程也是独立个人发育、生成的过程，是个人主体性逐步得以发挥和弘扬的过程。

第三节　农村改革与农民个人主体的生成[①]

本节以实证材料为依据，从铁的事实中引出或概括出观点：中国农村改

① 本节参阅了李正华《中国改革开放的酝酿与起步》一书的第八章（方志出版社2007年版）和中共中央党史研究室第三研究部编写《邓小平与改革开放的起步》一书的有关部分（中共中央党史出版社2005年版）。

革的过程就是农民个人主体生成的过程，或者说，农民个人主体地位的确立是中国农村改革发展的客观逻辑结果。

一 农村改革的兴起过程：以安徽为案例

农村改革是我国改革的第一仗。农村改革1978年、1979年处于微波细漪的萌动时期，1979年以后形成洪波巨澜。农村改革是我国各项改革中最成功的改革之一。这场改革的萌芽和发起是自下而上的，是中国农民的伟大创造，是中国农民为了求生存而发起的对人民公社体制的冲击和突破。这场改革从萌芽、起步到定型和成功的演进过程的实质是：农民作为农业生产主体的地位逐步得以恢复，农民个人主体逐渐生成和确立起来。同时，也要看到，农村进一步改革的一个根本性问题是从体制上完全彻底地确立农民个体的主体性地位，并在此基础上实现农民之间的各种联合。

粉碎“四人帮”后的两年内，国家仍处于徘徊不前的状态，“两个凡是”严重阻碍国家的发展，农村仍在加紧推行“农业学大寨”那一套“左”的经验。当时主管农业的领导人强调，“要充分发挥人民公社一大二公的优越性，巩固和发展人民公社制度”，“促进公社、大队两极经济的发展，为逐步过渡创造条件”。这里的所谓“过渡”指“实现基本核算单位，由生产队向大队的过渡”①，即农村的基本体制由“三级所有，队为基础”过渡到“两级所有，大队为基础”，基本核算单位由原来的小队扩大为大队，实质上是基本的利益单位由小队扩大为大队，而体现农民个体利益的自留地被当成“资本主义尾巴”，不断遭到限制和打压。

然而，农民群众中隐藏的对现实的不满和自发的改革却与上述“左”的做法相反，经济核算单位不断缩小，利益主体的基本单位不断缩小，直至“下降”到单个农户或农民个人。下面以我国农村改革先锋的安徽省的实践来说明这一点。

极“左”路线和政策导致安徽的极度贫穷，1977年全省28万个生产队，却只有10%能维持温饱，其中67%的生产队人均收入低于60元，25%的生产队人均收入低于40元。② 但是，当时仍然在推行“大寨化”的极“左”政策，其目标是“实现基本核算单位，由生产队向大队的过渡”，甚

① 李正华：《中国改革开放的酝酿与起步》，方志出版社2007年版，第164—165页。

② 丁龙嘉：《改革从这里起步——中国农村改革》，安徽人民出版社1998年版，第7页。

至生产队的自主权都要被剥夺，更不用说农民个人了。如果这种政策再继续下去，广大农民真的连活路都没有了。所幸的是，1977 年 6 月，中央调整了执行极“左”路线的安徽省委领导班子，组成以万里同志为首的新的领导班子。新领导班子到任后，恢复实事求是的思想路线，深入基层和群众调查研究，得出结论：农业生产上不去，农民生活异常困难，原因是农民的生产积极性调动不起来，而生产积极性受到压抑的根本原因是农村政策不对头。因此，在以后的日子里，万里不断支持和采用能够调动农民积极性和增加生产的方式和方法，在调查研究的基础上，很快制定了《关于当前农村经济政策几个问题的规定》，提出了要尊重生产队的自主权，生产队可以实行定任务、定质量、定工分的责任制。这个文件得到了基层和广大农民群众的强烈拥护和欢迎，一定程度上激发了蕴藏于广大农民群众中的改变现状的积极性。

1978 年春，包产到组在安徽开始出现。由于它是一种集体联产承包责任制形式，过去长期禁止实行。它的出现是对人民公社经营方式的实质性突破，标志着农村改革的“序幕”由此揭开。

1978 年 3 月，来安县烟陈公社姜渡大队魏郢生产队在讨论中认为，符合省委刚刚下发文件《关于当前农村经济政策几个问题的规定》精神的“一组四定”责任制仍然存在很多缺点。“一组四定”是一种责任制，其内容是，把生产队划分为两个作业组，给每个作业组定任务、定质量、定时间、定工分，根据各组完成任务的情况确定工分（分配），这种责任制是为了克服生产队干活“大呼隆”和分配平均主义的弊端而设计的。但这种责任制的缺陷仍很大：实行主要靠少数干部操心，操作的工作量很大，很容易导致干活只挣工分，不顾农活质量，不关心产量的现象，由于不联系产量，仍不能克服分配上的平均主义，生产还是上不去。

为了克服这些缺陷，干部群众提出对作业组实行联系产量的“包产到组”的责任制，制定出了“分组作业，包产到组，以产记工，统一分配”的具体做法。包产到组、联产计酬责任制的效果很好，调动了农民的生产积极性，生产队出现了很大变化：一是变要我干为我要干，二是变少数人操心为多数人操心，三是变争工分为争产量，四是变干部跑跑溜溜为带头实干。“包产到组”的良好效果吸引其他生产队纷纷效仿，影响范围迅速扩大。

但是，农民的创造性实践并未就此止步，两种超越“包产到组”的责任制紧接着诞生了：一个是“包产到户”，一个是“包干到组”。

“包产到户”比“包干到组”的承包主体更小、更具体，因而利益主体更加明确清晰，利益与生产劳动成效的关系更加直接和紧密，因而更能调动劳动者的生产积极性。它首创于肥西县山南公社黄花大队，具体办法是把耕地分给农民个人耕种，但要求做到“四定一奖”：“四定”指定任务、定工本费（投资）、定工分、定上缴；粮食超产或减产，全部由承包人承担，即全奖全赔。

然而有的地区的农民认为联产计酬（不论是“包产到户、联产计酬”，还是“包产到组、联产计酬”）仍然很麻烦，不如实行“包干到组”。其做法是，将生产小队细分成若干个作业组，把生产队的耕牛、土地、家具和各种任务分配到组，年底分配时，该给国家的给国家，该留集体的留集体，剩下的由作业组自己内部按劳分配。这是一种“一包到底”的责任制形式，与“包产到组、联产计酬”责任制形式相比，操作更简便，利益关系更直接，激发农民生产积极性的效果也更好。这种责任制的突破性在于，它实质上把“三级所有，队为基础”变成了“四级所有，组为基础”。而当时极左政策仍占统治地位，正在大力推行核算单位由生产队过渡到大队。两者是背道而驰的。因此，安徽农民实行的包干到组等责任制形式遭到种种指责和批评，承受了巨大的压力。

但是“包干到组”仍然不能满足农民的要求，因为田地分到组后，组与组之间、组内部不同家庭之间产生了很多难以调解的矛盾，农民还想把作业组再划小，以一家一户为单位实行承包制。一种更加彻底的责任制被“逼”出来了，这就是凤阳县梨园公社小岗生产队创造的“包干到户”。

人民公社化以后，小岗生产队的粮食产量成倍下降，社员越来越穷，人口越来越少，土地越来越荒，是典型的后进生产队。1974 年，一支 18 人的工作队进驻只有 19 户的小岗生产队，以基本上一人包一户的方式帮助抓革命、促生产，结果是失败而归。历次工作队进驻小岗，总是支持一部分人整另一部分人，斗来斗去，人心斗散了，土地斗荒了，粮食斗少了，集体斗空了，大家斗穷了，全队几乎人人要过饭，成了远近闻名的“讨饭队”。

1978 年秋，共有 20 户人家 115 人的小岗队，划分成 2 个作业组，实行联产计酬。但各自内部争斗不断，只好把全队划分为 4 个组，但没过几天又为吃亏占便宜的事吵闹不休，为了解决纷争，不得不再一次细分作业组，全队划分为 8 个作业组，其中 2 个邻居组，其他是 6 个父子组或兄弟组，按理说，这应该没有什么纠纷了吧！可是，没多久就出现了兄弟反目、父子成仇的情况。年底，新的领导一上任就忙于处理各组的吵闹问题，不仅无济于事，而且自己所在的组也闹腾起来了，整个小岗队乱成一团。面对此种情景，有人提议："我们队要想不吵闹，要想有碗饭吃，只有分开，一家一户地干。"于是，小岗队召开会议，秘密实行了分田单干、包干到户的做法。"包干到户"比"包产到户"走得更远，"包产到户"的"定土地、定产量、定工本费，超产奖励，减产赔偿"，使农产品的分配权仍然掌握在生产队手里，而"包干到户"实行"交够国家的，留足集体的，剩下的全是自己的"，农民部分地拥有剩余产品的索取权。

"包干到户"和"包产到户"都是在生产队统一领导下，将集体耕地按人口或劳动力承包给农户经营。所不同的是，"包产到户"坚持工分核算和生产队统一分配，即年初确定包产、包工、包投资的指标，年终将包产产量纳入分配，按"三包"指标完成情况找补兑现。而"包干到户"不搞"三包"和生产队核算，只是把国家征购、集体提留落实到户，实行定额包干上缴，剩余归自己。这种形式操作简便，利益直接，责任具体，它的吸引力大于"包产到组"、"包干到组"和"包产到户"，成为后来全国各地兴起的家庭联产承包责任制的主要形式。由于"包干到户"任务更明确，生产更灵活，方法更简便，利益更直接，农民的生产积极性得到了充分的调动和发挥，效果异常明显。实行包干到户的第一年，小岗队粮食和各种农作物产量就大幅上升，一下子就翻身了。很快，大包干，从凤阳飞向淮河两岸，飞向神州大地，成为中国农村主导的生产方式。

二　农村改革促进农民个人主体的生成

由上面的简述可知，中国农民在农业改革的探索中先后创造出如下几种体制："一组四定"、"包产到组"、"包产到户"、"包干到组"、"包干到户"等五种责任制形式，它们都是对"一大、二公"的人民公社体制的突破，只是突破的程度不同罢了。这五种责任制形式的出现，在时间上，存在着先后关系；在内容上，逐次改进和深化。那么内容上改进和深化的方向和实质是什么呢？

农村改革的方向是权利主体不断具体化和清晰化。人民公社体制实行的是"三级所有，队为基础"，其特点是"一大、二公"，极左时期把这一点视为人民公社体制的优点，甚至一度大力推动核算单位向更大的大队过渡。但结果是严重挫伤了广大农民的积极性，破坏了生产力的发展。农村改革的探索过程正好与"穷过渡"的方向相反，核算单位不断缩小，利益主体不断清晰化和具体化，权利主体最后落实到农民个人。“一组四定”责任制把一个生产队划分为两个或几个作业组，开始突破以生产队为单位的利益主体，但各小组并没有自己的独立利益。“包产到组”直接把产量与各组的利益挂钩，使得作业组的利益主体性增加，各小组可以自己安排自己的劳动作业方式等。然而作业组内部利益区分仍然是模糊的，组内不同个人的利益与劳动之间的关系还是不清楚，虽然打破了组与组之间的平均主义，但小组内部不同个人之间的利益分配仍然存在平均主义的问题，不利于个人的劳动积极性的发挥；于是实行“包产到户”，把劳动的绩效与个人的利益分配直接挂钩，极大地调动了每个家庭、每个劳动者的积极性；但“包产到户”体制下，农民个人利益分配权仍掌握在生产队手里，农民个人仍然缺乏剩余支配权。“包干到户”则不同，它只是规定了上缴国家和集体的数量，剩下的全部由农户自己支配，即获得农产品剩余支配权，农民个人在“包产到户”时就已经获得了自由安排自己的劳动作业的自由权，现在的“包干到户”不仅使农民获得劳动作业的自由权，而且获得了农产品的剩余支配权，这样，权利的主体最终落实到了农民个人身上，农民个人权利的范围也扩大了——不仅可以自由支配自己的劳动和自由决定劳动作业方式，而且可以支配劳动产品的剩余。“包干到户”是主要的家庭联产责任制形式，它在农业、农村中作为最基本的经济体制就这样定型化并一直稳定下来，极大地激发了中国农民的主体性、积极性，极大地解放和推动了农业生产力的发展。

但是，以“包干到户”为主的家庭联产承包责任制的缺陷也是很明显的。虽然确立了农民个人的权利主体地位，但是农民个体仍然没有获得完整的权利，且不说政治民主权利才刚刚启蒙，仅就最基本的经济权利而言，也还没有完全落实，其中主要的是农地产权问题远未解决。名义上，农地产权是农民集体的，但实际上产权主体是虚置的，最后实际上由各级地方政府行使农地产权主体的权利和职能，农民并不是实际上的土地的主人。农村税费改革的思路是减负，而不是还农民农地产权的改革，农民不能自由支配自己的土地，土地主人的地位并没有真正落实。农民没有获得主体性地位，其主体性和创造性必然受到限制。农民的经济自由受到诸多限制，这种限制当然不是当年人民公社体制那种对农民的限制，而是表现在——在市场经济体制下，农民创业的自由权利受到限制，产权主体的地位未真正落到实处，农民就不是土地的真正主人，在经济活动中就没有充分的自主权。市场经济主体有权谋求自己利益的最大化，但农地产权不属于农民个人，他也就无法通过自主支配土地谋求自己利益的最大化。农民权利（产权）的未落实，直接制约着其利益的实现和利益的发展，同时也为权力侵犯农民的权利和权力谋私埋下了隐患。中国独有的拆迁问题和失地农民问题，其实是权利缺乏保护的问题，是公权力缺乏明确边界和有效约束的问题。

三　充分保障农民主体地位，促进农村经济进一步发展

目前，中国农村经济进一步发展面临两个严重的问题，它们都与农民个人经济主体地位没有得到完全确认，农民的财产权没有完全落实息息相关。

第一，千家万户的分散的小农经济无法适应市场竞争和市场的变化。很明显，千家万户的小舢板无法航行于波涛汹涌、竞争激烈的大市场。解决这一问题的办法是把农民组织起来，组成“航空母舰”，这样才能抵御大风大浪，才能在大海里航行得更远。于是有人又开始怀念计划经济体制时期的“一大二公”的人民公社体制那种“大集体”。但传统计划体制下由于剥夺了农民的主体地位，导致农民严重丧失主体性和积极性的深刻历史教训还历历在目，怎么能退后回到过去呢？那是一条死路！难道没有一种既保证农民主体地位，发挥其主体性和积极性又把分散农民组成“航空母舰”的办法？有，那就是股份制或股份合作制等。但股份制或股份合作制的前提是产权的清晰界定，因此，必须深化中国农地产权改革，进一步清晰化产权，以推开农村经济进一步发展的障碍。

第二，中国农村一家一户的小农经济无法改变农业比较效益低下的劣势，无法取得农业生产经营的规模效益。中国农民贫穷的一个重要原因是人均资源少，一家一户几亩地，维持温饱尚有可能，但无论如何不可能致富。怎么办？一种思路是用行政的办法把农民小块土地集中起来。这种办法无论历史经验教训，还是现实试点地区的经验教训都说明是失败的。原因在哪里呢？就在于不尊重农民的经济主体地位，扼杀农民的主体性和积极性。出路是什么呢？只有坚定地落实农民对于土地等财产的各项产权，完全确立农民的主体地位，充分发挥农民的主体性，才能解决问题。具体而言，农民拥有完全产权和主体地位后，可以自由支配自己的土地等财产，根据自己的实际，根据利益最大化原则在市场上充分行使自己的物权：或务农做种田大户，搞规模经营；或让渡自己的农地产权，获得创业和进城的资本金。减少农民数量，大力推进城镇化，实现农业规模经营、农业现代化……这些中国经济发展的重要事件，政府可以引导和推动，但不是政府主导出来的，而是

农民自己创造出来的。只要还农民权利，确立其主体地位，农民就会自发自动地创造出这些经济事件，政府要做的是为农民的创造性活动提供服务，建立健全社会保障系统，解除农民离开土地的后顾之忧，而不是压制农民的主体性，然后干吃力不讨好的“越俎代庖”的事情。总之，政府主导的经济发展模式必须转型，让位于民众主导，确立和尊重农民在经济活动中的主体地位。

第四节　国企改革与个人主体的生成

一　国企改革历程概述

国企改革是中国改革的中心环节，核心目的是增强企业的活力。国企改革经历了十分曲折的历程，这一艰难曲折的历程昭示了一个道理：企业要搞活，必须确立企业及其组成人员的主体性地位，其根本点是落实和保障企业及其组成人员的权利。可以说，我国企业改革的过程就是企业及其成员主体性地位的确立和落实的过程。只有沿着这一方向进行彻底的改革，才能彻底解决困扰已久的国企问题。

我国国企改革经历了四大阶段。

第一个阶段，扩权让利、两权分离。

这一阶段是国有企业改革的起步阶段，始于20世纪70年代末，到90年代初为止。1978年12月召开的党的十一届三中全会拉开了我国经济体制改革的序幕。针对计划经济体制及企业“国有国营”模式的弊端，1984年10月党的十二届三中全会通过了《关于经济体制改革的决定》，提出我国社会主义经济是有计划的商品经济，并正式明确增强企业活力是经济体制改革的中心环节。围绕增强企业活力，国家先后采取了大量改革措施，包括扩大企业经营自主权、实行利润包干和利改税、推行企业承包经营责任制等，调动企业生产经营积极性，规范政府和企业的关系，改变企业作为政府附属物的地位，使企业成为基本的利益单元。

与上述改革目标和改革措施相适应，这一阶段国有企业改革的主导思想是实现所有权与经营权分离，调整规范国家与企业之间的委托经营关系。针对国有企业的法律地位、经营自主权和企业内部管理体制，国务院1979年制定《关于扩大国营工业企业经营管理自主权的若干规定》，1981年制定

《国营工业企业职工代表大会暂行条例》，1982 年制定《国营工厂厂长工作暂行条例》，1983 年制定《国营工业企业暂行条例》，1984 年制定《关于进一步扩大国营工业企业经营管理自主权的暂行规定》，1988 年制定《全民所有制工业企业承包经营责任暂行条例》等，明确规定国营工业企业是在国家计划指导下，实行独立经济核算、从事工业生产经营的基本单位，企业建立健全党委领导下的职工代表大会制，工厂实行党委领导下的厂长负责制，厂长是工厂的行政负责人，受国家委托，负责工厂的经营管理。

与此同时，全国人大开始以法律形式调整和建立我国企业法人制度、企业破产制度和企业经营机制。1986 年全国人大通过《中华人民共和国民法通则》，以民事基本法的形式第一次规定了企业法人制度，确立国有企业的法人实体地位。1986 年全国人大常委会通过《中华人民共和国破产法（试行)》，为部分长期亏损、资不抵债的企业实施破产提供了依据。1988 年全国人大常委会通过《中华人民共和国全民所有制工业企业法》（即《企业法》)，对企业法律地位、两权分离、企业权利义务、厂长负责制及企业党组织的作用和地位、职工民主管理形式等进行了规范，改变了过去那种“集体领导，无人负责”的状况。

但是，这一阶段的国企改革只是确认企业对国家授予其的财产享有经营权，没有明确企业享有独立的法人财产权，企业实际上是受国家委托开展生产经营活动，国家仍然要对企业承担委托人的责任。也就是说，这一阶段的改革还没有触及到产权改革的核心问题。

第二个阶段，制度创新、战略调整，着力推进产权改革、明晰产权关系。

这一阶段是国有企业改革攻坚破难的关键时期，基本贯穿于 20 世纪 90 年代到 2002 年 10 月。在邓小平南方谈话的推动下，1992 年 10 月党的十四大明确提出经济体制改革的目标是建立社会主义市场经济体制。1993 年 11 月党的十四届三中全会通过《中共中央关于建立社会主义市场经济体制若干问题的决定》明确提出国有企业改革的目标是“转机建制”，即进一步转换国有企业经营机制，建立适应市场经济要求，产权清晰、权责明确、政企分开、管理科学的现代企业制度。1995 年党的十四届五中全会明确提出国有经济“抓大放小”的调整目标，即着眼于搞好整个国有经济，对国有企业实施战略性改组。1997 年 9 月党的十五大进一步提出，要调整和完善所有制结构，探索公有制的多种实现形式，从战略上调整国有经济布局。1999 年 12

月，党的十五届四中全会专门作出《中共中央关于国有企业改革和发展若干重大问题的决定》，对国有企业改革的目标、方针政策和主要措施作了全面部署，明确提出国务院代表国家行使国有资产所有权，实行授权经营，“要确保出资人到位”。在当时的改革背景下，按照现代企业制度的要求，中央和地方选择了2500多家国有企业进行了公司制股份制改革。通过转换企业经营机制、分离分流、债转股等形式，推动国有企业扭亏脱困。同时，立足于搞好国有经济实施“抓大放小”战略，通过企业改制、产权转让、关闭破产等形式，绝大多数国有中小型企业退出国有经济或退出市场，国有企业只生不死、只进不退的问题有了重大突破。

这一阶段国有企业改革由过去的委托经营转变为出资关系，开始触及国有产权制度、政企分开和政资分开等深层次问题。1992年，国务院制定《全民所有制工业企业转换经营机制条例》（即《转机条例》），进一步明确企业14项经营自主权，同时明确了政府的职责。1993年12月八届全国人大常委会通过《中华人民共和国公司法》（即《公司法》），在《企业法》的基础上进行了制度创新：一是明确国家作为出资人与其他出资人一样，依法享有资产收益、参与重大决策和选择管理者等权利，以出资额为限对公司债务承担有限责任。二是以法人财产权代替企业经营权，实现国有股权与企业法人财产权相互区分，公司依法享有法人财产权，独立对外承担责任，进一步完善了企业法人制度，使国有企业通过公司化改造转化为独立的市场主体。三是在企业组织体制上，建立股东会、董事会、监事会和经理层各司其职、协调运转、有效制衡的公司治理结构，代替过去的厂长负责制。《公司法》的制定，为规范引导国有企业向公司制股份制转化，建立现代企业制度，提供了重要法律依据。

这个阶段的改革虽然明确了国家与国家出资企业（或国有公司）之间的出资关系，但并没有触及国有资产出资人实际上缺位的问题。在政府与国家出资企业之间，仍然存在出资人缺位问题，以致出现政府部门多头管理，无人负责的局面，同时也难以建立切实有效的法人治理结构。

第三个阶段，通过体制改革、建立出资人制度等，着力于调整落实政府层面国有资产出资人代表的职责。

这一阶段以2002年11月开始的新一轮国有资产管理体制改革为标志。党的十六大提出，国家要制定法律法规，建立中央政府和地方政府分别代表国家履行出资人职责，享有所有者权益，权利、义务和责任相统一，管资产和管人、管事相结合的国有资产管理体制。2003 年 3 月，国务院成立了国有资产监督管理委员会（即国资委）。之后，各省和地、市两级地方人民政府相继成立了国资委。各级国资委根据本级人民政府授权，分别代表本级人民政府对所出资企业履行出资人职责。新的国有资产管理体制在政府机构设置上，实现了政企分开、政资分开，国有资产保值增值责任得到落实，国有资产监管得到加强，形成了责任落实和压力传递相统一的工作机制，有力地激发了国有企业改革的动力和发展的活力，国有企业经济效益和运行质量显著提高，国有经济总量进一步增加，国有企业竞争力进一步增强。

与这个阶段的改革相适应，2003 年 5 月，国务院发布了《企业国有资产监督管理暂行条例》，明确了新的国有资产管理体制，规定了国有资产监督管理机构（国资委）作为政府特设机构的性质和主要职责，为规范建立企业国有资产出资人制度提供了基本依据。对这个阶段的改革成果，党的十七大给予了充分肯定：十六大以来我国国有资产管理体制改革和国有企业改革取得重大进展。①

第四个阶段，国有企业分类和建立混合所有制阶段。

国企分类和建立混合所有制的改革思路早被提出，实践中也在积极试点。真正全面提出并即将全面实施这一改革措施，是党的十八届三中全会。可以预计，这一改革思路和实践，必将极大深化国有企业改革，必将进一步促进国企及其人员主体地位的确立和主体性的发挥。

二 国企改革促进个人主体的生成

通过上述梳理，可以发现国企改革演进和深化的方向：责、权、利不断走向统一，而且责、权、利的主体逐步清晰化和具体化，国企产权逐步人格化。最后的趋势是：责任和权利落实到个体身上，企业的主体地位需要最后奠定于个人主体的基础上。

（一）企业及个人主体地位的逐步确立

国企改革是从放权让利或扩权让利开始的，但企业还不是独立的市场主体，只是从国家的严密束缚下松动了一点。在随后的改革进程中，这种松动力度不断加大，企业的自主权不断增加，扩权让利改革的顶点是推行承包制

① 胡锦涛：《高举中国特色社会主义伟大旗帜为夺取全面建设小康社会新胜利而奋斗》，人民出版社 2007 年版，第 3 页。

等体现所有权和经营权相分离的体制，在不触动产权的情况下，企业最大限度地获得了经营权。

但由于回避了产权改革，企业仍然无法成为真正独立的市场主体，一是仍然不可能摆脱政府的干预，无法做到完全的独立经营，企业无法成为完整的权利主体；二是由于产权不明晰，企业无法成为真正的利益主体和责任主体，国有资产的保值增值缺乏保障，企业的短期行为盛行。因此，第二阶段推行了以明晰产权为核心的改革，目标是建立现代企业制度，其中的关键是建立企业法人制度，企业的财产主体具体化为企业法人，责、权、利相统一，并落实到法人代表个人的身上，解决了以前主体不清的问题，国企发展的责任可以追索到具体的个人，改变了无人负责的状况。同时企业的经营管理体制上，责、权、利也是统一的，并最后落实到以经理为代表的经营管理团队的个人身上。

现代企业的法人财产主要采取股份制形式，往往是一种混合所有制，不同所有制性质的股份同股同权，法人代表对由各种股份组成的企业法人财产负责。这里的问题是，其中的非国有股份的主体是十分清晰的，但其中的国有股的主体仍然是模糊的。国有股的股东是全民，谁来代表国有股东呢？名义上，政府是国有股代表，但政府包括许多机构，由哪个机构负责呢？结果出现了多头负责而最后无人负责的尴尬局面。这样，改革再一次推进，组建国资委，作为国有资产出资人的代表专门履行出资人的职责，负责国有资产的管理，把政府的其他职责和国有资产管理的职责分离开来了，这样就解决了国有资产的代理人落实的问题。

（二）国有资产的主体仍有待进一步清晰化和具体化

但还是存在一个绕不开的问题：国家（政府）只是全民财产的代理者，政府把代理者的职责剥离出来，专门由国资委履行，但国资委仍然只是一个政府机构，管理国有资产的责任主体仍然是不清晰、不具体的，仍然会出现无具体人负责的问题。而且，即使制度设计上把责任落实到这个机构中的特定个人，由于这个个人不是国有财产的所有者，他是以政府官员的角色对企业中国有资产进行关心；选派到企业中的代表国有股的董事，受到的最终约束是国资委及其官员，而不是真正的所有者。这样，约束者和被约束者都不是所有者本身，其效力与由所有者亲自履行约束职责肯定要差很远，但作为国有资产所有者的全民又不得不通过代理人——政府去管理国有资产，而政府不能亲自管理和经营国有资产，因而不得不委托董事在企业中作为国有股份的代表，对于国有独资和国家控股的企业还要由政府委派经营管理人员。

从本质上看，国资委与其辖下的企业之间仍然是通过“签订责任书”的形式建立的一种责任制，国有独资和国家控股企业的体制实质上仍然类似于当年的厂长负责制或承包责任制，症结仍然是产权主体不清晰。

这里还存在一个委托代理链过长的问题：第一环节，国有资产作为全民所有的财产委托给政府（国资委）管理；第二环节，有两种情况，一是政府委托经营者经营管理国有企业（国有独资和国家控股企业），二是政府委派代表国有股的董事进入国有参股企业；第三个环节，建立法人财产制的企业把财产委托给法人代表；第四个环节，法人代表委托经理团队具体负责企业的经营管理。在这一连串的委托代理关系中，所有者的约束力不断衰减，现有的理论大多停留在如何完善委托代理关系。但这不是治本之策。治本之法是落实各级代理人的产权主体地位，激发他们的主体性和主人翁责任感，尽量使各级代理人成为责、权、利相统一的主体，而且主体一定要清晰化、具体化，要具体到个人，国有产权要人格化，以解决大家负责而无人负责和利益享有的平均主义问题。在国有企业的所有制关系中，所有制主体是和一定的所有制客体相联的，各个产权主体的财产权利一定要和相应的财产责任相连，否则就必然产生“无主财产”、“无人关心”和“无人负责”的现象。质言之，就是要使国企产权清晰化，而产权清晰化就要解决所谓的产权人格化问题，从而形成经济主体的产权激励和约束机制。

那么，产权如何人格化呢？历史上，商品生产者的权利和责任来自其对商品的私有权，资本家的权利和责任也来自其对资本的私有权。因此，通常的观点认为，公有制尤其是国有制无法人格化。有人据此主张：干脆推行彻底的私有化，这样责、权、利主体不清晰的问题就彻底解决了。对此观点，我们不能赞同。说产权人格化只能源于私有制，只有私有制才能实现产权清晰化，只有私有制才能建立产权运行效率所必需的激励机制和约束机制，那也就等于说，要提高经济效率，只有私有制是唯一可选的所有制类型。我国大力鼓励个体私有经济的发展，个体私有经济确实具有产权主体明晰、利益关系简单直接的优势，能很好地契合市场经济的要求。但是，一旦企业做大，私企就面临和国企一样的问题，即委托代理链拉长和委托代理关系复杂化的问题，而且企业越是向规模化方向发展，其财产组织形式会越来越社会化，难道为了维护小私有制的产权清晰化“优势”而放弃企业的做大做强？放弃规模效益？显然答案是否定的。其实，以为私有化是解决一切激励、约束问题的灵丹妙药是一种落后于时代发展的观点，是回避新问题的思想怠惰的表现。产权必须清晰化，这是没问题的。但需要研究，如何既保持企业的大规模，又使得产权清晰化；如何既保持公有制，又使得产权清晰化。其实，私有化不是产权清晰化的唯一方法，不是适用于一切情况下的产权清晰化方法。实际上，在现代经济生活中，私有制条件下的产权运作的代理关系也是普遍的。不仅如此，在各种社会和政治生活中，公共权力的运作都是普遍采取代理关系的。如果说多层次代理关系就不能建立人格化机制，从而建立起有效的激励、约束和监督机制，那等于说，现代社会的经济、政治和社会生活都无法建立有效的运作机制。另有一种观点认为，产权或所有制人格化是产权清晰化的必要条件，虽说公有制的人格化不是不可能，但是巨大的代理成本导致无效率。应当说，产权制度中代理环节增多，是经济生活社会化、专业化和复杂化决定的。代理环节增多可能增加更多的代理成本，但代理环节和代理成本并不是衡量两种所有制类型和形态效率的唯一标准，否则只有个体劳动者私有制才是最有效率的所有制形态和产权制度，那人类社会就永远停留于个体私有制阶段好了。

客观地看，我国公有制的非人格化是源于传统计划经济体制的弊病，而不是源于公有制的性质，即问题不在公有制本身，而在于公有制的实现形式，计划经济体制下的公有制实现形式是不合理的，导致了产权的不清晰。在传统计划经济体制下，一方面，由于政企不分，政府机构以行政方式管理企业，加上所有权职能分散在各种政府机构，难以在各产权主体之间建立有效的激励和约束机制。另一方面，传统理论把劳动者不能利用生产资料所有权占有他人劳动这一理论观点，错误地理解为，劳动者的经济利益不能与资产的实际运作效率建立联系，而只能与劳动者个人的劳动有关。当然，实际上连后者也未能做到。这就导致了国有资产名义上人人有份、实际上人人无份、无人关心、无人负责的现象。改革以来，国有企业改革正是从如何摆脱低效率开始的，这就决定人们最终会注意到国有制人格化问题，并就国有经济的激励和约束机制采取一系列改革措施。

那么，公有制如何人格化呢？简言之，公有制的人格化就是要在产权运作过程中建立起同个人利益相结合的个人负责的机制。由于国有制在市场经济条件下的产权运作的特征是多层次代理关系，因此，国有制的人格化要结合产权的界定和分离来解决，其主要环节是：第一，国有资产所有权人格化，即政府代理人人格化。要在政府所有权独立化和专门化的基础上，清晰地界定国有资产所有权代理人的权利和责任。第二，企业产权人格化，即企业法人化。在产权制度上，要解决企业法人同投资者的关系，就现代公司而言，就是公司法人与股东之间的产权关系，明确二者的权利和责任。第三，企业内部产权运作和管理的人格化，即治理结构人格化。实质上就是把属于企业的产权在企业内部再分配，通过设置各种机构、配备各种人员，界定其权利和责任，使产权得以分解和落实。上述介绍说明，公有制人格化是涉及多层次代理关系的一个系统的激励和约束机制，只有在产权运作的每一环节实行同个人利益相结合的个人负责的原则，国企产权才能人格化，国企产权的各项权能才能清晰化，从而公有资本才能高效率地运作。

可以肯定的是：国有企业产权清晰化不等于私有化（不应把国有企业一卖了之），但产权清晰化一定要把产权的各项权能落实到具体的个体人身上，以实现产权各项权能的人格化，一定要尊重个体的主体地位，无论责、权、利，最后一定要具体地明确地落实到个体的身上。① 这是市场经济体制运行的需要，也是30多年来企业改革实践演进的客观路向。

（三）企业职工的主体地位有待进一步落实

企业改革还面临一个常常被忽视的大问题：我们的国企改革注重调动法人代表和经营者的主体性，但对于调动普通员工的主体性重视不够。② 如同平等自由是企业主体性的根本内容一样，平等自由也是个人主体性的根本内容。因为任何企业都是由个体构成的，个体是企业的基本细胞或主体。同时，每一个体都有自己的特长与优势，只有在自由选择平等竞争的条件下，个体的特长与优势才能得到真正的发挥，所以，平等自由说到底是个体的平等自由。这种平等自由主要表现在两个方面：一是个体选择自己去做什么的平等自由。个体有依法自由创办企业、平等参与市场竞争的权利，有自由平等地选择就业的权利等；二是个体与他所选择的企业之间的关系是双向平等

① 个体经济和小私有经济产权的各项权能是统一的或未分割的，而现代产权的各权能是分散的，即所有权、占有权、使用权、支配权、处置权、收益权等各项权能是分开的，可以由不同的主体享有不同的权能。现代化大生产的复杂经济、规模经济已经无法做到各项权能完全集中于一个主体身上，产权的各项权能常常被分解开来。但是，无论产权的各项权能如何分解，一定要做到产权清晰，即各项分解开来的权能的主体一定要清晰、具体，一般要落实到个体的人，即一定要人格化。如由众多出资人组成的股份公司，其法人财产权一定要落实到具体的个体的人：法人代表（董事长）身上；其终极所有权一定要落实到具体的股东身上。根据责、权、利对等原则，董事长对股份公司法人财产负责，同时享有相应的权利；经理阶层也一样，股东也一样。

② 这是我们受制于西方理论范式的表现，也是马克思主义立场、观点缺场的表现。

自由的关系，在确定工资、福利、升迁、去留等方面都是双向平等自由的。正因为平等自由说到底是个体的平等自由，所以，现代企业制度的建立，应该把如何才能实现每一个体的平等自由、如何才能充分发挥每一个体的主体性放在首位。在市场经济体制下，如何依靠工人阶级办好企业，需要深入的探索。我们的企业改革和企业管理必须纠正重经营管理者而轻视普通职工的错误倾向，理顺企业内部不同个体间的关系，构建公平的人际关系，激发每个主体的主体性和积极性，这是办好企业的根本。

资本主义社会在相当长的一段历史时期内，工人只是在流通领域享有形式上的平等自由，即形式上具有主体地位，一旦到了生产领域，在工厂内部，资本才是主体，工人甚至形式上的主体地位都丧失了，工人隶属于资本和资本的机器，没有主体性可言。这从恩格斯当年的文章《英国工人阶级状况》，乃至20世纪初美国盛行的“泰罗制”管理方式可见一斑。但当代资本主义不断在扬弃自己，发生着量变甚至部分质变，工厂内部，工人的地位在改善，工人主体性地位得到一定的实现。然而，今天中国的许多企业，包括一些国有企业、公有制企业，其管理思想和管理模式却停留于早期资本主义管理的水平，甚至国内一些所谓的理论家也随声附和，为其辩护。这些人不说缺失马克思主义的立场和观点，甚至没有跟上时代的步伐。无论马克思主义的立场和观点的要求，还是时代发展趋势的要求，我国各类企业，尤其是公有制企业，应该切实变革体制、机制和管理思想、管理模式，抛弃精英主义的治理思维和治理模式，以充分发挥工人阶级的主体性和每个工人的个人主体性，这是企业活力和竞争力的基础和源泉。

总之，中国国有企业改革的演进及其存在的种种问题，客观上推动了和推动着具有主体地位的个人的生成。扩权让利和法人制度等改革措施逐步推动权利、利益和责任、义务的主体日益清晰化和具体化，并最终生成责、权、利相统一的独立个体，国有企业进一步发展的要求推动着寻找更好地实现企业主体地位和企业职工个人主体地位的形式和方法。

第五节　重新理解马克思的产权思想促进个人主体生成发展

个人主体地位的确立离不开产权的确立和保护。随着我国改革的深入推进，产权改革不断取得突破，但仍然存在着一些需要研究解决的深层次问题。

一　产权的人文意蕴[①]

不能只是从自然需要的角度理解人对物之占有（产权、物权）的意义，因为这把人与动物等量齐观，或者只是看到人的动物性一面；更应该看到的是产权的人文意义，看到产权所负载的平等、自由、人格尊严等深刻意涵。

在众多的人权中，最基本的权利是产权，它是个人自由平等地位的确证和保障。“个人的或者若干个人的财产适于作为自由——即完全独立于政治的或集体的决策过程——的保证。”[②] 个人财产所有权与自由之间具有密切联系，“个人要求财产所有权，为的是获得保持处置资源的自由，如果没有这种自由，就不可能有希望改善生活条件”。[③]

在现代社会，产权与人的主体性存在密切相关。在现代社会，一个人哪怕缺乏物权，但对自己的劳动力享有充分的产权，任何人不得侵犯。如果个人丧失了自己的劳动力产权，等于丧失了自由权和独立人格，那等于社会倒退到前现代社会。

在现代，占有权的实现及其实现的程度与所有者基本素质的高低有密切的联系，教育、技能训练、教养不仅提高人自身素质，也是人拥有、运用和扩展产权（包括物权）的前提条件，对人的自由全面发展具有重要意义。

在现代产权体系中，收益权占据重要地位。人们占有和使用物的目的是为了满足自己的需要，因此，收益权成为所有权的重要内容之一，剥夺劳动者对劳动成果的收益权是不合理的，因为那等于剥夺劳动者的生存权。

黑格尔从哲学高度深刻论述了产权与自由的关系。撇开黑格尔法哲学理论的唯心主义成分和阶级局限性，我们可以看到他的诸多闪光思想，尤其是对于财产权，黑格尔从哲学的高度作了非常精彩的论述，他把财产权与人的平等、自由、人格尊严等联系在一起，充分肯定了所有权的意义。[④]

黑格尔认为，权利只是一种可能性，对它的具体行使或它的现实化运动

① 本部分与赵明强博士合作完成。

② ［美］詹姆斯·布坎南：《财产与自由》，韩旭译，中国社会科学出版社 2002 年版，第 59 页。

③ 同上书，第 55 页。

④ 参见黑格尔《法哲学原理》，中译本，第一篇第一、二章，范扬、张企泰译，商务印书馆 1996 年版。

必须通过实际的占有、使用、转让等活动的环节来完成，契约是实现权利的一种方式，它体现出人与人之间的平等自由的关系，只有自由和独立的人才能进入到契约关系中，法律则是保证契约实现的有效手段。

黑格尔将物作为人的自由意志的外在表现，论证了物权的重要性，凸显的是物权的人文意义。黑格尔认为财产权或物权是人格的重要组成部分，他甚至说“人格权本质上是物权”。① 每个人的社会地位由其经济状况所决定，奴隶制度和殖民制度剥夺了人的所有权，也就没有自由可言，奴隶甚至没有丝毫自由，包括没有人身自由。

黑格尔对原初的物做了如下定义：“跟自由精神不同的东西，无论对精神说来或者在其自身中，一般都是外在的东西——即物，某种不自由的、无人格的以及无权的东西。”② 黑格尔将原初的物视为一种精神之外的存在，不具有任何人格性，即是一种原初的未被打扰的客观外在的存在。但物的这种“平静”很快就会被无法抵御的“入侵”所打破，这个强大的“入侵者”就是人的自由意志。物与自由意志的勾连在于，物是自由意志的定在，即财产权是自由意志的定在。一个人通过对物的占有而成为现实的存在者，离开了对财产的所有权，个人自由、人格独立就是一句空话。

黑格尔的哲学思想的核心是自由意志，无论是人本身还是物，都是自由意志的异在，作为绝对精神的自由意志才是统摄一切的。但作为自由意志的人必须借助于外部领域才能存在，外部领域既是自由意志可以驰骋占领的领域，又是与意志可以分离的领域。在外部领域中，物是人的自由意志的定在；而自由意志赋予外物精神和灵魂，物在自由意志到来前是沉寂而无目的的。当自由意志达于物时，物成为了自由意志本身，物获得了存在的依据。物也成为了人的物，人将物据为己有，其合法性在于人的自由意志对物的统摄。人通过将自己的灵魂和本质力量置放于物中，将物纳入自身之中，成为自由意志的一部分。黑格尔认为，意志不仅是无限的，而且是绝对的，其他东西与意志相比都是相对的，物不是自身的目的，不是自在自为存在的，物不过是意志的表达。

人对于物具有优越性，这种优越性构成了人把物据为己有的绝对性，这

① 最初的产权就是物权，知识产权等产权形式尚没有生成，当代人类，物权仍然是重要的一类产权。

② 黑格尔：《法哲学原理》中译本，商务印书馆1996年版，第50页。

在黑格尔那里是毋庸置疑的。黑格尔认为，人有权利将其意志体现于任何物中，从而使该物成为我的东西，这种权利是人的实体性的目的，因为物本身在其自身中是不具有这种目的的，而是从人的意志中获得了它的规定和灵魂的。这是人把一切物据为己有的一种绝对权利。“据为己有”体现的是“我的意志对物的优越性”。

黑格尔对物与人的关系、或物权与人的自由的关系的有关思想，集中体现在他提出的下列三个公式的意涵之中。

通过人的自由意志的延伸，人将物转变为自由意志，这是黑格尔在人与物的所有权关系上建立的第一个公式：人（自由意志）＝物（自由意志定在）。

黑格尔建立的第二个公式是：所有权＝人（自由意志）现实物的占有。人对物的占有，或人对物表现出的自由意志，并不是建立在意念上的，而是有现实基础的，即人现实地占有物，这是意志现实化、实体化的表现，从而也完成了所有权的实体化。黑格尔认为，将物置于我的意志力量的支配下就构成占有，我作为自由意志，占有物使我（自由意志）拥有自己的对象，自由意志也初次成为现实的意志，这就构成了所有权的规定。

黑格尔对所有权的论述并没有止于第二个公式，因为黑格尔的真实目的不仅仅是要说明所有权是什么，而是要确立私有所有权的合理性，以回应和维护德国当时高涨的资本主义发展，论证资本主义对封建统治革命的合法性，这也是黑格尔所有权思想的现实革命性所在。黑格尔在第二公式的基础上，提出了他的下一个公式，即由第二公式推导出的第三个公式：私人所有权＝作为一个单元的人（单元自由意志）现实地占有物。黑格尔将人视为一个单元，人对物的现实占有就是单元的人对物的现实占有，人借助所有权给意志以定在，也就是单元的人通过所有权给自己的意志以定在，这样所有权实际上就是单元人的所有权，即私人所有权，黑格尔认为这是“关于私人所有权的必然性的重要学说”。①

除了上述三个公式对物权的自由意义的阐释外，黑格尔还论述了不同权利之间的关系问题，实质就是人与人的关系问题，在这里，他提出了自己的自由平等思想。

黑格尔巧妙地解释了共同所有权与私人所有权之间的关系，他认为共同

---

① 黑格尔：《法哲学原理》中译本，商务印书馆1996年版，第55页。

所有权可分解为多个私人所有权。黑格尔说，由于我的意志是作为人的意志，从而也是作为单个人的意志，对我说来，在所有权中，我成为客观的了，所有权因此而获得私人所有权的性质，共同所有权由于其本性可变成为个别所有，也就获得了一种自在地可以分解的共同性规定。① 黑格尔以这样一种直截了当的论述方式使共同所有权与私人所有权在他那里实现了理论自洽。

同时，私人所有权肯定不是维护和解决某一个人的所有权问题，如果将私人所有权曲解为按某一个人的自由意志可以无限地占有物，那么世界上的物只能归这一个人所有，这是一种集权化的私人所有权，显然不是黑格尔所期待的私人所有权。在黑格尔那里，私人所有权的内在前提是他人的承认，是人与人之间关系的体现。私人所有权是社会性的，而不是孤立的单个个人的所有权。黑格尔认为，仅仅某物应属于我的意志是不够的，它必须借助于实际占有某物，才能使意志获得定在，这种定在已经包含了他人的承认，即使我占有的是无主之物，也已经内含了早已预想到的和他人的关系。②

黑格尔认为，个人自由意志不是绝对的和自私的，个人的自由意志对物的有效性需要以他人的承认为条件，缺少承认便失去了所有权实在化的基础。黑格尔认为，首先是要获得所有权的概念，即人将其意志体现于物中，这是第一步，其次是将概念实在化，即便于他人承认我所表示出来的“某物是我的这种内部意志”的行为。

在黑格尔看来，他人承认并不是虚空的，而是借助契约来实现的。黑格尔认为财产是意志的定在，是意志对意志的关系的中介，契约是这种中介的通道，能实现意志与意志的对话。黑格尔认为，财产作为意志的定在是作为他人的意志而存在的，这就构成意志与意志的关系，这种关系是自由获得定在的真正基础和特殊基础。这也是一种中介，由于意志之间可以转换，即以意志与意志之间的关系可以变动，占有财产就成为动态的和经常的事了，同样，借助于他人意志可以形成共同意志，在共同意志下占有财产。这种中介构成了一个领域，在其中驰骋的是契约。③

意志通过契约将财产转让给其他意志，我的意志和他人的意志形成合

① 黑格尔：《法哲学原理》中译本，商务印书馆 1996 年版，第 54 页。

② 同上书，第 59 页。

③ 同上书，第 80 页。

意，一方放弃作为财产的所有人，另一方成为财产新的所有人。黑格尔认为，契约是一个过程，在这个过程中出现并解决一个矛盾，我是而且始终是一个排除他人意志的独立所有人，除非我在和他人达成合意的情况才终止为所有人。在契约之中，我通过共同意志而拥有了所有权。① 黑格尔在这里着重强调的是合意，即意志与意志的协商，这就与将一方意志强加于另一方的意志有所区别，因为后者只能表现为对他人财产的强取豪夺，这是非正义的、不平等的，也没有自由意志可言。

黑格尔追求人的平等，这种平等是指人人应该拥有自己的财产，但并不是说人人应当拥有同样多的财产。黑格尔认为，人们应当平等，但这只是从占有来源上来讲的，即他认为每个人应当拥有财产，他讲的平等就是这个意义上的平等。至于说人应当拥有多少财产，这是特殊性的规定，不在他所讲的平等范围内。他认为，要求所有人的财产都一律平等，这种主张显然是错误的，因为正义所要求的只是各人都应该拥有财产而已。② 可见，黑格尔主张的平等是起点平等和机会平等，他不主张结果平等。结果平等往往与自由相抵牾，但机会平等与自由是一致的。

黑格尔高扬人的自由精神。人当然必须从物或财产中获得满足，满足人的需要，但他认为，不能仅仅从需要的角度将财产视作为满足需要的一种手段，因为这把人下降为动物。人的意志是自由的，财产是意志的定在，同样是自由的定在，财产不是本质的目的，自由才是财产的根本性目的，黑格尔的所有权说本质上就是人的自由意志说，这虽然带有唯心主义的成分，但是黑格尔的所有权观中更有合理的成分：首先，黑格尔维护的是私人所有权，这在他的时代是代表进步的思想。其次，黑格尔以契约为载体，更关注财产转让的合法性，这是资本主义兴起的重要条件。最后，黑格尔将财产视为人的平等、自由的重要手段，或者用黑格尔的话来说是自由本质的目的。这充分表达了他的产权思想上的人文意蕴或人本精神。

不仅黑格尔，西方人普遍重视财产权利，包括国王在内的所有他人都不能随便漠视个人的财产权利："风能进，雨能进，国王不能进"。即使是最穷的人，在他的寒舍里也敢于对抗国王的权威。风可以吹进这所房子，雨可以打进这所房子，房子甚至会在风雨中飘摇，但是英王不能踏进这所房子，他

① 黑格尔：《法哲学原理》中译本，商务印书馆 1996 年版，第 80 页。

② 同上书，第 58 页。

的千军万马不敢跨进这间已经损坏了门槛的破房子。可见，合理的个人产权甚至可以对抗政治权力。个人拥有产权，个人在自己范围内拥有最高自主权，这是个人获得主体地位的必要条件和有效的明证。

总之，绝不能仅仅从动物性的需要角度论证产权的重要意义，而要从哲学、人学、人的自由和尊严的高度看待财产权利的伟大意义。产权的人文意蕴是：个人的人格、尊严和主体性地位是神圣的，产权神圣观尊重的不仅是物，更是人的权利、人格与尊严。产权富有深刻的人文意蕴，它是个人自由平等地位的确证与保障。

二　重新理解马克思的产权思想

2007 年 3 月 16 日第十届全国人民代表大会第五次会议通过了《中华人民共和国物权法》（简称《物权法》），并决定自 2007 年 10 月 1 日起施行这一法案。这一法案的核心在于承认和保护人们对物的系列权利。该法案的第二条规定："本法所称物权，是指权利人依法对特定的物享有直接支配和排他的权利，包括所有权、用益物权和担保物权。"第四条规定："国家、集体、私人的物权和其他权利人的物权受法律保护，任何单位和个人不得侵犯。"尽管《物权法》还有许多不彻底性，但从这两条规定来看，中国终于承认了私人所有权，并以法律的形式对私人的所有权进行保护。这的确是向真正的市场经济迈进的极为重要的一步。这一法律的通过对于市场经济的完善和发展具有深刻的意义，是为市场经济"打基础"的工作，突破了中国几千年来普通个人、私人至多只拥有占有权、但缺乏所有权的传统结构，承认了个人对物的所有权，是市场经济运行的基础，是个人主体性的根本保障。

但是，法律上承认了个人物权，并不等于理论上也彻底解决了这个问题，也就是说，我国主流理论话语马克思主义理论研究，尚落后于这一立法实践。按照传统的社会主义理解，社会主义之所以被称作社会主义，是因为它否定了私有制，建立了生产资料的公有制，即由国家掌握全部生产资料的体制。而市场经济要求保护物权，包括私人物权。这两者如何协调？直到今天，我国马克思主义理论界并没有真正突破这一问题，更多地采取如同胡塞尔现象学研究的"悬置法"，即回避终极所有权，例如对于农地产权和国企产权，研究者往往采取不追问终极所有权的问题，而只是在占有权、使用权（农地的承包权）方面做文章。"悬置法"是理论研究工作者思想怠惰的表现。

科学社会主义理论的创始人马克思是否承认个人对物的所有权？作为对资本主义私有制的最伟大的批判者，马克思否定资本主义私有制是毋庸置疑的。在《共产党宣言》中，马克思和恩格斯曾明言："共产党人可以把自己的理论概括为一句话：消灭私有制。"[①] 这一私有制是指资产阶级的私有制。但是，马克思是不是在一切意义上都反对个人的所有呢？答案是否定的。在《资本论》第一卷中，马克思曾明确地提出在未来要重建"个人所有制"。什么是个人所有制？它与社会主义是一个什么样的关系？早在20世纪60年代，日本学者平田清明曾试图解决这一理论难题。他根据马克思在《政治经济学批判大纲》和《资本论》中区别的那两种私有制理论："以自己劳动为基础的私人所有制"和"建立在剥削他人劳动基础上的资本家私人所有制"，提出未来的共产主义应该是一个以"个体所有"为所有制形式的联合社会，而不是苏联那样的以国家所有制为基本形式的社会。根据马克思的理论逻辑，"建立在剥削他人劳动基础上的资本家私人所有制"是对"以自己劳动为基础的私人所有制"的否定；而对"建立在剥削他人劳动基础上的资本家私人所有制"的否定，则是否定之否定。我们知道，根据辩证法否定之否定规律，否定之否定阶段不是完全回到起点，而是形式上回到起点，但内涵是对前两个阶段的综合，克服前两个阶段各自的片面性，吸收各自的合理性因素，从而发展到第三阶段，即否定之否定阶段，也即更高一个阶段。用马克思的话说，这种否定之否定不是回到"以自己劳动为基础的私人所有制"，即不是要重建个体私有制或小私有制，而是在资本主义时代的成就的基础上，也就是说，在协作和对土地及靠劳动本身生产的生产资料的共同占有的基础上，"重新建立个人所有制"。

具体来说，否定之否定阶段重建的个人所有制绝不是重建私有制（包括资本主义私有制和小私有制或以个体劳动为基础的个人私有制），但也不是让劳动者成为"无产者"的所有制。苏联的社会主义公有制由于没有找到社会主义公有制的合理的具体形式或合理的实现形式，导致其社会主义公有制变异，变成了使劳动者成为"无产者"的所有制，劳动者无法感受到自己是生产资料的主人，劳动的积极性受到极大挫伤，这是苏联社会主义后来走向衰败的一个根本原因，加之没有及时而正确的改革，苏联最后放弃了社会主义制度，国家也随之解体了。

---

① 《马克思恩格斯选集》第1卷，人民出版社1995年版，第286页。

有学者认为，其实，社会主义社会就是劳动人民的个体性、个体劳动和个人所有制真正得到全面发展的社会；是这些独立的自由的个人将个体劳动结合起来的社会，即“自由人的联合体”。因此，社会主义是建立在市民社会基础之上的，它只是扬弃了市民社会的资本主义形态，作为市民社会核心范畴的私人所有、异化了的分工和交换被换成了个人所有、扬弃了的分工和协作。因此，市民社会与社会主义并不是断裂的，二者之间存在着直接的继承性。[①] 我们当然不能完全赞同韩先生“社会主义是建立在市民社会基础之上”的观点，但是，有一点是可以肯定的：让劳动者变成“无产者”的所谓社会主义公有制，绝不是马克思未来社会的所有制。未来社会一定是劳动者成为生产资料主人的社会——一方面，就像前资本主义的个体劳动基础上的小私有制，劳动者与生产资料是结合在一起的，即劳动者是自己使用的生产资料的主人；同时，劳动的技术基础发生了巨变，扬弃了个体手工劳动，具有技术水平高度发达的生产资料，这客观上要求劳动者共同占有和使用生产资料。这种未来社会的新所有制，即社会主义公有制。

在《共产党宣言》中，马克思和恩格斯反复指出，共产主义不是要消灭一切的或一般的财产制度。“共产主义的特征并不是要废除一般的所有制，而是要废除资产阶级的所有制。”[②] 这就是说，共产主义并不是要使每个人都成为一无所有的无产阶级，不是要废除一般的财产制度，而是要废除资本主义的那种特有的剥削式的即劳动者受到资本奴役的不公平的财产制度。《共产党宣言》指出，“共产主义并不剥夺任何人占有社会产品的权力，它只剥夺利用这种占有去奴役他人劳动的权力”。[③] 用不着共产主义否定以个人劳动为基础的小私有制，针对资产阶级对共产党人责备——“要消灭个人挣得的、自己劳动得来的财产，要消灭构成个人的一切自由、活动和独立的基础的财产”，马克思说：“那种财产用不着我们去消灭，工业的发展已经把它消灭了，而且每天都在消灭它。”[④]

那么，消灭资本主义形式的私有制之后建立起来的公有制是计划经济体制下的那种公有制或国有制吗？答案是否定的。有研究者对此问题提出有启

① 参见韩立新《市民社会和社会主义的关系》，《学习时报》2008 年 5 月 19 日。

② 《马克思恩格斯选集》第 1 卷，人民出版社 1995 年版，第 286 页。

③ 同上书，第 288 页。

④ 同上书，第 286 页。

发的见解。[①] 我们所理解的公有制往往是一种使劳动者完全处于“无产阶级”地位的公有制，是一种马克思所指出过的东方村社意义上的公有制，是一种“贫穷的、没有需要的人的非自然的简单状态”。在传统的全民所有制（国家所有制）和集体所有制中，财产的主体是虚置的，劳动者作为财产的所有者是抽象的，他们根本无法行使财产的占有、使用、转让和收益等权利，无法感受到自身与其财产的切身利害关系，无法感受到自己的财产主人地位，严重挫伤劳动者的积极性。其实，马克思恩格斯所理解的公有制是一种劳动者联合起来的公有制。用中国农民的例子来说，前者讲的是“人民公社”，后者指的是农民的“合作社”。虽然两者都是公有制，但是前者实际上是劳动者人人一无所有的公有制，后者才是劳动者各自有份的公有制。当然，马克思所理解的公有制与我们当时的合作社还不能同日而语，因为马克思所理解的公有制是在资本主义大生产和与此相对应的资本主义股份制的基础上的一种现代企业制度。马克思由股份制想到的是“工人自己的合作工厂”或所谓“劳动者联合体”。马克思认为：“工人自己的合作工厂，是在旧形式内对旧形式打开的第一个缺口，虽然它在自己的实际组织中，当然到处都再生产出并且必然会再生产出现存制度的一切缺点。但是，资本和劳动之间的对立在这种工厂内已经被扬弃，虽然起初只是在下述形式上被扬弃，即工人作为联合体是他自己的资本家，也就是说，他们利用生产资料来使他们自己的劳动增殖。”[②] 马克思紧接着将资本主义的股份制与工人的合作工厂进行了对照，他写道：“资本主义的股份企业，也和合作工厂一样，应当被看作是由资本主义生产方式转化为联合的生产方式的过渡形式，只不过在前者那里，对立是消极地扬弃的，而在后者那里，对立是积极地扬弃的。”[③] 马克思在这里实际上提出了两种公有制的问题。马克思称资本主义股份制是对于传统私有制的一种“消极扬弃”，显然这里指的是带有资本主义性质的“共同占有”或公有制，而马克思讲的劳动者联合体则是对于私有制的一种“积极的扬弃”，是一种社会主义的公有制。之所以说前者是一种消极的扬弃，带有资本主义的性质，是因为这种股份制并没有最终摆脱资本对于劳动

---

① 李惠斌：《对马克思关于“私有制”、“公有制”问题的再解读》，《北京日报》2008 年 10 月 27 日。

② 《马克思恩格斯选集》第 1 卷，人民出版社 1995 年版，第 520 页。

③ 同上。

的剥削，而后者则基本上解决了资本对于劳动的剥削问题。[①] 可见，不同历史阶段和情形下公有制"公有"的程度和具体特征不可能完全一样，应该有所差别。这是所有制问题上的历史主义观点。但有一点是可以肯定的，马克思关于未来社会公有制一定是劳动者是生产资料主人的所有制或公有制。那种使得劳动者成为"无产者"的社会主义公有制，要么是对马克思社会主义公有制的误解或歪曲，要么是没有找到合理的公有制的实现形式。

那么，在中国现阶段，公有制的具体特征是什么呢？有学者认为主要有两条："一是个人所有，二是社会占有。个人所有是指财产的所有权和收益权的主体最终归宿只能是个人（自然人）的，即使由国家或任何组织代理这些权益也能还原到个人（自然人）。不能还原就是主体'缺位'，主体'缺位'必然会造成浪费和低效率。这也正是产权清晰的基本含义。社会占有是指，财产的使用和支配是社会化的，可以由其他主体来行使；财产也可以在全社会自由转让，自由流动。"[②] 这种观点一方面值得商榷，因为稍不慎就可能滑向私有化的误区，另一方面也要看到，至少它是公有产权清晰化的一种参考方式，或者它至少达到了马克思所指出的消极地扬弃了资本主义私有制的股份制形式的公有制。

到未来生产的技术基础高度发达和实行按需分配的共产主义社会，公有制的特征和"公有"的程度会有变化，即社会占有和社会所有二者直接统一。但是，我国现阶段不仅要允许多种所有制共同发展，而且我国现阶段公有制的内涵和"公有的程度"与共产主义公有制也是不能完全等同的，至少"公有"的程度是有很大差别的，"个人所有，社会占有"[③] 至少可以作为现阶段公有制的一种实现形式，其公有程度显然低于"社会所有和社会占有相统一"的共产主义公有制。我国现阶段公有制的特征和公有的程度远不能与共产主义公有制相比，但我们不必为此懊恼，因为这主要是由生产力现阶段的水平决定的。

---

① 李惠斌：《对马克思关于"私有制"、"公有制"问题的再解读》，《北京日报》2008 年 10 月 27 日。

② 王钰：《公有制的基本特征和国有经济改革》，《改革与理论》2003 年第 1 期。

③ "个人所有，社会占有"，并不是要把公有财产量化后分割给个人，而是：终极所有权可以追溯到个人，这种终极所有权可以有量上的差别，但财产的占有、使用和支配不能分割给各个人，必须统一由集体占有、使用和支配，以适应社会化大生产的客观要求。

三　克服产权改革的误区，保障职工个人的主体地位

改革开放以来，我们吸收西方产权理论的合理因素，在产权改革方面取得了很大成绩。但也存在明显的问题，其中的一个关键问题是，一些认识乃至实践往往走入私有化的误区。西方国家是市场经济的先行者，拥有成熟而丰富的企业理论和产权理论，我们应该认真学习和借鉴。但是我们也不能盲从，应该站在马克思主义理论立场上对之进行批判和鉴别。西方产权理论虽然强调产权清晰化，但产权主体只是落实到少数人尤其少数垄断了物质资本和货币资本的资本家身上，正如马克思和恩格斯当年指出的那样，在资本主义社会，"私有财产对十分之九的成员来说已经被消灭了"，资本主义私有制之所以存在，"正因为私有财产对十分之九的成员来说已经不存在。"资本主义私有制是"以社会上的绝大多数人没有财产为必要条件的所有制"①，从而形成作为少数社会成员的资产阶级与作为绝大多数社会成员的广大工人阶级的对立，导致资本主义制度只有形式上的自由平等，并没有消除权利的狭隘性，马克思当年对这一点进行了深入的分析批判。然而，当代西方国家在致力于缓解这个问题时，我们的一些学者却一味鼓吹私有化，并在实践中造成了一定的危害，其中包括国有资产流失和社会成员收入差距不断拉大的问题。

有学者认为，现代西方产权理论主张产权清晰化是对的，因为产权不清晰导致很大的外部性，造成经济活动的激励和约束双弱化。但是，现代西方产权理论认为明晰产权的途径只有私有化一种，这是极其错误的，因为私有化必然导致两极分化，同时私有化导致少数人成为财产、生产资料的主体，大多数人与生产资料分离，不是生产资料的主人，主体性、积极性必然受挫——私有化导致少数人的积极性、主体性得以弘扬，但大多数人在经济领域、生产领域里被剥夺了主体性，由生产资料的主人变为雇用劳动者，这可是马克思当年批判过了的资本主义的问题。② 当然，传统计划经济体制下的公有制也与马克思社会主义公有制相违背，因为传统计划经济体制下的公有制，名义上人民群众是生产资料的主人，可实际运行中缺乏落实这一点的具体体制和机制，具体经济运行中所有者缺位了，公有产权的各项权能的主体是模糊的，形成的是国家所有制，最后甚至异化为少数官僚控制的官僚所

① 《马克思恩格斯选集》第1卷，人民出版社1995年版，第288页。

② 参见程恩富《十问张五常》，（http://www.wyzxsx.com/ebook/036.htm#_Toc161049644）。

有制。

其实，现代西方的产权理论正在超越自身早期的狭隘性。[①] 第一，人力资本理论兴起。人力资本理论把人力资源视为一切资源中最重要的资源，高度重视人的能力在国民经济发展中的巨大作用。第二，与人力资本理论相关的西方现代股份制的演变趋势值得重视。现代西方股份制有两个主要变革趋势：一是产权主体的社会化，即股东由少数人发展到多数人；二是产权实体的泛化，入股资产从资金或物力资本扩大到无形的技术管理、人才等人力资本。无论人力资本理论还是西方股份制的演变，都从实践上一定程度打破了单一物质资本对利润的独占，并使得劳动力资本化，劳动者凭借自身的人力资本分享利润、参与管理。这样，普通职工在企业中的地位就得到切实的提升，有由受雇的“奴隶”向企业主人的方向演化的某种迹象。这一点从“职工持股计划”这一具体制度创新中可以得到进一步印证。

“职工持股计划”（Employee Stock Ownership Plan），又称雇员持股计划，是指企业职工组成持股会，职工定期缴纳一定的资金，购入和持有本企业股份的一系列活动。它由美国律师路易斯·凯尔索于20世纪60年代最先提出来，被西方各国广为倡导并加以发展。其基本思路是：只有让职工成为企业的主人或所有者，让每位职工都以其独到之处的奉献，享有劳动和资本的两种收入，才能使社会财富分配趋于公正合理，才能真正协调劳资关系，激发员工的积极性，提高劳动生产率，使经济持续稳定地发展。这种理论认为，泰罗式管理早已过时，靠物质刺激和严格惩罚来调动职工积极性的硬管理方式存在明显的局限性。作为独立自主的主人参与公司经营管理，职工由受雇用者变成了所有者，提高了职工的身份地位。这是落实职工主体性地位的一种有效方式。在资本主义社会，财富占有的不公和劳资对立已成为影响经济发展的一个主要问题。职工持股计划的提出，正反映了社会各界寻求解决这个问题出路的积极探索。

根据上述分析，我们认为，人力资本股份化是我国国有企业股份制改造的方向，[②] 它可以把马克思关于人民当家作主的社会主义原则落到实处，从改善企业与职工的关系入手，让职工参与企业的决策、管理、监督与利润分

① 胡希宁、汪艳：《西方经济学与中国经济体制改革》，中华工商联合出版社1996年版，第96—99页。

② 其实，非国有企业的演化也显现出这一趋势，但现阶段只是对核心管理人员和核心科研人员实行期权制、技术入股制。

配等全过程，这样才能从根本上激发职工的积极性与创造性，密切职工与企业的关系，形成国企稳定发展的机制，而且这有利于促使初次分配的公平，是实现共同富裕的一个有效途径。从现代企业的运行实际看，构成企业股权的不仅是物质资本的投入，而且还包括人力资本及劳动、管理、技术、知识和信息等生产要素的投入。随着科学技术在生产和经济中的作用不断增加，随着民主人权等观念的不断深入人心，广大劳动者在企业中的地位会日益提高。这其实正是马克思当年所期望的。体现在分配上，就是从工资制向分享制过渡，美国经济学家魏茨曼最早提出分享制。[①] 在分享制下，劳资双方协议的不再是提高多少工资的问题，而是彼此按多少比例对企业的经营成果进行分享。因此，我们的国企改革必须使劳动者与企业形成紧密的利益关系，确立他们在企业中的主人翁地位，以充分调动其积极性。可见，当代社会产权关系和产权理论，正在克服狭隘性，正在向以人为本和实现实质性平等和自由的方向演进，这与马克思通过“批判旧世界，发现新世界”而做出的对人类未来社会的展望在本质上是一致的。

上述思路可理顺国企高层与企业普通员工之间的关系，但国企产权是全民的，国企之外的社会大众与国企员工之间的关系怎么处理呢？我们的思路是，国企的利润由全民分享。其操作方式是，国企利润由政府统一用于改善民生或用于其他公共利益事业建设。全民通过这种间接方式实现自己国企所有者的权利。当然，这必须有一个前提作保证：政府的公权力真正代表和维护民众的利益。不过，这个问题已经逸出了经济范围，是一个政治制度和政治体制的问题。

① 胡希宁、汪艳：《西方经济学与中国经济体制改革》，中华工商联合出版社 1996 年版，第 120 页。

第三章 “政府—社会”关系重构与个人主体的生成发展

社会主义民主政治的本质是人民群众当家作主。马克思、恩格斯认为，在未来社会主义和共产主义社会，政治权力完全回归社会，人民当家作主，人民群众直接管理自己的事务。

处于社会主义初级阶段的当代中国，如何实现社会主义民主的本质？如何通过政治体制改革促进民主政治建设取得实质性进展？我们必须坚持马克思主义关于民主的基本观点、立场和方法，但不能教条地照搬马克思、恩格斯关于社会主义民主的具体论述；我们可以借鉴西方民主发展经验，但不能迷信西方民主；我们应该探索具有中国特色的社会主义民主模式和民主发展道路。

中国的国情和现实需要，呼唤马克思主义民主理论的中国化和当代化。因此，如何运用马克思主义民主理论解决当代中国民主政治建设问题，就是中国化马克思主义政治哲学和政治理论的聚焦点。

我国现阶段发展民主政治，要牢牢抓住社会主义民主人民群众当家作主的本质，并根据现阶段面临的主要任务和社会条件，选择和创造合时、合适的民主形式或民主模式，推动中国特色社会主义民主取得阶段性进展。

本章从个人主体生成发展的视野观察和研究中国政治体制改革，这一视野下政治体制改革的意义、实质和内容在于重构“政府—社会”关系。在全能政府条件下，社会和个人都没有独立性和自主性，个人主体无法生成，社会无法发育成长，民主政治建设无法向纵深发展，人民当家作主的社会主义民主政治无法有效落实。在新型“政府—社会”关系之下，一要收缩和规范权力，二要推动社会自我管理和确立个人的主体地位；在政治领域，通过民主的方式取得权力和规范权力；在社会领域，通过民主方式协调众多个人主体之间的关系，塑造平等自由的新型人与人的关系。

政府转型、社会发育、个人主体生成，三者之间形成内在的互动关系。本章就是要揭示这种关系。

第一节　人民群众当家作主的民主政治

在民主问题上，马克思主义民主理论超越了过去一切民主理论。唯物史观科学地揭示了民主的本质，科学地说明了民主作为人类社会的一个历史现象的发生、发展和运动的规律。

一　马克思、恩格斯科学地揭示了民主政治的本质和发生发展规律

唯物史观是分析民主问题的根本理论武器，马克思、恩格斯运用唯物史观深刻揭示了民主的本质和发生、发展规律。

马克思、恩格斯认为，迄今为止，一切民主都不意味着权力和权利的普遍化和平等化；人类进入阶级社会以后付诸实施的民主政治，无不具有特定的阶级性质和各具特色的形式。民主不能普遍地降临至每一个社会成员。一种具体的民主制度的性质，是由在该国社会经济关系中居统治地位的阶级的根本利益、价值观和意识形态决定的，民主具有鲜明的阶级性。

民主产生的根基是什么呢？马克思主义认为：第一，全部社会生活在本质上是实践的，超越于社会生活的抽象价值是不存在的——此即马克思主义的实践唯物主义基本观点；第二，在进入阶级社会后，在人类社会生活中，从生产和交往中发展起来的社会组织无不构成国家的基础——此即历史唯物主义经济基础决定上层建筑原理的基本内容。国家的权力和制度都是从人们的社会实践，特别是从人们的社会生产和交换活动中产生出来的，是人们从事共同的社会生产活动、维护共同利益的需要。国家的权力和人民的权利都是历史的产物，而不是任何先验的东西，更不是什么自然状态、自然权利的延伸。“任何民主，和一般的任何政治上层建筑一样，归根到底是为生产服务的，并且归根到底是由该社会中的生产关系决定的。”①

马克思、恩格斯运用唯物史观，考察了人类民主政治发展的历史，他们揭示了原始民主制产生的原因，分析了古希腊奴隶社会因商品经济和其他多方面因素的影响，而出现的部分城邦民主政治的现象。他们认为，商品经济

---

① 《列宁选集》第4卷，人民出版社1974年版，第439页。

的发展产生了独立的社会主体及主体之间形式上平等的地位，这是民主政治出现的基本前提。他们着重分析了资本主义民主产生和发展的历史条件，指出：充分的商品经济是产生资本主义的民主政治以及资本主义的权利、自由、平等以及民主观念的基础。未来社会，生产将发展到前所未有的新阶段和新水平，人们之间的经济关系也将随之发生革命性的、前所未有的新变化，其中基本方面是人们共同支配生产的条件，包括生产资料，新型公有制（区别于原始公有制）应运而生，与此相适应，一定会产生新型的民主，即具有最大普遍性的民主，也即人民当家作主。当人民群众成为生产和生产资料的真正主人的时候，他们就会成为社会公共生活、政治生活的主人。

二 马克思、恩格斯提出了无产阶级的民主要求和社会主义民主的本质

人类思想史上以往的所有站在剥削阶级立场上的思想家提出的民主思想，从未超出过为少数剥削阶级争得权利、争得民主的范围。马克思主义在历史上第一次站在人民群众的立场上，科学地阐明了无产阶级的民主理想，论证了社会主义民主是人类历史上新的更高类型的民主。社会主义民主的国家制度，是社会化生产力发展的政治结果，是社会主义生产关系的必然要求。社会主义民主，在人类历史上第一次实现广大劳动人民当家作主、掌握国家权力；社会主义民主，将人民权利从政治领域扩大到经济、社会、文化领域，不仅在形式上而且在事实上实现和保障广大人民群众的民主权利。

人民当家作主是社会主义民主的本质，这是唯物史观人民群众观点的必然结论。马克思主义认为：人民群众是社会实践的主体，是历史的创造者。这是马克思主义唯物史观的一个最基本的观点。从这一观点出发，人民群众应当是国家权力的真正主体，而国家权力本质上是实现人民权利的工具。马克思主义民主观认为，人民民主，不仅是一个抽象的政治伦理，也不能仅仅停留在法律规定上；人民民主，必须实现于社会的政治实践与现实当中——人民自己创立国家、自己管理国家、自己监督国家。总之，社会主义民主政治就是要在历史上第一次真正实现人民当家作主。

三 马克思、恩格斯揭示了民主的社会性

马克思主义不否认作为国家政治制度的民主具有一般社会性。恩格斯在《家庭、私有制和国家的起源》中指出：“国家是承认：这个社会陷入了不

可解决的自我矛盾，分裂为不可调和的对立面而又无力摆脱这些对立面。而为了使这些对立面，这些经济利益互相冲突的阶级，不致在无谓的斗争中把自己和社会消灭，就需要有一种表面上凌驾于社会之上的力量，这种力量应当缓和冲突，把冲突保持在'秩序'的范围以内；这种从社会中产生但又居于社会之上并且日益同社会相异化的力量，就是国家。"① 恩格斯在充分的历史材料基础上概括出了这样一个历史事实："政治统治到处都是以执行某种社会职能为基础，而且政治统治只有在它执行了它的这种社会职能时才能持续下去。"② 也就是说，国家权力除了具有维护统治阶级的统治地位和利益的作用外，还具有公共权力的性质，国家是以社会的名义进行统治的，离开社会职能的国家是无法实现其政治职能的。因此，我们不能把民主政治简单化、绝对化地归结为维护统治阶级意志的工具，在民主制度下，被统治阶级的利益也会受到一定程度的"照顾"，以使统治阶级的根本利益和长远利益得到更好的实现和保障。同时，被统治阶级也可以在一定程度上利用民主争取自己的权利。到了未来的社会主义和共产主义社会，阶级和阶级差别消灭了，民主也克服了其狭隘性，达到完全的社会性和公共性，权力完全回归给社会。"当阶级差别在发展进程中已经消失而全部生产集中在联合起来的个人的手里的时候，公共权力就失去政治性质。"③

第二节 构建"小而有效的政府、大而有序的社会"

本章第一节概述了马克思主义民主理论的一般原理，运用这一理论分析和解决当代中国的民主政治问题，就必须充分考虑中国的特殊国情，不能教条地理解和实施马克思、恩格斯关于未来社会民主的具体论述，必须把马克思主义民主理论中国化。

另外，我们也要批判地看待西方的民主理论和实践，可以吸收西方民主的有益经验，但不能照搬西方的民主模式，因为西方民主本质上是为资产阶级即少数社会成员服务的民主，而且是与西方历史文化传统相契合的民主模式。中国社会主义国家性质和不同于西方的历史文化传统，决定了我们不能

① 《马克思恩格斯选集》第4卷，人民出版社1995年版，第170页。
② 《马克思恩格斯选集》第3卷，人民出版社1995年版，第523页。
③ 《马克思恩格斯选集》第1卷，人民出版社1995年版，第294页。

照搬西方民主理论和民主模式。

一 现代社会个人、社会与国家的一般关系

要确保个人的主体地位，就需要正确处理个人、社会和国家三者之间的关系。[①] 在现代社会，社会发育形成，并与国家区分开来，具有自己的相对独立性；但社会和国家不是用来吞噬个体的建制，而是个体权利与自由的保障，以及协调不同个体之间关系的工具。

社会的发育生成有一个曲折的历史过程。在古希腊时期，国家与市民社会是复合的，市民社会没有独立出来；在罗马时期，市民社会在国家的监护下获得了一定的发展，但十分有限；罗马帝国覆灭后，西方开始了黑暗的中世纪，等级身份的政治特性和神学原则主导一切，在中世纪不存在“个人”这个词，[②] 从根本上看，中世纪市民社会被神圣的国家所吞没。近代西方市民社会大都通过资产阶级革命（针对专制王权和神权）获得政治解放，争得各种政治权利。随后，政治国家一度成为服务于市民社会的消极工具（即所谓的守夜人国家）。随着协调市民社会中不同主体间冲突的需要，以及维护社会公共利益的要求，政治国家逐步化身为公权力，其作用和影响不断上升，权力不断扩张，以致形成“福利国家”。但即使在这种情势下，政治国家也无法过度膨胀，仍然受到市民社会的抵抗，从而形成市民社会与政治国家的二元并立和分工，国家权力仍然主要限于公共权力范围之内，权力得到有效规范和制约，市民社会的权利和独立性得到捍卫。[③]

西方经验表明，随着市民社会的发展，各种社团纷纷产生，社团取代个人日益成为市民社会的基本元素，这一方面结束了市民社会的混战局面，克服众多原子个体之间的无序碰撞，有利于市民社会的有序健康发展；另一方面使市民社会能够更有效地制衡和限制政治权力，成为民主自由的有力支撑力量，因为无组织的个体的力量是微弱的，而作为群体利益和自治力量的代表，社团横亘于国家权力与社会（个人）之间，成为分享权力、抗衡权力滥

---

① 马克思认为，市民社会乃是“私人利益的体系”或特殊的私人利益关系的总和，它包括非国家的社会生活一切领域的秩序、结构和过程。参见何增科《公民社会与民主治理》，中央编译出版社 2007 年版，第 20 页。

② 安东尼·布莱克：《1250—1450 年欧洲的政治思想》，转引自陈弘毅《法治、启蒙与现代法的精神》，中国政法大学出版社 1998 年版，第 133 页。

③ 参见马长山《国家、市民社会与法治》第一章和第二章，商务印书馆 2003 年版。

用、遏制腐败和护卫权利的天然屏障，从而为民主与法治奠定重要的结构基础。

但是，我们在研究市民社会和国家的关系时，不能忽视一个根本性的问题，那就是市民社会与个人的关系。不能把市民社会实体化，市民社会并不是最基本的元素。[①] 西方社会有一个突出特点，那就是个体本位社会。其实，市民社会及其中的社团都不是绝对的实体，不能成为理论分析的一个“原子”性概念，在西方，市民社会和国家都是围绕个体旋转的，市民社会是独立个人的联合，这种联合的使命正是为了保证和保护所有权和个人自由，具体的、特殊的个人利益和需要，他们的权利和自由便成为市民社会的最终目的。[②] 市民社会包括两个层次，“个人或私人层次，它是市民社会的主体和目的所在；团体或组织（应含经济组织）层次，它是市民社会活动的一个基本单位”[③]。黑格尔说：市民社会“是各个成员作为独立的单个人的联合”。[④] 马克思也说，市民社会是私人利益的战场。在近代的市民社会中，社会结合的各种形式，对个人来说，只是达到他私人目的的手段。也就是说，市民社会纯粹是私人领域，只是个人的工具，即抵制国家权力侵犯、保护个人权利的工具。个人结成市民社会的一个主要目的是弥补个体力量弱小无法抗衡政治权力的缺陷，个体只有联合起来，才能有效抵御政治权力对自己权利的侵犯，但个体在这种联合中并没有丧失自己。

---

① 受苏联模式马克思主义的束缚，人们往往把社会关系实体化或片面强调社会关系的决定作用。有论者根据马克思的“人的本质是社会关系的总和”的观点推出“社会存在本体论”或“社会关系本体论”（如晚年卢卡奇），这是对马克思思想的误读或片面理解。他们离开马克思提出这个思想的针对性，将其抽象化，然后任意发挥和演绎。他们忘了马克思还说过：人的本质就是自由或自由自觉的活动；“社会关系的含义是指许多人的合作”（《马克思恩格斯全集》第3卷，人民出版社1995年版，第33页）；社会关系就是“许多个人的活动”（《马克思恩格斯全集》第4卷，第135页）；“社会结构和国家总是从一定的个人的生活过程中产生的”，它存在于现实个人的交互活动当中（《马克思恩格斯全集》第1卷，第71页）；“首先应当避免重新把‘社会’当作抽象的东西同个体对立起来。个体是社会存在物。”（马克思：《1844年经济学哲学手稿》，第84页）；“人们的社会历史始终只是他们的个体发展的历史，而不管他们是否意识到这一点。他们的物质关系形成他们的一切关系的基础。这种物质关系不过是他们的物质的和个体的活动所借以实现的必然形式罢了。”（《马克思恩格斯选集》第4卷，人民出版社1995年版，第532页）。学者周志山也认为，马克思的本体论并非“社会关系本体论”，不能把社会关系理解为一种先于人、外在于人、高于人即脱离人的实践活动的独立实体或“本体”。（周志山：《马克思社会关系理论及其当代意义》，齐鲁书社2004年版，第224页）对市民社会的理解也应该注意这个问题。

② 何增科：《公民社会与民主治理》，中央编译出版社2007年版，第8页。

③ 何增科：《市民社会概念的历史演变》，《中国社会科学》1994年第5期。

④ 黑格尔：《法哲学原理》，商务印书馆1961年版，第174页。

由于我国正处于现代化过程之中，即处于社会的现代转型之中，因此，我们可以借鉴西方社会现代转型的经验，大力推动社会发育和个人主体生成。西方社会尊重个人价值和重视保障个人权利的经验是我们应该学习的。中国的政治体制改革、社会体制改革和社会建设，需要通过规范和制约权力、发育社会组织来保护个人权利、协调不同个人权利之间的关系，无论国家或社会以及各种社会建制，都应该充分尊重个体，这是现代化和市场经济的内在要求，也是社会生活民主化的内在要求和前提条件。下文将详细研究这个问题。

但由于中国的特殊国情和文化传统，我们不主张建立西方式的个体本位社会，不主张建立一个与国家二元对立的所谓“市民社会”或“公民社会”，而主张国家与社会之间建立分工与合作关系。这一点下文亦有详细论述。

二 大力发育社会是我国现阶段经济政治改革的突破口

当代中国怎样实现马克思主义人民当家作主的新型民主呢？中国处于社会主义初级阶段的特殊国情和面临的主要任务，要求我们重构政府与社会的关系，大力发育社会，努力促进个人主体的生成。

一方面，解决人民内部矛盾，要求大力发育社会。社会主义制度建立后，人民内部矛盾上升为主要矛盾，民主的阶级性退居次要地位，而民主的社会性进一步凸显，民主作为协调人民内部矛盾和分歧的功能也上升为其主要功能。尤其是随着我国社会主义市场经济的推进，人民群众内部出现明显分化，加强民主建设，有效协调不同个人和不同阶层间的矛盾，显得越来越重要了。协调人民内部分歧和矛盾的任务，是完全或主要依靠政府？还是在发挥政府有限的、必要作用的同时，大力发挥社会组织自我管理和自我协调的作用？无论根据马克思关于社会主义的民主思想，还是根据我国过去的经验教训、现实国情，都要求我们采取后一种思路。

另一方面，更重要的是，我国现阶段正在深化经济体制改革，我们还面临经济发展转型升级的艰巨任务，这些都要求大力发育社会。

唯物史观关于经济决定政治的基本原理，仍然是我们必须坚持的真理，是研究民主建设和发展问题的科学方法。

我国现阶段紧迫的经济发展和改革任务是：完善社会主义市场经济体制和转变经济发展方式。政治体制改革和民主政治建设的方向是要及时跟进配合经济改革和发展的客观要求，服务于这一紧迫的经济发展和改革任务。为此，政治体制改革要切实推进政府权力的改革，完成政府职能的转变，构建适应市场经济要求、转变发展方式要求和加强社会建设要求的有效有限政府。第一，计划体制的教训，说明大力发育社会的重要意义。计划体制下的政府是全能政府，取消了社会的相对独立性，忽视发挥社会的自治作用和市场的自动调节作用，政府几乎包办了一切，管了许多不该管也管不好的事务，同时政府也不得不负有无限责任，不堪重负。第二，社会主义市场经济逻辑上要求大力发育社会。市场经济要求市场在配置社会资源和协调经济关系过程中发挥主要作用甚至决定作用，其实质是发挥民众在经济社会事务中的主体作用。市场经济本质上是民众经济，千千万万普通民众，根据价格信号和价格—供求机制自主从事经济活动，自主决策，自负盈亏，自担风险。这客观上要求大力发育民众自我管理的社会组织，要求政府放手，让民众自主、自治。第三，发展方式转型要求大力发育社会。改革开放以前，我国一方面严重忽视经济的基础和中心地位，另一方面经济发展是由政府主导的，这一点自不待言；改革开放后，执政党的工作重心由政治转向经济建设和经济发展，但发展经济的方式仍然是政府主导的，政府尤其地方政府是推动经济发展的主导力量，这种发展方式在经济起步和发展的初级阶段，是必要的，也是卓有成效的，造就了中国改革开放 30 多年的经济奇迹。但是，随着经济规模越来越庞大和经济关系越来越复杂，发展方式的政府主导型越来越难以胜任和难以为继，只有充分发挥社会和市场的作用，转向市场和民众主导的发展方式，才能担当起我国经济转型升级的重任，才能适应越来越复杂的经济活动。总之，在新的历史条件下，政府不能再“全能”了，要大力推动社会和民众自我管理，由全能政府转变为有限政府；要实质性扩大市场配置资源的范围，要逐步创造条件把更多的事务交给市场、社会和群众自主调节、自主处理、自主管理。一句话，我们必须大力发育社会，加强社会建设。

而在社会领域里，群众自我管理完全不同于行政管理。群众是由许多个人组成的，这些个人之间的关系绝不是行政关系，行政关系本质上是等级关系，上下级之间是命令与服从的关系；而由不同社会成员自主组成的社会组织如社团，是自由平等的关系，社会成员自由进入或退出社团组织，其中的每一个成员都拥有平等的权利，他们每一个个体都具有主体地位；这样的社团或社会组织内部事务完全通过民主的方法进行管理。民主的前提是个人主体地位的确立，如果个人的权利和主体地位还未确立，还处于等级和依赖的关系中，则等于取消了民主。群众自我管理实际上就是在尊重各个个人权利和意见的基础上形成共识，然后由此协调相互关系，这里要戒除用行政命令的方法处理不同个人之间的关系。确立个人主体地位是实行民主的前提条件，而这恰恰是我们的所欠缺的，也是我国经济政治体制和社会体制改革需要解决的重大问题之一。

可见，无论马克思主义关于社会主义民主政治的实质要求，还是我们现阶段国情的特点、经济体制的变化、经济发展转型等，都要求我们大力发育社会，同时也要求大力推动个人主体的生成发育。大力发育社会可以说是我们现阶段政治和经济改革、发展的一个突破口。

当然，大力发育社会不等于政府撒手不管，而是既要求限制和规范政府的权力，又要求政府积极扶助基层和群众的自主管理，帮助群众提高自主管理的能力（即政府要积极帮助社会提高自立、自主和自我管理的能力）；还要求政府必须有效，以行使好自己分内的服务社会和民众的职能，运用好由自己掌握的有限的但是必需的公权力。

三 构建“小而有效的政府、大而有序的社会”的艰难改革

中国政治体制改革的目标和方向是什么？答案是建设人民当家作主的民主政治。但这是终极目标，实现这个终极目标不可能毕其功于一役，政治体制改革是逐步推进的，不同时期的主要问题不同，因此目标任务也不同。

中国现阶段政治体制改革要针对现阶段中国的主要问题而提出民主建设的阶段性目标和任务，且方案要有可操作性。中国现阶段民主政治建设的具体目标和迫切任务是什么呢？上文的分析已经明确了这一点：以大力发育社会为突破口，构建“小而有效的政府、大而有序的社会”的政治—社会架构。[①] 这一目标或任务既贯彻了社会主义人民当家作主的民主政治原则，又

① 关于目前政治体制改革的目标，“小政府、大社会”（所谓“小政府、大社会”的含义是，“公共权力之外的领域，皆应是市民社会主体的自由活动空间和自主自律发展的广阔天地。”参见马长山《国家、市民社会与法治》，商务印书馆2003年版，第266页）这一提法过于西方化，根据中国的国情，应改为：“小而有效的政府、大而有序的社会。”小而无效的政府与大而无效的政府一样糟糕，还不如大而有效的政府；如果社会无序无效，政府即使想收缩也无法脱身；因此，小而有效的政府+大而有序的社会，是政治体制改革和社会建设的目标。

具有可操作性，还抓住了我国当前经济社会发展和民主政治建设的关键。① 改革开放30多年来，中国朝着这一目标前进的政治—社会改革，充满了艰难，也充满希望。

（一）从全能政府到有限政府的艰难转变与社会发育

中国历史上的政府几乎都是全能的政府，并盛行全能主义政治文化。新中国成立后，实行高度集中的计划经济体制，建立的也是全能型的政府，政府从宏观到微观，直到人们的家庭生活无所不管，社会和个人自主的空间很小，这严重扼杀了个体和社会的活力，不利于国家的发展。20世纪70年代末启动的改革的思路很明确，那就是放权，不仅中央政府向地方政府放权，而且政府向企业、社会乃至个人放权。当市场经济体制改革的目标确立后，这种放权的步伐加快，人们逐渐改变了对政府的过度依赖和一味迷信，一些企业还提出了“找市场而不找市长”的口号。改革开放以来，政府改革一直在艰难地推进，政府的职能在逐渐转变，权力范围在逐渐缩小。先是提出并实行党政分开，接着提出和推行政府行政管理职能与经济管理职能分开，进而经济管理职能和国有资产经营管理职能分开，进而提出和试行政府职能和社会自我管理分开，即所谓从党政分开、政经分开、政资分开到政社分开。结果，政府不再直接经营管理企业，对包括企业在内的社会经济实行宏观管理，企业等微观经济活动几乎完全由企业自我负责，社会事务逐步转向由社会和民间去承担。这是一个政府摆脱微观的具体的经济和社会事务的过程，也是限制和规范权力的过程，同时是给个人和社会让出和提供自由自主发展空间的过程。

但是，我国缩小和规范政府权力的改革仍面临许多问题，并没有取得全局性的根本性的突破，阻力仍然非常大，改革有停滞甚至倒退的苗头。正如有学者指出的那样，“在现代社会和市场经济社会，政府的定位应当是公共服务型的政府，应当是为公众提供有效服务的公共管理机构。但是，对于这一点，长期以来我们并没有看到。在改革开放以前的30年，我们在尽力扮演一个‘全能型政府’的角色，试图事无巨细地统领经济、社会、政治等各个方面的事情；而在改革以后较长的一段时间里，我们又试图扮演一个‘经

① 文化教育等方面的条件欠缺是民主建设的制约因素，但当前主要的是政府权力过大，管事太多，挤压了个人和社会自主的空间；同时，政府该管的事情有一些没有管理好，导致诸多公共性危机事件频发、公平正义很多时候无法彰显、经济社会发展失衡加剧。

济型政府’的角色，而取代企业家群体以及相关职业群体的位置。无论是‘全能型政府’，还是‘经济型政府’，尽管都曾具有某种历史合理性，但是都不能够适应现代化和市场经济程度日益提高的中国社会”。[①] 例如，改革开放30多年来的经济发展模式，有学者概括为政府主导的发展模式，而不是民众主导或市场主导的发展模式，这一模式在经济发展的低级阶段确实有其合理性和历史功绩，但是经济发展到一个较高级阶段后，原有发展模式如果不及时转型，不仅经济增长粗放低效的顽症难以解决，而且全能政府的惯性也难以改变，会严重制约人民群众管理经济、社会事务的主体性。科学发展观要求转变发展方式、发展模式，实行以人为本的发展方式，以人为本的重要含义是尊重和发挥民众在经济社会发展中的主体性。这就迫切要求政府转型，从全能政府转变为真正的服务型政府，为社会和民众自治提供更大的空间。如果不尽快彻底实现全能政府向有限政府的转型，民众的主体性如何发挥？市场如何充分发挥在资源配置中的决定性作用？发展方式如何有效转型？因此，必须尽快建立有限的政府，积极发育和加强社会，促进社会的发育生长，以适应完善和发展市场经济的需要，适应转变发展方式的需要。

必须特别指出，有限政府和服务政府实质上就是法制政府，政府的责任和权力都有法律界定，政府必须在法律范围内活动。这就需要有健全的法制的保障，切实实行法治，用法律防止政府权力膨胀和越界。

但接下来一个尖锐的问题是立法的合法性问题。人们经常呼吁“依法治国”和“加强执法力度”、“有法可依、执法必严、违法必究”，但却往往忽视了一个根源性和前提性的问题：立法原则的合理性和合法性问题。中国历史上封建专制国家也重视法律，但那种法律不过是用来加强对社会成员的控制、强化封建专制的手段罢了，这种“法律”实质上是“帝王之具”，这种“法治”丝毫没有民主自由的意蕴及权力制约的内容，是古代东方另一种类型的暴君专制。[②] 在现代社会，这种法律本身是缺乏合法性的，只有符合民主、自由、人权和公平正义精神的立法才具有合法性，才是应该遵守和维护的。因此，在构建与社会主义市场经济相适应的法律体系的过程中，要避免政治权力以加强法制的名义而扩张膨胀，并威胁个人和社会的生存发展空间。“要坚决杜绝工具主义、实用主义、权力法律化和消极的义务本位倾向，

---

① 吴忠民：《走向公正的中国社会》，山东人民出版社2008年版，第106页。

② 张晋藩：《中国法律的传统与近代转型》，法律出版社1997年版，第87页。

切实、牢固地确立社会主义人权原则，使法律成为权利的保障而不仅仅是权力运作的工具。"[①] 要为人权精神及权利的实现创造条件，使“法律为人而存在”而不是“人为法律而存在”，前者体现了人权精神，后者体现了权力精神。[②]

西方民主政治发展的一些有益经验，是值得我们借鉴的。例如，必须排除各种阻力，坚定不移地真正赋予社会相对的独立性和自主性；通过自主性的社会，既可以制约政府权力，防止权力越界，又可以把具有独立性和主体性的众多个人主体组织起来、整合起来，形成有序有效的大社会。必须通过政治体制改革，确立国家权力的边界，国家应该尊重社会，把属于社会的权力、权利还给社会。而在社会领域，不同个人之间的关系不是具有等级性质的行政关系，社会领域的个体是独立自由的，不同个体之间结成平等自由关系。在中国现代化和政治体制改革的发展过程中，我们逐渐明白了：西方的这一经验是我们必须吸取的。

通过上述分析可知，政治体制改革、社会发育壮大与个人主体的生成，三者之间存在着密切的关系，其中的关键是政府革命，即政府权力的缩减和限制。凡是权力和利益的重新分配，都不会容易，阻力会很大。中国政治体制改革的特点是政府主动自我收缩权力，这无异于政府的自我革命，无异于壮士断腕。这种革命既是必要的，也是可能的。虽然这是一个艰难的过程，但用“三个代表”立党的中国共产党，以“以人为本”为宗旨的中国共产党，一贯善于学习的中国共产党，是可以完成这一场自我革命的。

对此，韩庆祥先生有十分透彻的分析，他认为，政治体制改革的关键，是真正改造金字塔式的传统社会层级结构及其权力运作体制。政治体制包括许多内容，但核心内容是权力结构和权力运作体制。中国传统的权力结构和权力运作体制的根本特征，就是权力至上、权力自上而下运作并注重逐级控制、且对权力缺乏切实有效的制衡，由此派生出讲身份、讲人治、讲服从。这种权力运作方式及其特征从根本上造成了金字塔式的社会层级结构。所谓社会层级结构，本意是指在传统政治国家领域中依据权力至上与权力大小而形成的权力级别阶梯和权力层级结构，后被延伸为经济、社会和文化领域根据人和人之间权力大小、地位高低、身份差别而建立的层级关系结构。这实

---

① 马长山：《国家、市民社会与法治》，商务印书馆2003年版，第269页。

② 《马克思恩格斯全集》第1卷，人民出版社1956年版，第281页。

际上是权力层级、地位层级、身份层级和关系层级。中国传统农业社会是形成社会层级结构的现实基础。在中国农业社会，每个个体的力量是相当有限和脆弱的，要生存，就必须依附于一个共同体，也必须把自己的一部分权利转让给共同体。这种共同体需要通过运用公共权力并集中各种资源对个体进行管制。由此，强调集权、集中及统一、服从便成为历史的必然逻辑，进而权力至上也成为历史的必然逻辑。由于强调集权、集中与统一、服从，权力的运作方式必然是自上而下、按权力的等级控制来进行的，可见，金字塔式的社会层级结构反过来又固化了这种权力运作方式。在传统社会，这种社会层级结构对稳定社会秩序具有一定积极作用，对今天社会的运转也并非完全不必要。然而在走向现代化的中国社会，必须循序渐进地改造这种传统的社会层级结构。因为改革开放以来，这种传统的社会层级结构的消极影响仍然是根深蒂固的：它影响中国共产党人的先进理念的顺利贯彻落实，影响社会主义核心价值体系的实现；它阻碍当代中国社会的创新与发展。改革开放以来，作为改造这种社会层级结构的主体，中国共产党人努力从许多方面逐步改造这种社会层级结构，取得了可喜的成绩。从邓小平、江泽民再到胡锦涛、习近平，中国共产党人采取许多现代理念与措施，力求消解传统社会层级结构的世俗基础。对此应充分肯定。一定意义上，中国共产党人领导的改革开放过程就是循序渐进地改造传统的社会层级结构与建立新型社会结构的过程。在这里，我们看到了中国共产党人改造这种社会层级结构的勇气、能力和希望。①

（二）社会组织与社会发育路径

在中国，如何具体发育和壮大社会？我们需要充分借鉴西方的有益经验。

西方从血缘关系和等级关系下解放出来的独立自由的众多个人，联合形成市民社会，这种联合的主要形式是市民社会中不断涌现的各种社团或社会组织。个人和社团是社会的基本单位。而社团绝不是吞没个体的组织。结社是人们为了一定的宗旨并按照一定的原则，自愿结成不以营利为目的的社会组织，也就是组织各种团体并采取团体行动的社会活动过程。它既是市民社会与政治国家矛盾发展进程中人们基于共同的需要结成利益结合体的过程，

① 韩庆祥：《论建设社会主义核心价值体系的现实意义》，《中国党政干部论坛》2007年第10期。

又是人们一种重要的自主联合的集体活动形式。这种社团内部个体保持着独立自由，个体之间的关系是平等的，它拒斥行政权力式的等级制。社团对外对抗政治权力和其他利益团体干预，维护和伸张社团成员权利，是制衡国家权力的基本力量，是国家权力回归社会的重要桥梁，是社会民主的重要结构型支撑。①

西方的市民社会独立地位得到有效保障，以有效保障结社自由权利为导向，赋予社团以相应的法律地位和民主法治权能，确保其法律地位和自主活动权利，以保证其在市场经济条件下的社会化、民主化社会管理中扮演重要角色。②

西方的这一经验启发我们，我国要推动社会发育和民主的发展，也需要重视社团的作用，这是共性的问题。但中国社团的发育发展道路不同于西方社团自发逐步生成的道路，中国作为外生、后发现代化国家和具有强大政府传统的国家，社团的发育成长受政府影响很大，社团的性质往往容易发生变异，即社团行政化，从而导致社团成为“二政府”。目前，我国社会团体普遍存在着行政化的倾向：社团由行政手段组建；主管部门对社团实施行政化管理；社团负责人由行政手段委任或由行政首长兼任；社团人员和活动经费均靠“皇粮”；社团活动由主管部门进行行政安排；等等。③ 对这个问题，学者李宗桂有深刻的体认，他认为：我国社会组织、群众团体扭曲成了“二政府”。社会组织、群众团体本来是民间的，是对于官方组织和官方管理的一种补充，但在官本位的社会机制下和社会心理中，早已被扭曲成了“二政府”，成为官本位价值观念的重要载体。诸多群众组织和社会团体，基本都披上了官衣或者隐性官衣。正部级、副部级的全国性社团，正处级的省级社团，比比皆是。有的全国性学术社团，由于具有正部级的地位和待遇，于是不少官员往里面钻。相对于党政官员，尽管社团官员没有什么实权，但毕竟能够解决身份级别和待遇。这些现象表明，即使所谓民间化、社会化的社会组织和群众团体，也摆脱不了官本位的制约，甚至成了官本位的载体，成了仅次于官府的“二政府”。现在，从中央到地方的各级政府都在对社会组织和群众团体进行整顿，使其回归正位，行使其社会职能和学术文化职能，但

① 参见马长山《国家、市民社会与法治》，商务印书馆 2003 年版，第 228—255 页。

② 马长山：《国家、市民社会与法治》，商务印书馆 2003 年版，第 256 页。

③ 马长山：《略论我国团体的法律地位及淡化其行政化倾向》，《政治与法律》1992 年第 3 期。

要彻底清除官本位的影响，恐怕还有很长的路要走。[①] 这种“半官半民”性质的“社团”或社会组织，有悖于社团性质和结社自由的精神，也消解了结社活动中所蕴涵的国家权力回归社会权利及民众自主自律活动的价值取向，更不利于社会团体在民主法制建设中应有的结构性支撑作用和功能。这是我国社团和社会发育过程中亟须解决的问题，否则所谓的“大社会”永远无法真正建立起来。

（三）法制建设与社会发育、个体权利保护

我国30多年法制建设的过程就是限制权力、扩充权利、发育社会的过程。

在中国选择和发展市场经济的过程中，与市场经济相适应的法律制度的变迁过程，经验地印证了市场经济与承认和保护个人权利尤其是财产权利的内在关系。私权主要包括财产权和人身权。中国传统素来缺乏私权，计划经济体制时期的“一大二公”体制同样没有私权存在的空间，其中的民众有限的一点私人产权都要被当“资本主义尾巴”，并予以割掉，导致私权尤其私人产权几乎绝迹。但是，1986年中国通过了《民法通则》，其意义十分深远，西方有评论家称，中国的《民法通则》是民事权利的宣言。这个法律156条条文将中国公民所享有的民事权利罗列出来，并规定了权利的内容。这是一个很好的开端，因为之前没有对民事权利做详细规定，正是从《民法通则》开始，我们对民事权利有了比较明确的认识。《民法通则》以财产权为主，但也是第一次将人身权写进去，包括姓名权、肖像权、名誉权、荣誉权等这样一些权利。

如果说1986年的《民法通则》是中国社会重视民事权利的开始，《物权法》的通过则标志着中国公民社会权利意识的增长。《物权法》讨论过程中，人们开始意识到自己享有权利的重要性。尤其在拆迁过程中，人们保护产权的意识高涨，从来没有这么一个权利复兴的年代，权利意识越来越自觉。如果说1986年还是自在的意识，到了《物权法》则是自觉，很多人开始为自己的权利而抗争。

限制公权力的一系列法规的出台，是私权得到尊重和保护的另一个里程碑。传统上，公权力是至高无上的，私权或个体权利在公权力面前显得微不足道。随着改革开放的深入和市场经济的发展，颠覆了这一传统和传统观

① 李宗桂：《官本位“逆流”侵蚀社会生态》，《新华日报》2012年10月31日。

念。《行政诉讼法》就是为了规范公权力，保障私权。实际上是解决两个问题：第一，行政权力行使的规律，怎么能够让行政权力不走极端，如何限制公权力过分强大，需要有效的制约和监督；第二，保证私权不受公权力侵犯，《行政许可法》、《行政强制法》以及行政复议制度都是为了保障私权，防止公权力对私权的侵犯。

接下来的关键是法律的严格和有效执行问题。如果这些限制权力和张扬权利的法律能够有效执行，假以时日，中国的“小而有效的政府、大而有序的社会”的格局一定能够真正形成，中国的民主政治一定会登上一个新台阶。

关于中国的民主政治发展前景，给我们带来信心的还有网络时代的影响。随着网络的普及，民众，尤其是知识群体更方便参政议政，民众的民主监督更便捷、更低成本，民众表达自己观点和诉求的渠道更多、更畅通，从而极大地激发了大众参与民主政治的热情。近年来网络问政这一新事物迅速发展，经常看到贪腐官员被网络抖出来的事件，经常看到民众运用网络维护自己的权益的案例。可以说，网络问政是民主政治的一种重要的新形式，是激发民众民主觉悟和民主热情的重要契机，是监督和规范公权力的有效力量和重要方式。总之，中国的民主政治建设一定大有希望！

（四）中国政府的独特责任：积极扶持个人主体和社会的发育、成长

西方模式和经验是，社会通过“压力集团”与政府对抗，西方式的社团与国家是对抗的，社会视政府为“恶”，后来有所放松，视政府为“必要的恶”。西方理论范式是：国家与社会二元对立，社会是用来消极地与国家对抗的。

中国要批判地对待西方的这一经验，我们的理论范式与其不同，中国追求的是国家与社会分工与合作，不主张二者二元对立。在中国社会发育发展的过程中，不仅要限制和规范政府权力，而且要充分发挥中国政府在中国民主政治建设和社会发育过程中的作用，中国政府的角色是双重的：一方面，民主政治建设和社会的发育的重要内容是还权于社会和民众，这就要求限制和规范政府的权力；另一方面，中国政府又必须发挥独特作用，即为大社会的形成、为社会和民众自我管理、为民众当家作主创造条件。这是中国与西方民主政治发展方式和发展路径迥异的地方，充分反映了民主政治建设和社会发育的中国特色。

西方的独立个人和市民社会是在长期历史发展过程中逐渐由下而上自发

地发育起来的，西方个人的独立自主意识和自主能力普遍很强。但中国却不同，中国的现代化是后发、外生性的，中国人长期受全能主义政治文化束缚，高度集中的计划体制又延续和强化了这种文化，致使人们养成了依赖政府和迷信政府的心理，当放权松绑让个人独立自主时，许多人既不习惯也缺乏经验和能力。个人主体发育迟缓，个人主体意识、权利意识淡薄等问题，严重阻碍了中国社会自治的形成，这是中国中、西部经济落后的重要原因，是中国现代化或推进现代性事业必须解决的重大问题。

同时，随着现代化的推进，中国正由熟人社会走向陌生人社会。熟人社会靠习俗和权威保障秩序，而陌生人社会靠规则和公共精神保障秩序。但中国民众的规则意识和公共精神远没有发育成熟，需要一个长期的培育过程。在这个过程中，如果推进民主政治的步伐过大过急，会导致社会的严重无序，甚至天下大乱。可以说，中国的民主政治发展重在建设，要放弃“不破不立”的教条，要“立”、“破”结合，以“立”为主，这样才能稳步推进中国民主政治发展，避免发生大的波折，更要防止逆转。这一切，无不需要政府有效地发挥建设性作用，无不需要政府的精心设计和有序推进。

可见，作为后发现代化国家，考虑到历史传统的坚固性，朝向“小而有效的政府、大而有序的社会”的改革是一个循序渐进的过程，政府不能一下子撒手不管，而是应该积极扶植和培育主体性个人和自治性社会的生成和成长，积极创造各种条件，包括教育、文化宣传、法制建设、制度安排等等，同时加强执政党和政府自身建设，防止各级政府的越权和滥用职权。

但政府的扶持必须把握好“度”。政府在推动自治性社会发展的过程中，既要避免不作为（消极等待），又要防止滥作为（借口社会不成熟和扶植社会成长而扩权、揽权及以权谋私）。随着自治性社会和主体性个人的成长和成熟，政府应该逐步放手，让社会自主，但要把握好节奏，根据主体性个人和自治性社会发育的水平确定放手的速度、程度，既不超前（以免社会混乱），也不滞后（以防止政治权力阻碍自治性社会的生成发育）。最后的均衡态是：政府权力的边界十分清晰，政府职权定位于公共权力的行使，除此之外的领域交给社会和个人，让其自主自律地根据自由原则和公平正义原则去处理和管理自己的事务。

（五）民主政治建设的一个亮点：基层自治初见成效

一些人对于我国政治体制改革的力度和社会发育的速度颇有微词，认为我们的民主政治建设是停滞不前的。这是误解，是急功近利和套用西方思维的表现。其实，中国民主政治建设一直在扎实向前推进，只是我们的民主政治建设在策略上是渐进的，步伐是稳妥的，但成就是显著的。姑且不论别的，这里仅举出基层民主政治建设的案例，就可以看到中国民主政治的实质性进展和光明未来。

基层自治及其成效是中国民主政治建设最令人鼓舞的亮点之一，尤其是其中的农村村民自治，极大地促进了农民权利意识和民主意识的觉醒。实行村委会主任完全由村民直选的改革，刚开始，人们担心村民能否积极而正确地履行自己的民主权利。事实证明这个忧虑不是多余的，开始，许多农民对选举并不热情，甚至放弃投票权；有的地方家族势力甚至黑恶势力控制选举；有的地方出现严重贿选、代投票等等乱象。但是，经过一定时期，农民逐步认识到选出来的村主任的好坏直接关系到自己的切身利益，于是越来越重视行使自己手中的民主权利，越来越注意用选票反映自己的意愿，越来越感受到、意识到自己才是自己所在村的主人，从而主人意识、主体意识、主人翁感明显增强。而这也正是民主政治得以存在、运行和发展的最根本的前提。试想，如果农民没有主体意识，没有当家作主的意识和能力，能够有真正的民主吗？民主政治能够运行吗？

农村基层的民主试验或实践还破解了实行民主政治与人民民主意识、民主能力之间存在的“鸡生蛋、蛋生鸡”的难题：实行民主政治，在一个可控的范围内给予民众直接选举的民主权利，在这个过程中唤醒他们的民主意识，锻炼他们行使民主权利的能力，这又反过来促进民主政治的发展。然后，不断在一个较大的范围和一个较高的层次上实现民主政治“鸡生蛋、蛋生鸡”的良性互动。

另外，城市居民委员会居民自我管理的效果与村民自治效果相似。但行业协会的发展参差不齐，关键是其中一些异化成为“二政府”，没有摆脱行政的附庸地位。例如，企业工会不应成为行政组织的依附力量，而应有其相对独立性。

温家宝在任总理期间曾经多次说，群众能够管好一个村，就能够管好一个镇；能够管好一个镇，就能够管好一个县……他的话其实还可以依次类推：民众可以管好一个市，就可以管好一个省，最后，民众可以管好一个国家，可以自己直接选举国家最高领导者，从而使人民当家作主的社会主义民主得到直接的、充分的实现。但这需要一个过程，一个循序渐进的过程。渐进的政治改革模式是合理的，因为，它可以把风险和问题最大程度控制在可掌握的范围内，防止发生颠覆性的、不可逆的重大失误。可以让人民在实践中逐步增强民主意识，逐步提高行使民主权利的能力，逐步培养公共精神，可以逐步构建和完善制度和机制……当然，这些方面都不是短期内能够实现的，而是一个逐步达到的过程。一切事物的发展都是过程，我们也应该用“过程思维”看待中国民主政治的发展。我们既要积极作为，不断推进中国民主政治建设的发展步伐，又要对中国民主政治抱有足够的信心和耐心。

第四章　文化观念嬗变与个人主体的生成发展

文化观念的嬗变与个人主体生成之间存在着内在的关联。人与动物不同，人的行为模式是受观念直接支配的，有什么样的观念就有什么样的行为。改革开放之前，人们的思想被严重禁锢，思想保守、狭隘、迷信。缺乏独立思考和主观能动性的人，谈不上具有主体地位和资格，也不可能具有主体性。改革开放解放了中国人的思想，唤醒了中国人的主体性意识，中国人逐步学会独立思考，从而促进了中国人主体地位的确立和主体性的发挥。更深入一步的是，改革开放促使我们深刻反省我们的传统文化，那种整体主义和片面集体主义文化传统，那种片面服从尊者、长者的人伦观念，严重压抑了个性，严重制约了个体独立人格的形成，严重阻碍了个人主体地位的确立和个人主体性的发挥。改革开放的深入，正在冲破这些传统观念的羁绊，传统文化价值正在发生艰难的嬗变，个人主体论逐步深入人心，逐步成为我们文化价值的一个组成部分。

第一节　改革开放促进思想的不断解放

改革开放决策带来了人们思想观念的大解放。改革开放有一个不断深入发展的过程，同时，人们的思想也有一个不断深入解放的过程。在这个过程中，人们逐渐从思想深处向传统告别，逐渐树立起与现代化和市场经济相适应的新观念，这些新观念中当然包括对个人价值、个人权利和个人主体性的肯定。没有这样一个思想深入解放的过程，就不会有尊重个人主体地位等新理念的生成和确立。改革开放促进的思想解放，为中国人文化价值观的转型提供了大的社会前提和社会环境。所以，我们有必要回顾一下改革开放30多年来思想解放的过程。

概括起来说，随着改革开放的深入，30 多年来，出现了五次思想解放的高潮。

1978 年，真理标准大讨论和十一届三中全会

“文化大革命”结束以后，长期形成的“左”的思想还严重制约着人们的思想，“两个凡是”又成为禁锢人们思想的新的枷锁，党和国家的事业处于徘徊之中。邓小平坚决支持和大力推动全国范围的真理标准大讨论，破除“两个凡是”的思想禁锢。1978 年 5 月，《实践是检验真理的唯一标准》一文产生了广泛影响，打破了“两个凡是”对人们的思想禁锢，促进了思想大解放，成为改革开放的先声。1978 年底，邓小平在党的十一届三中全会上作了《解放思想，实事求是，团结一致向前看》的主题报告，大力呼吁解放思想。他说，只有思想解放了，我们才能正确地以马列主义、毛泽东思想为指导，解决过去遗留的问题，解决新出现的一系列问题，正确地改革同生产力迅速发展不相适应的生产关系和上层建筑，根据我国的实际情况，确定实现四个现代化的具体道路、方针、方法和措施。他强调，“一个党，一个国家，一个民族，如果一切从本本出发，思想僵化，迷信盛行，那它就不能前进，它的生机就停止了，就要亡党亡国”①。这个报告可以看做新时期中国共产党人和中国人民思想解放的宣言书，彻底突破了“两个凡是”和“左”的错误，为探索现代化建设新道路提供了精神动力和思想保证。从此，党和国家的工作中心开始转移到经济建设上来，我国进入了建设有中国特色社会主义的新阶段。

1992 年，姓“资”还是姓“社”的争论

20 世纪 90 年代初，中国的改革和发展又处在一个紧要关头。一方面，国内外发生的一系列重大事件迫使人们思考，是继续推进改革开放，还是走回头路？另一方面，改革中的新举措不可避免地同若干传统观念发生冲突，引发一系列姓“社”姓“资”的争论，要求重新审视“什么是社会主义、怎样建设社会主义”这个基本问题。1990 年，计划经济又有所回潮，一些人把计划与市场同基本社会制度联系起来，把计划与市场上升为区别社会

---

① 《邓小平文选》第 2 卷，人民出版社 1983 年版，第 143 页。

主义和资本主义的标准。[①] 还有一些人认为，苏联之所以解体，就是市场化改革的结果。这种思想状况严重制约了人们对中国特色社会主义的探索和创造，经济社会发展陷入停滞状态。邓小平的“南方谈话”就是在这样的背景条件下应运而生的。1992 年春，邓小平南下就改革开放中的问题沿途发表了重要讲话。他强调：“党的基本路线要管一百年，动摇不得”，“改革开放迈不开步子，不敢闯，说来说去就是怕资本主义的东西多了，走了资本主义道路。要害是姓‘资’还是姓‘社’的问题。判断的标准，应该主要看是否有利于发展社会主义社会的生产力，是否有利于增强社会主义国家的综合国力，是否有利于提高人民的生活水平。”[②] 并且提出了“计划多一点还是市场多一点，不是社会主义与资本主义的本质区别，计划经济不等于社会主义，资本主义也有计划；市场经济不等于资本主义，社会主义也有市场。计划和市场都是经济手段”等许多开创性的思想。邓小平的南方谈话实际上解决了市场经济在中国的合法性问题，极大地解放了人们的思想。在此基础上，1992 年 10 月召开的党的十四大明确提出，我国经济体制改革的目标是建立社会主义市场经济体制，并确立了邓小平建设有中国特色社会主义理论在全党的指导地位，引发了新一轮思想解放，社会主义市场经济从此深入人心，我国经济社会呈现出加快发展的大好势头。

1997 年，姓“公”还是姓“私”的争论

确立社会主义市场经济体制的目标后，人们很快发现，个体经济和民营经济迅速发展起来，但国有经济却陷入了困境。因此，国有经济改革势在必行，所有制问题无可回避地摆在了改革面前。在 1997 年前后产生了围绕着国有经济改革等重大问题展开的争论：什么是社会主义公有制？怎样建设社会主义公有制？有人把这场争论概括为是姓“公”还是姓“私”的争论。出现了一些质疑社会主义市场经济的观点，中国的改革开放又到了一个重大的历史关头。以江泽民为核心的党中央沉着冷静地应对了这一复杂局面，强调以公有制为主体、多种所有制经济共同发展，是我国社会主义初级阶段的一项基本经济制度。这项制度需要通过改革不断完善和发展，这是经济体制

① 刘国光：《我的经历：计划与市场关系变革三十年》，《社会科学报》2008 年 10 月 16 日。

② 《邓小平文选》第 3 卷，人民出版社 1993 年版，第 372 页。

改革的一项重大任务，任何情况下也不能动摇。从而指明了在所有制领域推进改革开放的正确方向。1997 年 9 月召开的党的十五大，在新时期思想解放的历史上写下了重要的一页。这次党代会确立了邓小平理论为党的指导思想，提出了党在社会主义初级阶段的基本纲领，回答了我国改革开放中遇到的一系列重大问题，包括明确了公有制为主体、多种所有制经济共同发展是我国社会主义初级阶段的基本经济制度，非公有制经济是社会主义市场经济的重要组成部分，公有制实现形式可以而且应当多样化。这就解除了人们在所有制问题上的思想束缚，把思想解放引向了深入。

2005—2007 年，关于改革的争论

进入 21 世纪以来，一方面我国的改革和建设在不断推进，另一方面社会上却产生了对中国改革的一系列质疑声音。有人借批判新自由主义的机会，认为中国的改革是按照自由主义设计的，“所实施的都是具有新自由主义特征的经济政策”。也有人认为，“当前是我们改革的根本方向出了问题，不是什么执政能力的问题”。“问题就在于执行了一条修正主义路线，走了一条资本主义复辟道路。”这些论调借机批判改革，否定改革。大规模的争论发生在 2005 年，争论的问题集中在：面对新情况新问题，究竟是改革过了头还是改革不到位？是改革本身错了还是改革出现了失误？是反思改革还是否定改革？是应该继续深化改革还是要走“回头路”？争论的实质是：中国特色社会主义要不要继续推进？中国特色社会主义要向哪里去？这是事关党和国家前途命运的重大政治问题。在这关键时刻，党中央旗帜鲜明地表达了坚定改革的决心和信心。时任中国共产党总书记的胡锦涛指出：“要在新的历史起点上继续推进社会主义现代化建设，说到底要靠深化改革扩大开放。要毫不动摇地坚持改革方向。”坚定了改革的决心和信心。时任国务院总理温家宝也强调指出：要坚定不移地推进改革开放，走中国特色社会主义道路。前进尽管有困难，但不能停顿，倒退没有出路。2007 年 6 月 25 日，胡锦涛在中央党校的重要讲话中鲜明地指出，发展中国特色社会主义必须坚定不移地坚持解放思想、推进改革开放。党的十七大进一步把解放思想作为中国特色社会主义的一大法宝，把改革开放作为中国特色社会主义的强大动力。这次关于改革的争论最终以坚定不移地推进改革开放的定论而结束，在全国再次兴起了解放思想的热潮。

2008 年之后，市场还是政府的争论

2007 年美国爆发了次贷危机，随即演化为国际金融危机。次贷危机和金融危机暴露了资本主义市场经济的致命弊病；同时，这场危机也对中国经济产生了重大冲击，经济增速剧烈下滑。中国如何应对国际金融危机的冲击？出现了两种思路：一是扩大政府的作用，依靠政府投资和政府主导促进增长；二是反对政府干预，主张依靠市场自己的力量淘汰落后、恢复均衡、实现增长，从而走出危机。

客观上讲，在严峻危机情形下，政府不得不出手，否则经济会像自由落体一样。实践证明，中国政府及时的、强有力的出手，确实发挥了稳定经济增长的作用，中国经济率先反弹，避免了国际金融危机的严重冲击。这也给了政府干预派观点极大的支持。虽然市场派一直在批驳政府干预派的观点，但是政府干预派似乎占了上风，借批判所谓的“市场原教旨主义”贬低市场的作用，迷信政府万能的思潮重又抬头。但实践中，政府对市场过度干预和政府刺激增长的负效应逐渐显现，导致了一系列问题：权力寻租泛滥、权力扭曲市场、资源错配、效益恶化、效率低下、产能过剩、环境污染加重、收入分配失衡、泡沫膨胀……

面对严峻的问题，面对市场派和政府干预派的激烈争论，2013 年 11 月，中国共产党十八届三中全会给出了明确的答案：市场在资源配置中起决定性作用。一改十四大以来“市场在资源配置中起基础性作用”的提法，进一步提高了市场的地位，坚持了社会主义市场经济的改革方向，有效遏制了计划经济思维方式的抬头，坚定了用市场化的办法解决中国经济发展中面临的问题、促进中国经济发展的思路。

第二节　改革开放与人民群众主体意识的唤醒和增强[①]

一方面，改革开放是人民群众的事业，改革开放唤醒和增强了人民群众的主体意识；另一方面，只有唤醒和增强人民群众改革开放的主体意识，发挥人民群众的主体性，才能发起和推动改革开放的伟大事业。

与唯心主义的英雄史观相反，马克思主义的群众史观认为，“历史活动

---

① 本节与余章华教授合作完成。

是群众的事业，随着历史活动的深入，必将是群众队伍的扩大”。[①] 人民群众是历史的创造者，是历史活动的主体，“人民，只有人民，才是创造世界历史的动力”，[②] 任何历史事业要取得成功，都必须唤起人民群众的历史主体意识和争取人民群众的热情参与。马克思主义执政党的一个重要价值和功能就是唤醒人民群众的历史主体意识，使人民群众自觉地为自己的利益而奋斗，党“之所以能够领导人民群众，正因为，而且仅仅因为，它是人民群众的全心全意的服务者，它反映人民群众的利益和意志，并且努力帮助人民群众组织起来，为自己的利益和意志而斗争”。[③] 我国改革开放取得了巨大成就，其中根本的一个原因在于，在中国共产党的领导和推动下，人民群众改革开放的主体意识得以形成和发展，以及在这一主体意识支配下人民群众实践主体性的充分发挥。在我国现阶段，改革开放进入了攻坚期，改革开放的难度增大，只有进一步增强人民群众改革开放的主体意识，充分发挥人民群众主体意识的能动作用，才能把改革开放继续推向前进，从而夺取中国特色社会主义现代化建设的更大成就。

一 人民群众改革开放主体意识的历史与现状

我国改革开放的主体是直接参与改革开放实践的中国人民。人民群众改革开放主体性的发挥，首要条件是人民群众改革开放主体意识的觉醒和增强，就是参与者有关自身与改革开放各种关系的思想认识。具体讲，它是指改革开放的参与者对于自己在改革开放中的地位、能力、价值以及其他与改革开放有关问题的意识。自觉意识、自主意识、创新意识等，是主体意识的重要内容。改革开放的主体意识属于社会意识。改革开放的主体意识与我国社会主义现代化建设和改革开放的实践存在着辩证统一的关系：一方面，我国人民改革开放的主体意识在社会主义现代化建设过程中形成，在改革开放的进程中得到丰富和发展；另一方面，我国人民改革开放主体意识的形成和发展，又极大地促进我国改革开放不断向前发展，同时推动我国社会主义现代化建设不断取得新成就。

我国改革开放已经有了30多年的历史，改革开放的主体即参与者可以

① 《马克思恩格斯全集》第2卷，人民出版社1957年版，第104页。
② 《毛泽东选集》第3卷，人民出版社1991年版，第1031页。
③ 《邓小平文选》第1卷，人民出版社1994年版，第218页。

划分为三代：第一代是以邓小平为核心的党中央带领的20世纪80年代的中国人民，第二代是以江泽民为核心的党中央带领的20世纪90年代至21世纪初的中国人民，第三代是以胡锦涛为总书记的党中央带领的21世纪初至今的中国人民。

三代改革开放中国人的主体意识存在阶段性差异，特别是在对主体地位的认识，以及与此密切相关的主人翁意识和参与改革开放的自觉性、积极性等方面存在一些不同的特点。

（一）第一代人处于改革开放的前期

虽然这一时期人们改革开放的主体意识处于刚刚形成的过程中，形成的时间有先有后、有快有慢，人们对改革开放也有种种不同认识，但是当时的中国人面对“文化大革命”动乱造成的破坏、计划经济体制的低效率以及世界上部分国家和地区的高速发展，普遍存在着一种危机感和求变、求发展的强烈愿望。以邓小平为核心的党中央适应人民的愿望和历史发展的必然要求，作出了进行改革开放的战略决策，带领中国人民开启了改革开放的新时期。随着改革开放实际效果的不断显现，特别是通过改革开放所激发出来的人们的积极性和创造活力，以及由此带来的生产力的解放和发展，很快使更多的人认识到了改革开放的必然性和必要性，对改革开放的认识也因此很快达到统一。为了减少改革开放的阻力，为了逐步积累经验，为了改革开放的稳妥性，我国实行的是渐进式改革开放和增量改革模式。这是改革开放初期的明智选择，但也导致了改革开放推进的不平衡性，在旧体制内的行业、部门及其中的人们，改革开放的主体意识还没有完全觉醒，改革开放的主体性作用尚未充分发挥。

（二）第二代人处于改革开放的发展时期

1992年，由于邓小平南方谈话的影响和社会主义市场经济体制改革目标的明确化，我国改革开放进入一个新的发展时期。这一时期人们的思想更加解放，不断冲破“姓资姓社”框框对改革开放的束缚，越来越多的人民群众投身到改革开放伟大实践活动之中，人们改革开放的紧迫感更加强烈，改革开放的自觉性显著提高，中国人民在更大的范围和更深的程度冲决旧体制和旧意识的樊篱，人民群众改革开放的主体意识空前增强。这是我国改革开放能够在第二阶段进一步向纵深发展并取得新成就的重要原因。

（三）第三代人处于改革开放在新世纪新的发展时期

这一时期，由于人的自然规律（生老病死）等方面的原因，前两代人中已经有相当一部分人离开了改革开放的第一线，与此同时，又有众多年轻人加入到改革开放的实践中。这一时期改革开放的主体意识，既在一定程度上保持了前两代人的基本特征，也产生了一些新的复杂情况。一是，由于前两代人的伟大实践，不但为新世纪的改革开放奠定了良好的物质基础，而且为进一步改革开放积累了丰富的经验和理论成果，改革开放成为绝大多数中国人的共识；这一时期的中坚力量仍然保持了前两代人的主体意识、主人翁意识和参与改革开放的积极性、主动性。这是新世纪改革开放能够继续进行并取得新成就的重要原因。二是，经过前两阶段的改革开放，相对容易的问题已经得到解决，现在需要通过改革开放解决的问题都是一些深层次、难度更大的问题，还有就是前两个阶段中改革开放潜伏着的一些负面影响开始显现出来，因此，改革开放的艰巨性和复杂性都增加了，一些人因此产生了畏难情绪，改革开放的意识有所弱化。三是，改革开放过程中形成一些既得利益群体，担心继续改革开放有损自己的既得利益，缺乏进一步改革开放的愿望和积极性，他们改革开放的意识明显钝化，甚至发表一些质疑进一步改革开放的言论。四是，由于个别改革开放具体政策措施设计不周，伤及部分群众的切身利益，致使他们的改革开放积极性受到一定的挫伤。

二　唤醒和增强人民群众改革开放主体意识的意义

无论我国的改革开放的启动还是其继续发展，都需要唤醒和增强人民群众改革开放的主体意识。

（一）唤醒和增强改革开放的主体意识，有利于提高人民群众投身改革开放伟大实践的自觉性

人民群众积极参与改革开放是以其主体自觉意识形成为前提的。因为自觉意识是人的主体意识中的重要内容，人们是否具有对改革开放的自觉意识，直接决定着人们是否会自觉投身到改革开放的伟大实践活动中去。

增强人民群众改革开放的自觉意识，首要的是使人民群众明确自己在改革开放中的主体地位。改革开放能够解放生产力、发展生产力，并在此基础上提高人们的生活水平。但改革开放不是其他什么人的实践活动，改革开放的成果也不是其他什么人的恩赐，改革开放的实践主体是广大的中国人民，改革开放的成果也来自广大的中国人民的努力奋斗。当广大人民群众不但在理论上而且在实际上充分认识到这一真理时，其主体意识就会得到激发，其主人翁意识就会形成，从而就会自觉地而不是被动地投身到改革开放的伟大实践中去。

（二）唤醒和增强改革开放的主体意识，有利于调动人民群众投身改革开放伟大实践的积极性

增强人民改革开放的主体意识，就是使人民明白改革开放与自己的生存和发展的密切关系，明白改革开放的成功将会给自己和国家带来巨大的利益，从而形成参与改革开放的强烈愿望和积极性。人民群众都渴望过上幸福美好的生活，中国共产党的奋斗目标从本质上来说也是为了满足人民的这一愿望和要求。邓小平指出："社会主义的本质，是解放生产力，发展生产力，消灭剥削，消除两极分化，最终达到共同富裕。"① 邓小平这一社会主义观集中将社会主义的奋斗目标与人民群众的愿望和要求高度统一起来。实现人民的愿望和要求是中国共产党奋斗的目标，那么，达到目的的途径是什么呢？从根本上看，就是改革开放。只有通过改革开放，才能解放生产力，发展生产力，消灭剥削，消除两极分化，最终达到共同富裕，从而实现人民的愿望和要求。当人民群众充分认识到改革开放与自己过上幸福美好生活的必然联系，就会积极参与改革开放的伟大实践。

世界观和方法论是主体意识的重要组成部分。世界观和方法论是否科学关系到人们认识的正确性和认识的水平，科学的世界观和方法论能帮助人们认识和把握事物的本质和规律。帮助人民群众运用科学的世界观和方法论认识和看待改革开放是增强人民群众改革开放主体意识的重要内容。具体而言，引导人民群众根据马克思主义生产关系一定要适合生产力状况的规律、上层建筑一定要适合经济基础状况的规律、内因和外因的辩证关系原理、马克思主义世界历史理论和全球化理论等，深刻认识和理解坚持改革开放的本质、特点和规律，深刻认识改革开放的必然性和必要性，深刻认识我国改革开放是合规律性与合目的性的统一，从而坚定人民群众改革开放的必胜信心，增强人民群众克服困难的勇气，提高人民群众投身改革开放事业的积极性。

（三）唤醒和增强改革开放的主体意识，有利于发挥人民群众投身改革开放伟大实践的创造精神

"创新是一个民族进步的灵魂，是一个国家兴旺发达的不竭动力。"② 创新也是改革开放不断攻坚克难、不断取得进展的重要动力，是改革开放主体

① 《邓小平文选》第3卷，人民出版社1993年版，第373页。
② 《江泽民文选》第3卷，人民出版社2006年版，第537页。

意识的重要组成部分。增强人民群众改革开放的主体意识就是要强化和充分发扬人民群众在改革开放实践过程中的创新意识和创造精神，这是攻克改革开放困难的内在要求。

中国的改革开放是前无古人的伟大事业，其广度和深度，其关涉到的人数，其艰巨性和复杂性都是空前的。如何进行改革开放？如何化解改革开放过程中遇到的大量难题？照搬书本和别人经验无济于事，因循守旧没有出路。出路只有一条：创新！通过创新闯出一条新路。

创新当然不是抽象的标新立异，而是解放思想，充分发挥主体的认识能动性，实现认识和改革开放的实际相符合，或者说使认识与变化着的改革开放的实际相符合，不断深入揭示改革开放的特点、本质和规律。要做到这一点，靠少数人闭门造车和脱离实践的理论演绎常常是苍白无力甚至南辕北辙的，唯一的选择是坚持中国共产党的群众路线这一法宝，充分发挥作为改革开放实践主体的广大人民群众的认识能动性，充分发掘蕴藏于民众之中的创造精神和聪明才智，问计于民，针对改革开放过程中遇到的各种新困难和新矛盾，深入探索切实有效的新措施、新方法。这方面，邓小平堪称典范，“农村搞家庭联产承包，这个发明权是农民的。农村改革中的好多东西，都是基层创造出来，我们把它拿来加工提高作为全国的指导”。[①]

改革开放过程中，攻坚克难的智慧和办法从哪里来？从人民群众那里来！增强人民群众改革开放的主体意识，充分弘扬和尊重人民群众在改革开放实践中的创造精神，我们就可以获得不尽的活水源头。

三　唤醒和增强人民群众改革开放主体意识的措施

人民群众改革开放主体意识的增强不是一个纯粹自然生成的过程，它需要改革开放的主体，包括社会主体、群体主体、个人主体共同努力采取多种方式和途径才可能实现。改革开放以来，我们主要从以下几个方面增强人民群众改革开放的主体意识。

第一，明确地位。明确主体地位是增强人民群众改革开放主体意识的前提条件。对主体地位的认识和主体意识的增强是相互促进的关系。只有当人们真正明确了自己的主体地位，才会有自觉意识，才可能真正树立起并不断增强改革开放的主体意识。在这个问题上，我们首先要端正认识，正确认识

① 《邓小平文选》第3卷，人民出版社1993年版，第382页。

和处理执政党和人民的关系，正如时任广东省委书记汪洋所说，“人民群众是创造历史的主体，也是建设和享有幸福广东的主体。追求幸福，是人民的权利；造福人民，是党和政府的责任。我们必须破除人民幸福是党和政府恩赐的错误认识，切实维护并发挥好人民群众建设幸福广东的主动性和创造性，尊重人民首创，让人民群众大胆探索自己的幸福道路”。[①] 其次要加强唯物史观人民主体论思想的中国化、时代化和大众化，通过广泛的宣传、教育，通过改革开放中涌现出来的典型人物的示范，通过主体自身的努力反思等，增强广大群众的主人翁责任感，使他们进一步明确自己在改革开放中的主体地位，增强其改革开放的主体意识，使他们自觉投身到改革开放的历史洪流中去，激发他们为中华民族的振兴、祖国的繁荣富强、中国特色社会主义现代化建功立业。

第二，解放思想。思想解放也是增强主体自主意识的前提。思想不解放，主体意识的能动性必然受到束缚而无法发挥，同时会导致缺乏投身改革开放的勇气和胆量。需要通过各种措施大力弘扬社会主义核心价值体系中改革创新的时代精神，进一步解放思想，排除各种不利于推进改革开放的思想障碍，解除各种客观因素和主观因素对主体意识的禁锢和束缚，大力弘扬人民群众在改革开放中的创造精神。

第三，掌握理论。绝不能低估科学理论对于社会发展和社会实践的重大意义，“理论一经掌握群众，也会变成物质力量”。[②] 人民群众掌握了有关改革开放的科学理论，就会转化为强大的推动改革开放的物质力量。而且，只有在科学理论指导下的改革开放才是理性的科学有效的社会实践活动。因此，需要通过深化理论研究、扩大宣传、开展各种学习活动、开展各种讨论，推动马克思主义理论、尤其中国特色社会主义理论体系的大众化等综合措施，使人民群众理解和掌握以中国特色社会主义理论体系为核心内容的改革开放基本理论，从理论上充分认识坚持改革开放的历史必然性，认识继续进行包括经济体制改革、政治体制改革以及其他各个领域改革的必然性和必要性，认识在坚持独立自主和自力更生基础上对外开放的必然性和必要性。

第四，认清形势。认清国际、国内形势是从现实层面和发展趋势进一步

---

① 汪洋：《人民群众是建设和享有幸福广东的主体》（http：//cpc. people. com. cn/GB/164113/17845031. html）。

② 《马克思恩格斯选集》第1卷，人民出版社1995年版，第9页。

认识改革开放必要性和紧迫性的必然要求。为此，需要通过广泛的社会调查、学习、报告以及其他各种形式的思想交流，认清国际国内形势。从现实层面，清醒地认识我国在经济、政治、文化、社会、生态等方面存在的问题和矛盾，以及我国在国际综合国力竞争中存在的差距和不足；从发展层面，清醒地认识我国要实现2020年全面建成小康社会的近期奋斗目标和2050年基本达到中等发达国家水平的中期奋斗目标以及最终实现共产主义的长远奋斗目标方面存在的问题和困难，充分认识坚持改革开放的必要性和紧迫性，形成强烈的忧患意识和天下兴亡匹夫有责的历史责任感。

第五，明确目标。目标导引是事业取得成功的重要经验，明确改革开放的目标对于统一思想和凝结力量、促进改革开放发展具有重要作用。必须明确改革开放在不同时期的具体目标和任务，使改革开放具有明确的方向和具体目标，保证改革开放不断取得新成就并向纵深发展。需要在坚持实事求是思想路线的基础上，根据党的奋斗目标和国家的发展战略以及实际情况，明确需要通过改革开放解决的突出问题，在此基础上，根据轻重缓急的不同确定改革开放在不同时期需要解决的主要问题，既统筹兼顾，又突出不同阶段的重点，制定改革开放的短期、中期、长期发展目标和任务，并制定相应的方案或措施。需要强调的是，改革开放是一个庞大的系统工程，它涉及经济、政治、文化、社会、生态等各个领域。因此，进一步的改革开放除了要有整体的目标任务外，还必须要有各个领域的具体目标任务。

第六，创新理论。改革开放需要科学理论的指导，改革开放的深入推进面临的问题呼唤理论创新。理论创新的实质是与时俱进，即用新的理论反映变化了的客观实际。必须大力推进理论创新，及时回应改革开放过程中出现的新情况和新问题，认真总结改革开放的经验教训，及时将其上升到理论层面。而且必须及时用与变化了的实际相符合的新理论指导改革开放伟大实践和武装广大人民群众。在当前和今后很长一段时期，必须切实加强用科学发展观理论体系这一最新中国化马克思主义武装广大人民群众，这必将有力推动改革开放跃上新境界。

第七，协调利益。随着改革开放的深入发展，全国人民在根本利益保持一致的前提下，不同阶层、不同部分人民群众之间也出现了利益差别和利益分歧，社会利益呈现多样化局面。如何协调好多样化的利益，是改革开放深入发展面临的一个重大问题。时任中共中央总书记胡锦涛指出，要“全面把握和妥善解决来自各方面的利益诉求，把最广大人民群众的根本利益实现好、维护好、发展好”。[①] 这就要求通过进一步的改革开放措施，切实转变发展方式，解决利益分配格局失衡的问题，实现利益分配的公平性，“努力形成全体人民各尽其能、各得其所而又和谐相处的局面”，[②] 使全国人民共享改革开放成果。只有这样，才能使各方面人民群众积极支持和热情参与改革开放，从而使我国改革开放获得不竭的动力。

第八，完善制度。社会存在决定社会意识，制度环境是一种重要的社会存在，它对社会意识具有直接的影响。要激发和增强人民群众参与改革开放的热情和主体意识，就必须营造能够确保人民当家作主的制度环境，切实扩大人民的各种民主权利，创造条件让人民群众以各种方式参与改革开放政策和措施的制定，并使人民群众享受到改革开放的成果。这必然会显著地唤起和激发人民群众从事改革开放事业的积极性和主动性，使他们真正把改革开放当作自己的事业。

第三节 文化重构：个人主体论与能力本位论

不同文化价值观对个人主体性的生成发展产生不同的影响。压抑个体的传统文化向尊重个性的现代文化转型，是改革开放早期文化转型和重构的重点，虽然改革开放已经进行30多年了，文化转型和重构的内涵也变得比过去复杂和丰富得多了，但仍然不能说这种文化转型和重构的任务已经完成。我们认为，发展有利于弘扬个人主体性的文化仍然是我们文化重构和文化转型的一项重要内容，尤其是中西部落后地区。同时，个人主体地位的确立和个人主体性的发挥需要提档升级，具体而言，就是需要树立能力本位的新观念，这一新观念正随着改革开放的纵深发展而逐步确立起来。

一 个人主体论是文化重构的一项重要内容[③]

今天，正处于转型期的中国社会，主导性的文化精神仍然应当以现代性为基本要素，以科学理性和人本精神为主要内涵。这种主导的文化精神突出表现为理性的和科学的文化模式，主体性的和创造性的文化特点，法治型的

---

① 《十六大以来重要文献选编》（中），中央文献出版社2006年版，第1105页。

② 胡锦涛：《高举中国特色社会主义伟大旗帜　为夺取全面建设小康社会新胜利而奋斗》，人民出版社2007年版，第17页。

③ 本段吸收了衣俊卿《社会发展与文化转型》（《哲学动态》2000年第3期）一文部分观点。

和契约型的文化特色。其中，个人主体性的确立和发展是一个基础性和前提性的条件。应当承认，无论当代人类经历着什么样的文化冲突与文化嬗变，上述文化精神依旧是当今人类最重要的文化要素，不仅对于正在走出传统农业文明的发展中国家是如此，对于已完成现代化的发达国家也是如此，因为同传统自然经济相比，作为现代社会基础的市场经济本质上表现为理性经济、主体经济和契约经济，即使在以多元和差异为本质特征的后现代文化模式中，理性、主体性、契约性等文化要素也是不可或缺的，后现代主义并不能取消主体性，而只能促使人们反思和完善主体性。

虽然中国人依旧被前现代的、现代的和后现代的多种文化精神和观念所包围和挤压，依旧经历着深刻的文化价值的冲突和困惑，但发展和提升弘扬个人主体性的文化精神仍然应该是文化重构和建设的一条主线，因为道理很简单：中国的现代化还远未完成。马克思早就告诉过我们，社会发展的第二种形态和人的发展第二阶段为第三种形态和第三阶段准备条件，这里就包括个人主体的发育发展条件。当然，我们既不应把不同的文化要素当做彼此分离的文化碎片，也不应把它们建构成以技术理性主义、极端个体主义和绝对人类中心主义为硬核的现代主义文化精神。在当代中国特有的历史条件下，个人主体性应该有新的更加丰富的内涵，个人主体的素质和境界也需要不断提升，我们可以在一个新的起点和新的历史条件下发育和发展主体性个体。本书将在后面有关章节中具体讨论这个问题。

事实上，当代中国社会文化精神的演进和其他各个方面的变化正在悄悄地为理性的、契约的、主体性的、创造性的文化精神和文化模式的生成构筑着基础。这应该说是现代化客观进程的必然，我们要做的是推动这种新的文化精神的生成和发展。第一，在精英文化层面，无论各种文化精神如何冲突，理性、主体性和契约性依旧是人们无法否认的当代最重要的文化要素。实际上，即使极力主张新儒学或后现代主义的学者，也只是对极端理性主义和人本主义的文化精神的局限性和工业文明的弊端作出某种批判和修正，而不是从根本上超越和抛弃这种文化精神。在某种意义上，我们可以断言，虽然后现代主义刚刚兴起时极力呈现出一种彻底反叛和决裂的面孔，但是，实际上，冷静地看，它还是现代主义的一种发展，因为，理性主义和人本主义文化精神在现代社会中经历着自我修正、自我完善、自我发展的历程，目前人类社会无论如何都不可能在与工业文明的文化和话语完全决裂的基础上运行。第二，经过改革开放 30 多年的现代化和社会转型历程，理性的、契约性的和法治的社会运行机制终于开始生成并且逐步显现着现代社会所特有的创造力和活力。尽管传统计划经济的行政化社会运行机制和传统自然经济的经验式社会运行机制在许多社会领域，尤其是我国相对保守和落后的地区依旧具有顽强的生命力，但在发达地区中所出现的许多现象，如规划先行和法规先行的发展思路、与国际经济体制接轨的规范化的经济运行模式、淡化官本位强化平等竞争的人才市场等等，都使我们看到了现代社会运行机制的生成和发展。随着全球化趋势的进一步强劲和中国加入WTO，理性的和契约的社会运行机理肯定会成为中国社会发展的基础，成为理性的和创造性的文化模式生成的基础，它同新文化精神和新文化模式将处于共生的和相互依赖的关系之中。第三，至关重要的是，虽然大众层面的文化价值从总体上依旧呈现出离散和平面化的特征，但是，我们也应当看到，在目前的社会转型中，公民文化正初露端倪，逐渐地生成。由于市场经济条件下的需求、利益、文化观念和价值的多元化，以及现代行为方式的创造性和竞争性，普通民众开始通过实际的功利活动，在经济层面上逐渐萌生出理性、契约、竞争、平等创新等自觉的主体意识和价值观念，尤其具有现代知识背景和现代人文精神的实业家阶层，开始在经济要求之外表露出自觉的主体意识和社会参与意识。这在发达地区表现得尤为明显。这一文化精神导向的出现十分重要，它为现代工业文明所要求的理性、民主、法治、契约等文化精神的生成奠定了坚实的基础。①

上述分析表明，正处于现代化过程中的中国，现代性价值观不仅没有过时，而且是我们需要大力培育和弘扬的。现代性价值观包括尊重和弘扬主体性和个人主体性，主张个性解放和自由。因此，处于现代化过程中的当代中国无疑需要大力弘扬主体性和个人主体性，无疑需要肯定个性解放和自由的文化价值。

总的看来，经过多年的改革开放，市场经济不仅促进了我国经济的发展，而且促进了人的独立自主的个性逐步形成。独立个性一直处于形成和发展之中。独创性的个体意识，在激烈的竞争中，以独特的个性显示其魅力和价值；自立和自主的意识，独立地分析、判断和决策，自我约束，自我发展……但是，我国社会主义市场经济还有许多需要完善的地方，个人主体论还未形成主流，人们的精神状态与社会主义市场经济的内在本质要求还相差

① 参见衣俊卿《社会发展与文化转型》，《哲学动态》2000年第3期。

很远。但社会主义市场经济正培养着人们的独立自主意识，呼唤着独立自主意识。随着改革开放的深入和市场经济的发展，必将带来人的自我意识的觉醒，带来人的个性自由全面的发展，这是历史的大趋势。人的独立自主个性的发展，是国家经济生活和政治生活走向民主化的基础，也是个人参与竞争、发展自己的前提，谁要想不被历史大潮抛在后面，就必须转变思想，转换脑筋，以其独立自主的个性投身到改革开放的大潮中去，投身到竞争激烈的社会主义市场经济中去。①

二　个人主体论的发展：能力本位论

个人主体性的发挥的前提是，个人主体地位的确立，个体具有独立意识、自主意识等。但是，个人主体要发挥主体性，个人主体性的强弱，个人主体地位能否巩固等，还取决于个人能力的大小。也就是说，个人能力的大小直接关系到其主体性的强弱，个人主体性与其能力成正比。因此，个人主体论需要深入到能力本位论。

（一）四大社会形态

不同历史时期，社会发展的主导因素是不同的，从而形成不同的社会形态：血统社会、权力社会、金钱社会和能力本位社会。②

1. 血统社会

在血统社会，操纵社会生活和人的生活的基本力量是血统，盛行的是“血统为本”的文化理念，社会发展和人的发展主要按这种文化理念来设计和运行。在这种血统社会里，血缘和血统制约着社会的经济、政治和文化，支配着社会生活和个人生活，构建起人们的社会关系，人与人的纽带是血缘和血统。人们受制于“宗法血统”是血统社会的根本特征。

2. 权力社会

在权力社会，操纵社会生活和人的生活的基本力量是权力，社会发展和人的发展主要是按“权力为本”的文化理念来设计和运作的。在这种社会里，权力左右着社会的经济、政治和文化，支配着社会生活和个人生活，组合着人们的社会关系；人们思维的价值天平倾斜于权力，把获取权力作为人生追求的目标；人们对“官位”和“权力”的追求和依赖，是权力社会的

① 参见李超《社会主义市场经济的人学底蕴》，人民出版社 2004 年版，第 98 页。

② 同上书，第 131—133 页。

根本特征。封建社会君权高于一切，是典型的权力社会。

3. 金钱社会

在金钱社会，操纵社会生活的基本力量是金钱，社会发展和人的发展主要由“金钱本位”的核心文化理念来设计和运作。在这种社会里，金钱左右着社会的经济、政治和文化，支配着人们的社会生活和个人生活，组合着人与人之间的关系。资本主义工业社会是一个典型的以金钱为本的社会。商品拜物教、货币拜物教、资本拜物教、人对金钱的依赖等，是这个社会的根本特征。

4. 能力本位社会

在能力本位社会，操纵社会生活和个人生活的基本力量是人的能力，社会发展和人的发展主要按“能力为本”的文化理念来设计和运作。在能力社会里，能力左右着社会的经济、政治、文化，支配着社会生活和个人生活，组合着人与人的社会关系。一切社会制度都围绕“如何充分发挥人的能力”来设计运作。“我能故我在”是能力社会的根本特征。

（二）时代转向与能力本位论①

1. 时代发展的转向

当代资本主义发达国家表现出向能力本位社会演变的趋势。在资本家个人占有制时代，由于工人劳动的技术基础比较简单，工人劳动主要是属于劳动密集型劳动；又由于劳动者与生产资料分离，劳动者被迫为资本家出卖劳动力，劳动受到资本的支配，劳动者的能力无法得到自由、平等和充分的发挥。“这种非人的状况阻碍了人的能力和生产力的发展”，“于是马克思提出重建‘劳动者个人所有制’，来实现他的科学的人道主义理想——每个人能力自由、平等和全面的发展。这种所有制，就是使劳动者同劳动、生产资料、劳动产品相统一（直接结合）的所有制，是劳动者以自由联合的方式，占有生产资料、劳动和劳动产品以及社会生产力的综合”，“劳动者个人能力的发展是劳动者个人所有制的真谛”。② 在当代发达资本主义社会里，随着生产劳动的技术基础的进步，技术密集型劳动日益占主导地位，社会生产力的发展对物的依赖性减弱，而对人的能力的依赖性增强，人们对物质、金钱的

① 本部分参阅了韩庆祥《能力本位》（中国发展出版社 1999 年版）和韩庆祥、邹诗鹏《人学——人的问题的当代阐释》（云南人民出版社 2001 年版）。

② 韩庆祥：《能力本位》，中国发展出版社 1999 年版，第 68 页。

依赖也出现松动的迹象，社会价值观开始向尊重能力的方向演变。

当代西方发达国家已经进入了知识经济时代，知识经济时代是呼唤培养能力的时代。随着经济日益与知识、信息和创新能力结合，社会经济的发展越来越依靠人的能力的发挥。鉴于此，发达国家日益重视人的聪明才智，调动人的智力因素，引导和充分发挥人的创造力，把知识、技术和创新能力当做最重要的生产要素。所谓人力资本理论、技术统治论、管理创新论等，就是对人的能力在时代的主导作用的反映。

当代人类社会发展的趋势表明，人的主体能力及其作用日益凸显，马克思所设想的每个人的能力自由平等全面发展的“能力王国”正在向我们走来。

2. 中国社会发展转型的呼唤：树立能力本位论

我国封建主义文化传统历史长久、根深蒂固，封建社会的核心文化价值观余毒仍在束缚着人们的头脑。中国封建社会是典型的权力社会，为了权力的专制，统治者片面发挥儒家的思想，强调“上智下愚”、“上尊下卑”及“唯上智下愚不移”等压抑人的个性的一套伦理道德。经过长期的文化熏陶和文化压迫，形成了与权力社会相适应的文化价值体系：提倡仁义，反对求利；提倡无为，贬低能力；提倡人情，贬低理性；提倡顺从，反对自立。这种与政治权力紧密结合的伦理文化，严重束缚着人的能力的发挥，使中国人的智慧和能力越到后来越遭到压抑，长期得不到充分有效的开发和利用，导致中国社会后来的发展缓慢甚至停滞不前。“这种文化也是一种乏力的文化，具体说是一种缺乏竞争、创新、开拓和法治的文化，人成了绵羊。正是这种缺乏创新基因的文化理念，导致中国近代以来社会发展的缓慢和落后。因为这种理念导致中国人的封闭、保守和僵化，封锁了中国人向外学习的能力，扼杀了人的自我创造精神。”①

社会主义制度的建立为人的发展提供了根本的制度保障，但由于我们建设社会主义的经验不足，没有及时实现体制的转变和更新，导致体制逐渐僵化，计划经济体制实际上在相当程度上延续了传统社会“权力本位”的核心文化价值观。同时，在社会主义市场经济建立的初期，西方资本主义社会“金钱本位”的文化价值观侵入人们的头脑，交换价值役使人的异化现象导致货币拜物教盛行。这两种文化价值观都严重抑制了人的能力、人的个性、

① 韩庆祥、邹诗鹏：《人学——人的问题的当代阐释》，云南人民出版社2001年版，第176页。

创造性和积极性的充分发挥，损害了市场经济的发展和完善。在当今我国，消除权力本位和金钱本位的消极影响，树立能力本位的文化价值观是紧迫而重大的任务。在当代中国，“人的发展首先表现为人的能力的发展，人的价值首先表现为人的能力的价值，而新形态的文化价值观首要表现为确立和实现能力本位的核心文化和价值观”①。

能力本位价值观十分符合当今中国社会的发展实际和发展要求。它一方面可以消解中国传统中的权力本位价值观对个性的压制，彰显个人的主体性；另一方面可以避免西方金钱本位价值观及其异化导致的物对人的役使，从而引导中国个人主体性的正确发挥和健康发展。“在能力社会里，对社会生活和个人发展起决定性作用的力量，已不再是血统、权力和金钱，而是人的能力及其充分正确的发挥。这从根本上决定了人们必须合作、相互尊重、平等互助。”②“能力本位条件下，个人已不再是人的依赖时代那种臣民无我或子民附属的分子状态，同样也不再是独立个性时代那种市民孤立的单子状态，而是摒弃与超越了前二者同时又兼具类本位时代雏形的个人与他者对等的交往状态。这种状态是根据自身能力来进行交往的公民新形态。”③

第四节　教育理念革新与个人主体的生成发展

观念嬗变的内容十分广泛，其中教育理念变革对于个人主体的生成发展具有特殊的重要意义，因为个体从出生到走上工作岗位这20多年的时间段中主要是接受教育的阶段、社会化的阶段，价值观、世界观、人生观和独立人格在这一阶段基本形成或定型。具有主体性的个体是否能够生成，这一阶段具有决定性作用。这一阶段的教育主要包括家庭教育和学校教育。家庭教育和学校教育的理念，直接关系到是否能够培养出具有主体性的社会个体。

一种教育理念主张把被教育者培养成什么样的人，体现了这种教育理念的核心价值取向，是这种教育观的核心和根本。中国传统社会的教育观和教

---

① 韩庆祥、邹诗鹏：《人学——人的问题的当代阐释》，云南人民出版社2001年版，第374—375页。

② 韩庆祥、张军：《能力改变命运》，中国发展出版社2002年版，第145页。

③ 龙柏林：《个人交往主体性研究》，广东人民出版社2005年版，第159页。

育实践的价值取向是把被教育者培养成“合格的奴隶”，是一种忽视个性的奴性教育。现今的中国教育理念发生了根本改变吗？答案是具有重大变化，但传统的奴性教育理念和实践仍然相当程度地延续着。确实如此，冷静观察思考后不难发现，中国人的教育理念正在发生着深刻的嬗变，这一嬗变正推动培育出具有独立个性的个人主体，但是阻力和问题仍然巨大，教育转型任重而道远。

一　中国传统的教育观及其反思

这里“传统教育观”中的“传统”包括“大传统”和“小传统”，“大传统”指中国两千多年封建专制社会形成的传统的教育理念，“小传统”指新中国成立至改革开放这段时间受苏联教育理论和实践影响而形成的教育理念。

中国传统文化把重心集中在人与人的关系上，并把这种关系聚焦于等级文化和人身依附，那种以张扬个性为基本特点的思想常常受到严厉的打压。封建统治者也需要教育培养出忠于皇权的奴才，教材的制定为这一教育目的服务，如清朝康熙、乾隆年间推广开的《弟子规》，主要为培养合格奴才而服务的；考试制度也是为这一目的服务，如科举考试，尤其后来发展成为八股取士，更是严格限制读书人的思想，只有那些死读书、读死书、顺从、愚忠的读书者才能取得考试成功。中国传统教育把老师视为绝对权威，学生绝对服从老师；把规定的教材视为神物，而教材就是四书五经之类的经典，长期被人为崇拜；把先贤、圣人视为神明，除了顶礼膜拜之外，不敢质疑，学生没有自己的独立思考。

新中国成立后的中国教育理念和实践深受苏联教育理论的影响。而苏联教育理论严重忽视学生的主体性，强调“以教师为中心、以教材为中心、以课堂为中心”，教育教学重视学生对书本知识的识记和再现，不鼓励学生质疑教材和权威，根本不考虑开发学生个体的独特潜能，忽视发展学生的个性。苏联模式教育哲学是典型的机械唯物主义，它在认识论方面的见解不仅没有达到马克思哲学的水平，而且还不如康德开启的主体性哲学，可以说，它与前康德机械唯物主义哲学处于同一水平。在这一教育理念支配下的中国教育，当然无法培养出具有个性和创造力的学生，这是中国教育的致命伤。

正如国家知识产权局有关领导所言：“在文化氛围上，我们也缺少创新的精神，大家都学老师、学经典、学古人，不求与众不同、不敢特立独行。”①

旁观者清，中国教育的这一缺陷，甚至外国人都看得很清楚：“教改的第二个阻碍就是担心更强个性将削弱社会管制。传统上，社会管制是中国教育的另一大作用。……个性从小就被打磨：当一名学生进入大学时，个性已经基本被磨平。”②

在当下的中国，“听话”教育仍然十分盛行。在家听父母的话，在学校听老师的话，在单位听领导的话，父母与小孩子分别时的叮嘱语几乎都是“乖，听话啊”；耶鲁大学校长就曾说过：中国学生“太听话”了。在整齐划一的应试教育体制下，孩子们的个性和天赋已很难遇到伯乐。多数有自我意识的孩子往往被归为异类，甚至被无情地扫进时代的垃圾堆。

这里介绍一个普遍的教育现象，它充分说明忽视个体和个性的传统教育影响的顽固性。从幼儿园到中学，乃至到大学，一切思想政治和品德教育的主题惊人相似：反复告诫学生要克制和约束自己，但对学生鲜有维护权利的教育。比如，中小学普法教育活动，总是单向地告诫学生要守法——哪些行为属于违法犯罪，触犯法律会受到怎样的处罚，应该如何遵守法律，违法的危害等，教育的取向是强调不能违法犯罪，强调学生要约束自己。这本没有错误，但是，这只是问题的一个维度，如果只是强调这一维度而忽视甚至否定问题的另一维度，就会走向悖谬，就会造成严重的后果。问题的另一个维度是什么呢？就是对青少年维权意识的启蒙和教育。中国的法制和纪律教育很少教育学生勇于和善于用法律武器维护自己的权利——青少年有哪些法律权利，受到哪些法律保护，受到侵害如何运用法律维护自己的权利等，有意无意忽视了维权教育。这是一种典型的义务本位教育观，似乎维护自己的权利是不光彩的，而只有那些牺牲自己的行为才是值得肯定的。这足以说明，那种忽视个体权益、践踏个体尊严、漠视个人价值、扼杀个体个性的文化价值观是多么顽固地支配着今天国人的观念和行为！多么顽强地盘踞于我们的潜意识中，甚至相当程度存在于国人的显意识中！

二　中国教育的艰难转型

改革开放打开国门，西方教育理论纷纷被引进，如杜威的教育哲学、西

① 《为何我国迄今“缺位”诺贝尔科技类奖?》，新华网，2013 年 3 月 3 日。

② 埃里克·亚伯拉罕森：《教育改革需从一年级开始》，《环球时报》2012 年 7 月 5 日第 6 版。

方解释学蕴含的教育认知理论、皮亚杰等建构主义教育理论等，对我国影响巨大，它们活跃了人们的思维，拓宽了人们的视野，推动着中国教育理念的革命。更重要的是，对照西方教育成果反思我们的教育，其缺陷更加凸显。我们应试教育培育的学生创新意识和创新能力十分薄弱，与世界其他教育强国比，我们的孩子的想象力可以说是最差的。著名的“钱学森之问”仍然困扰着国人。人们经常发问：我们为什么培育不出像比尔·盖茨、乔布斯、爱迪生、爱因斯坦、霍金那样的高端人才？堂堂十几亿的人口大国，教育为什么培育不出诺贝尔奖获得者？[①] 我们的教育为什么培养不出大师？这些促使人们反思和转变教育理念和教育模式，素质教育理念、三段式教学模式、生态教学理念和模式先后纷纷出现，而且产生了像魏书生这样的教育家。总之，教育改革成效不应否定。但是，决不能高估这个成效。因为素质教育、个性教育等现代的、符合教育规律的教育理念和教育模式并没有在全局上取得主导地位，也没有取得全局性成功，一些推行素质教育的实践要么换汤不换药，要么一段时间后就流产了，应试教育很快复辟。什么原因呢？

第一，师资原因。首先，我国从事教育的教师本身就是传统教育体制下培育出来的产品，并未受过创新教育的熏陶，他们的创新意识本来就弱，怎么能指望他们培养出创新型人才？其次，在中国，教师的社会地位较低，见过经商下海热和考公务员热，但没有见过教师热。许多国家最优秀的人才从事教育，在中国却不是这样，中国顶尖的学生往往从事工商业、公务员。可见，教师的素质制约着我们教育培养创新型人才。

第二，体制原因。应试教育体制并没有根本改变，许多地方甚至更加恶化。领导、教师、学校的荣辱升降都与学生考试成绩牢牢挂钩，对学生的评价几乎完全与其考试成绩相关，谁还去搞什么创新性的素质教育？

第三，家长原因。中国的家长们都知道转型社会竞争之惨烈和上升通道之狭窄，无权无钱的大多数家长，为自己孩子将来能在社会中获得更多的生存空间，不得不逼迫孩子埋头于应试教育的题海之中，希望考上一所好学校，从而改变孩子的命运。更有甚者，家长往往把自己没有实现的梦想寄托在孩子的身上，急功近利，只看孩子的考分，逼着孩子参加各种泯灭创新意

---

① 2012 年中国作家莫言获得诺贝尔文学奖，但自然科学诺贝尔奖仍然是空白，而中国目前是全世界年培育理工科大学生最多的国家。杨振宁、李政道、丁肇中等华人在西方文化环境下可以获得诺贝尔奖，说明不是华人的智商低，而是我们的教育理念、教育模式和教育制度有重大缺陷。

识和创新能力的补课和培训。

第四，经济原因。中国制造尚处在全球产业链的低端，简单加工组装劳动占很大比重，企业更需要工程师甚至操作工，而不是发明家，因而经济主体感到没有创新的必要性；山寨风盛行，市场创新得不到相应的回报，急功近利现象严重，尊重知识产权的法规难以执行，因而经济主体缺乏创新的意愿。在这种环境下，谁愿意千辛万苦搞创新呢？同时，尊重个性的创新型教育也就不被需要、不被重视。

第五，社会原因。目前，我们的社会评价标准是关系大于能力，找靠山、凭关系这一传统的个人发达、上升模式仍然是社会通行的规则或潜规则。干得再好不如人际关系好，正如民谚所言：在家靠父母、出门靠朋友。中国人的聪明才智都用于搞人际关系，圆滑世故、八面玲珑者生存，标新立异、个性鲜明者淘汰。在这种逆淘汰社会环境中，谁敢有个性？

第六，观念原因。传统教育理念仍然有顽强的影响力。从事教育的知识分子也许对传统教育理念具有较高的警惕性和较强的抵抗力，但支配社会大众的日常观念仍然是传统。尤其是家庭教育，孩子的父母辈、祖父母辈的教育理念仍然是传统型的。长久以来，我们信奉儒家的伦理秩序，强调长辈对子辈的权力。这种权力扩散在不同领域，家庭领域尤为严重。家庭是社会结构生产和再生产最隐秘的地方，家庭中的权力分配是社会权力分配的缩影。虽然近代以来不同思潮的冲击一定程度上淡化了这种影响，但很难深入到社会的细胞——家庭中。传统的影响还普遍存在，对老一辈父母尤甚。而现代的伦理秩序，强调个体人格的独立，重视核心家庭的价值，子女不是父母的附属品，个人是对自己负责的独立存在，在开放的信息时代成长起来的年轻人，多少受到这种理念的影响，追求独立自主的生活，反对家长的控制。但是，父权制伦理“余威尤在”，在父母长期以来命令式的独角戏下，年青人还不习惯和父母坦诚沟通。“孝文化”又往往扼杀了孩子对父母的反抗力，尤其是听闻一些地方纷纷把中国的“孝文化”建制化，即对学生的考核包括审查学生对父母是否孝顺。制定政策的中国父母太自私了！这样的文化价值观及其“指导”下的建制，一定会扼杀孩子的独立人格和个性自由发展，怎么可能培育出富有个性的、创新型的人才？

今天中国面临发展转型的重任，正从低端发展（为发达经济体代工、低附加值、要素驱动、外延扩张、粗放增长等）转向高端发展（自主创新、高附加值、创新驱动、集约增长、绿色增长等）。低端发展阶段及相应的发展方式对创新的依赖性弱，对个人的创造性和主体性要求不高；高端发展阶段及相应的发展方式极大地依赖创新，对个人的创造性和主体性要求很高。

我国教育要顺应经济社会发展转型的客观趋势和客观要求，为促使我国发展方式转型和发展阶段的高级化做出应有的贡献。可以肯定，我国由传统低端的、要素驱动型发展向新的、创新驱动型发展转型客观上需要大量创新型人才，这将倒逼中国教育转型。是被客观趋势拖着走，还是顺应客观趋势、积极主动作为？我们应该选择后者，积极主动谋求转型：一方面要积极推动文化价值观的转变，尤其是教育理念的转变，革除漠视个性的文化价值，破除奴性教育观，切实树立个性教育观；另一方面要改革与个性教育不相适应的一切教育模式、教育体制和其他体制，构建适应素质教育和创新教育的教育教学模式和体制。

第五章　个人主体发展遭遇的困境

通过第二、三、四章的深入分析，我们发现，改革开放以来我国社会和个人的发展实现了质的飞跃，无论是经济改革、政治改革、社会改革，还是文化观念的嬗变，都极大地促进了个人主体的生成和个人主体性的发挥，推动了中国社会的现代转型，这是改革开放造就的一项伟大成就。正如石元康先生所言，个人意志得到了肯定是现代社会的最大成就。①

然而，在冷静观察思考后，我们发现：一方面，这一成就还只是初步的，个人主体的生成发展还面临一些严重的障碍，前面几章论述了改革不足的问题，对此已有深入分析；② 另一方面，初步生成的个人主体，往往片面发展，其主体性往往过度膨胀，导致了种种悖论，个人主体的发展进退维谷，造成了自我否定的危机，陷入了重重困境。本章主要揭示我国个人主体发展遭遇的种种悖论和危机，第六章研究如何化解这些悖论和危机。

第一节　夹缝中的个人主体

由于面临特有的复杂形势，我国个人主体性的生成发展处于一种夹缝之中：厚重的传统顽强地延续着依赖型人格，并掣肘人之独立个性的生成发展；初步确立并开始发挥主体性的个人主体，还很稚嫩，往往走向片面和狭隘，造成危机，又正好遭遇西方后现代主义的引进与流行。这样，个人主体遭遇到传统和后现代主义的双重挤压，在夹缝中艰难地生长和发展。

“夹缝中的个人主体”的“夹缝”还特别表现在历史文化环境方面。我

---

① 石元康：《市民社会与现代性》，载石元康《从中国文化到现代性：典型转移?》，生活·读书·新知三联书店 2000 年版，第 220 页。

② 虽然我国改革开放以来个人主体的发育发展取得了重大进展，但是，我国个人主体的发育和发展仍然面临诸多障碍，这一点在前面的几章中已经做了详细分析。

国个人主体发展正面临独特而复杂的历史文化环境，本来历时态地分别处于“前现代→现代→后现代”的社会存在和文化价值，在当代中国却共时态地并存，相互冲突不可避免，加上传统型个人主体的缺陷造成了严重的现代性危机，这些都给我国个人主体的生成发展带来严峻的挑战，遭到传统主义和后现代主义的两面夹击。

“夹缝中的个人主体”的“夹缝”还表现在，当代中国个人主体发展处于一种“过”与“不及”并存的、进退维谷的尴尬状态。一方面，个人主体片面发展、个人主体性过度膨胀，严重伤害他者；另一方面，个人主体地位并不巩固，独立人格尚不健全，个人主体性发挥不够：自主和创新意识不强，自主和创新能力不足。

一　我国个人主体面临的复杂环境

当代中国处于什么样的历史时期？对此最有影响力的回答莫过于“社会转型期”这个概念。但是，“社会转型”不是一个抽象空洞的概念，它在具体历史条件下的具体含义是极不相同的。在当代中国特定的历史条件下，社会转型的含义十分复杂。常见的提法是：中国社会正从传统社会向现代社会、从农业社会向工业社会、从封闭社会向开放社会转变。这种提法似乎无懈可击，对现实也有一定的解释力。但是仔细分析就会发现，这种对中国社会转型的概括还很单薄，其解释力是很有限的，因为它不过是一种“二分范式下的单向转型论”。“建立在线性发展观和事实上主要依据‘早发’国家现代化历程概括出的发展范式，已容纳不下中国今天的现代化发展要求了，从这个意义上说现有的‘二分范式转型’已是‘夕阳转型’论，不能成为研究中国现代化变迁的理论支点，我们必须赋予‘社会转型’概念以新的内涵。据此我们提出了‘三分范式’的‘社会双重转型论’来替代现有的‘社会转型’理论。这样的分析框架能够为我国现实中业已存在的‘农业—工业—信息业’三元结构的共时态发展和实现工业化和信息化的协同发展，提供广阔空间和成为真正的理论支点。”① 这种三分范式下的双重转型，与何传启先生提出的第二次现代化理论是一致的。按照何先生的观点，当代中国的现代化变迁，一方面要抓第一次现代化，实现农业社会向工业社会的转型，一方面要抓第二次现代化，实现工业社会向信息社会的转型，两方面都

① 王雅林：《“社会转型”理论的再构与创新发展》，《江苏社会科学》2000 年第 2 期。

抓才是中国现代化的出路。“中国整体上可以选择综合现代化道路，沿海发达地区和大城市地区可以选择第二次现代化道路，初等发达地区可以选择综合现代化道路，西部欠发达地区可以选择追赶现代化道路。”①

还有学者从发展哲学和文化哲学的角度分析了当代中国社会转型所面临的复杂状况：“我们不是在超时空的意义上一般地谈论发展的抽象的和普遍的含义，而是在中国社会的特定的转型期思考发展的问题，因此，这里谈论和追求的发展有其特定的含义。具体说来，我们所说的发展是指中国社会从传统社会向现代社会的总体性转变：通过现代市场经济的建构而实现由传统农业文明向现代工业文明的转变，即实现现代化。当然，这与发达国家所经历过的现代化已有很大的不同，它是信息化和全球化背景下的现代化。”“中国的现代化与西方发达国家的现代化有一个很大的时代落差，即我们是在西方工业文明已经高度发达，以至于出现自身的弊端和危机，并开始受到批判和责难而向后工业文明过渡之时才开始向工业文明过渡的。这一特殊的历史定位在中国社会的转型期引起了前所未有的文化冲突，使中国社会在短时期内无法形成一种支撑现代化进程的相对统一的主导性的文化精神或文化模式。”②

以上学者的分析说明，当代中国所处的历史时期或历史方位非常复杂和特别，中国是农业社会、工业社会和信息社会混杂在一起，发达现代化国家经历的历时态更替在中国却成了共时态并存。

如果运用马克思个人发展三阶段和社会发展三形态的理论，我们就能从人学，具体来说，从个人主体发育发展的状况来给当代中国的历史状态定性，就能更深刻地把握住当代中国社会转型期的特点和复杂内涵。第一，中国传统社会长期滞留于马克思所指称的社会发展第一种形态，个人长期处于人对人的依赖阶段。改革开放全面启动了向现代化和市场经济的转轨，但历史的积淀不是短时间内能够改变的，与现代社会相适应的具有主体性的个体并没有真正形成，相反，传统社会那种依附型人格的消极影响仍然渗透在我们的生活中，阻滞着新型人格的生成和社会的转型。例如，社会上存在的并非个案的“啃老族”现象；不动脑筋，不主动，盲从和迷信权威和他人；挥之不去的官本位意识，淡薄的自主或民主意识；依附从众、随大

① 何传启：《东方复兴：现代化的三条道路》，商务印书馆 2003 年版，第 371 页。

② 衣俊卿：《社会发展与文化转型》，《哲学动态》2000 年第 3 期。

流的心理，坐、等、要、靠的懒惰作风等等还是阴魂不散，既影响了经济社会的发展，又制约了人的自由全面发展。第二，改革开放以来，市场经济体制基本框架已经建立，商品、货币和资本等现代性元素业已走向前台，人们的自我意识逐渐苏醒，维护个人权利、追求个人利益逐渐得到社会的认可。这本来是社会发展从第一形态向第二形态转变及个人发展从第一阶段向第二阶段跃迁的可喜变化。但是，马克思所描述和批判的人对物的依赖、物役使人的现象却在中国大地上蔓延和扩张开来。个人主义泛滥，拜金主义盛行，社会成员间的差距不断拉大，强势社会主体对弱势社会主体的挤压，等等问题接踵而至。第三，人的发展第二阶段和社会发展第二形态出现的种种问题，客观上提出了个人主体性完善、升级和转型的问题。其中一个在现实条件下可行的方案，就是摒弃官本位和金钱本位，推动能力本位社会的形成。这是走向“自由人联合体”阶段的过渡阶段。值得高兴的是，这种积极的过渡在中国一定程度地出现了，我们应该着力推动它的发展。

总之，西方社会历时态过程中逐次生成的历史现象，在今天的中国却处于共时态的特殊环境中，前现代、现代和后现代三种历史现象共生混杂，构成了当代中国社会特有的历史景观，“换句话说，当代中国的时代方位主要位于人的依赖、独立个性、能力本位三大阶段交错并存的时空坐标上”①。

二　我国个人主体面临的双重挑战

今天，我国个人主体面临着传统和后现代主义的双重挑战。

对于我国个人主体的发展，首先面临来自传统主义的诘难。文化保守主义企图诉诸具有数千年历史的传统价值拯救现代性危机（包括个人主体性危机）；极“左”思潮企图否定改革开放和市场经济，当然包括否定个人主体的发展。这些思想价值的泛起，令人恍若隔世，但其现实杀伤力不可低估，对我国改革开放和现代化事业的深入发展极其不利。

如何评价西方批判现代性的后现代主义思潮在中国的流传？答案是：这是一把双刃剑。一方面，它有利于我们清醒地估计到现代性的负面效应，警惕个人主体性片面和过度发挥导致的危机和问题，启发我们走出一条健康的现代化道路，规范和引导个人主体性正确地发挥和健康地发展；另一方面，

① 龙柏林：《个人交往主体性研究》，广东人民出版社2005年版，第168页。

由于后现代主义的流行和渲染，人们对“发展”、“现代化”、“自由”、“个人价值”、“个人主体”等现代社会的主要概念、价值和基本元素发生了怀疑，甚至追随后现代主义的偏激思维方式，对现代社会的价值实行全盘否定。例如，把发展打成“发展主义”予以否定。再如，“现代性”在一些国人的“词典”里变成了一个贬义词，现代性的核心要件之一的个人主体性也遭到种种质疑和诟病。而且，这种后现代主义话语有与极“左”思维、虚假集体主义话语合流的趋势。

上述复杂形势给我国个人主体的发育和个人主体性的发挥造成了重重障碍，以致在许多场合，合理的个人权利和利益频遭贬损，甚至有人把我国一些社会矛盾的根源归结为所谓的“个人主义”，反而掩盖了权力膨胀和越位造成的社会矛盾和社会关系扭曲这一产生当代中国诸问题的重要原因。学者龙柏林冷静地指出：“如果以主体性黄昏为理由来否定个人主体性的发展，只可能是回到无视个人主体地位的人的依赖阶段，再次错过促进人的自由发展的历史良机。”①

总之，在中国这种后发、外生型现代化环境中，个人主体性的生成发展形成了一种特有的悖论：要实现现代化，个人主体就必须突破传统的制约而发育生长起来；而不成熟不完善的个人主体性造成了诸多问题，并授人以柄，在传统的质疑和后现代主义的审查下几近丧失了合法性——“今不如昔”；“主体性的黄昏”；“‘人’死了”！

是克服个人主体性发挥不当造成的危机，推动个人主体性健康成长，还是让传统以新的面孔出现，并重新给刚刚获得主体性地位的社会个体套上枷锁？个人主体性的发展面临着严峻的挑战。

三　进退维谷：我国个人主体发展的“过”与“不及”

当代中国个人主体发展处于一种“过”与“不及”并存的状态：一方面，我国个人主体发展不足，个人主体性往往受到各种压制，独立人格尚不健全，自主和创新的意识还不够强、自主和创新能力尚严重不足等；另一方面，初步发展起来的个人主体往往片面发展，个人主体性过度膨胀，行为失范，常常伤害他人、社会和集体，造成了不同个体之间、个体与社会或集体之间发生剧烈冲突，引发深刻的危机。

---

① 龙柏林：《个人交往主体性研究》，广东人民出版社2005年版，第23页。

当代中国个人主体发展的这种“过”与“不及”状态使得个人主体陷入进退维谷的尴尬境地。“进”亦遭批判，“退”亦受鞭挞，动辄得咎，老鼠进入风箱——两头受气：一方面，市场经济对发挥个人主体性有内在要求，知识经济的创新特质亦要求大力弘扬个人主体性，都要求改变中国人主体性不彰的缺陷；另一方面，驶入现代化快车道的中国社会，道德失范、社会矛盾尖锐化，贫富差距悬殊，自我与他者剧烈冲突，人与自然矛盾尖锐等严峻问题的纷纷涌现，约束甚至压制个人主体性的主张不绝于耳，个人主体备受诟病。

这种状况也是当今中国思想界分裂的一个重要诱因：看到个人主体发育不足，很多人猛烈批判传统价值，极力宣扬西方自由主义极端个人主义价值；看到个人主体片面发展和个人主体性过分膨胀，很多人痛心疾首，强烈质疑现代社会自由人权等核心价值，甚至主张回归传统片面的、虚假的集体主义的价值。

第二节　个人主体发展悖论及其在中国的出现

一　先行现代化国家出现过的个人主体性悖论

个人主体地位确立和个人主体性得到张扬后，个人主体性往往片面地、无度地发挥，过分膨胀的个人主体性必然走向自我否定的反面，这就是“个人主体性悖论”。其表现是：不同个人之间、个人与社会或集体之间、个人和人与自然之间，爆发剧烈冲突，危及每一个人和整个社会的生存发展，造成严重的现代性危机。西方现代化过程中经常发生这种危机，马克思在人的发展第二阶段和社会发展第二种形态的理论分析中，对此也有充分揭示和批判。在我国，现代化解放个人，个人主体地位得以确立，个人主体性得到张扬，经济社会发展的活力和动力充分喷发，但是，伴随的负面问题也不断产生，现代性危机爆发，严重威胁我国经济社会的持续、健康发展，必须引起我们高度重视。

在先行现代化国家，历史上曾经演绎过种种个人主体性悖论，包括以下几种情形：

（一）自由的悖论

现代西方，每个人形式上都是自由的主体，形式上都具有自由，但自由权的分配很快两极分化了，资本所有者具有绝对多的自由权，而劳动者形式上是自由的，但实际上丧失了自由。那么，资本家有真正的自由吗？答案是否定的，资本家本身不过是人格化的资本，他被资本所控制，从而资本变成了主体。“不断扩张的资本所建立起来的强大的资本增殖机器，使个人沦为这部机器的齿轮和螺丝钉，其所有的‘自由’行为，都必须服从资本增殖的需要，由这部机器所规定。”① 在异化状态下，每个社会个体，包括资本家和工人，都丧失了自由，都丧失了主体性。

（二）平等的悖论

现代性的另一大教条是人人平等。但是，实质上是货币面前人人平等。社会生活不断货币化，而货币主要被资本所有者控制，并形成“马太效应”，资本所有者拥有的货币越来越多，劳动者拥有的货币却相对越来越少，甚至绝对减少。在现代社会，拥有货币不仅意味着拥有生存发展的条件，而且意味着拥有控制他人的条件，因此，掌握了货币的资本所有者就实际上控制了无产者、无货币或少货币者，资本、货币的拥有者实际上就是现代“国王”。

同时，权力与资本结盟更加剧了不平等，“资本的权力核心地位体现在它与政治权力的互通方面，并以民主、公正和自由的意识形态为明证，实现利益最大化的经济预期。两种权力的互通主要表现为：无论是私人资本家还是政府的官僚都是执行资本指令的被控制物。资本的再生产微观控制者们，其主体的决策权力与再生产体系的连贯性本身，都被整个社会资本的循环系统所控制、所编目。此时，资本的拥有者便拥有着社会控制的权力系统，同时也就拥有着对权力合法性予以解释的意识形态话语权。”②

这样，现代性宣称的所谓人人平等的神话被彻底粉碎。

（三）自由与平等的二律背反

在资产阶级还很稚嫩的时期，资产阶级用自由平等博爱作为思想武器，凝结社会各阶层力量，炮火对准封建等级制和专制，自由与平等之间的冲突尚处于潜伏状态。但是，随着资产阶级获得并巩固了其统治权，自由与平等这两种价值之间潜在的冲突开始明显化、外在化和激烈化。西方著名学者莫蒂默·艾德勒对自由与平等之间的冲突做了精辟而深入的分析。③

---

① 鲁品越：《资本与现代性的生成》，《中国社会科学》2005 年第 3 期。

② 张雄：《现代性后果：从主体性哲学到主体性资本》，《哲学研究》2006 年第 10 期。

③ ［美］莫蒂默·艾德勒著：《6 大观念》，陈德中译，重庆出版社、海南出版社 2005 年版，第 119 页。

一方面，在自由主义者看来，自由是至高无上的，是绝对的，为了保证自由不惜牺牲平等。他们不仅反对对自由进行人为的限制，包括道德和法律的限制，而且主张可以通过牺牲平等去换取自由。自由主义者的主张在实践中造成的是社会一部分人拥有更多的自由权，而大多数人被剥夺了享有自由的权利。当然，大多数自由主义者并不完全否定平等的价值，但他们所说的平等仅仅限于机会平等，机会平等与自由并不矛盾，但机会平等往往造成结果和实际的不平等。富有天赋和才能的强势社会阶层，更有能力抓住和利用机会，在竞争中打败竞争对手，结果是，谁落后谁遭殃！即使出现了明显不平等的结果，甚至两极分化，他们也反对进行干预和矫正，因为在他们看来，矫正和干预结果的不平等，会伤害一部分的自由权，是对自由的伤害，而自由的价值比平等的价值更高些。

另外，在平等主义者看来，平等是至高无上的，平等的价值大于自由的价值。当自由与平等发生冲突时，要牺牲自由保证平等，即使这样侵犯了一些人的自由权利也在所不惜。平等主义者认为，平等绝不仅仅只是机会平等，结果平等才是真正的平等、实质性的平等。要限制个人利用机会均等的自由，防止导致条件不平等、起点的不平等。对于结果的不平等，平等主义者主张大力矫正和干预，即使这样做损害了个人自由也是值得的。

（四）不同个体间冲突激烈

众所周知，市场经济是以社会分工为基础的经济，私人劳动和社会劳动之间常常发生尖锐冲突。分工造成了不同个体、不同生产者之间的分离，造就了自由独立的商品生产者，但是，分工及其造成的分离并不能改变人们之间的全面的相互依赖关系，分工越是发达，不同个人之间的依赖性越强，离开了与他人的合作关系，任何个人都无法生存和发展。但是，市场经济中的个人往往很短视，只专注自己的利益，甚至为了自己的利益去伤害他人和社会的利益，其结果是损害自己的依赖对象的利益，最终损害的是自己的利益。以自利为出发点，最终损害了自己的利益，搬起石头砸自己的脚，这是现代社会面临的一个深刻的悖论，是现代性存在的内在缺陷。

（五）个人与社会的冲突剧烈

在大哲学家康德看来，人性本身内蕴着二律背反：人一方面具有社会化倾向，另一方面具有私向化倾向，这两方面往往发生冲突。康德认为，人的社会化倾向，需要和要求过社会化的生活，要求与他人合作；人的私向化倾向要求自己单独化、孤立化、唯我化。社会化倾向使人超越个人的局限性；

而私向化倾向使人我行我素、唯我独尊，如果每一个个人都唯我独尊，那么结果是，每一个个人都会遇到他人的阻力或反对，谁也无法实现自己的愿望和利益。

康德揭示的人性之中内蕴的这种二律背反在市场经济环境中放大为个人与社会的矛盾。随着现代性在西方的发展，个体与社会整体的冲突日益尖锐，如何化解这一冲突是西方社会面临的一个老大难问题。

（六）人与自然之间的激烈冲突

如何处理人与自然的矛盾，是一个恒久的问题。传统社会生产力落后，人类显得很渺小，人是自然的奴隶。但随着现代社会的来临，生产力与人类的能力飞速提高，人类和个人主体性高涨起来，人类及其中的个体逐步骄傲、膨胀起来，利用强大的生产力，尤其是日益发达的科技力量，把自然界踏在脚下，恣意宰制自然，严重破坏自然。但是，正如马克思所言，自然是人的无机身体，人永远离不开自然。“没有自然界，没有感性的外部世界，工人什么也不能创造”，[①]“自然界是人为了不致死亡而必须与之处于持续不断地交互作用过程的、人的身体。所谓人的肉体生活和精神生活同自然界的联系，不外是说自然界同自身相联系，因为人是自然界的一部分”。[②] 因此，损害自然就是损害人自身的身体，表现为生态环境日益恶化，自然报复人类，人类的生存发展遭到威胁。

（七）自我的异化和单向化

个人总是从自己出发去从事活动，把事物、活动及结果看做“为我”的存在，这种“为我”关系构成了一种主体的自为性。但是，在现实中，个人往往不能把握“为我”的真谛，而是以主体异化的形式来曲折地展示主体自为性的内在实质。这表现在如下几个方面。第一，个人的物质追求和精神追求的失衡。现代工业社会和市场经济强化了人们对物质价值的追求，但过分的物质追求使个人疏忽了精神世界的丰盈，人退化为一种物质占有的存在物，成为物化和异化的个人。第二，个人理性弘扬与情感充实的失衡。工业时代崇尚科技与理性，高科技不断改变人的生存方式和思维方式，但人们在发挥理性的过程中，出现了高科技支配下的情感贫瘠与扭曲，导致了心理疾病的急剧增加。第三，个人自我现实生存与超越发展的失衡。超越

① 《马克思恩格斯选集》第1卷，人民出版社1995年版，第42页。

② 同上书，第45页。

是人的本性和本质的生存方式，这是人与动物的一个根本区别。但是，在工业社会里，“科学技术成就及日益提高的生产力都证明了现实的合理性，因而它使得一切超越成为泡影”。[①] 技术、物质、消费文化已将人们抹平为趣味齐一、缺乏个性的平面存在，个人成为丧失超越和批判维度的单向度的人。

二 个人主体发展悖论在中国的上演

中国改革开放的深化，市场经济的发展，个人利益合法性的承认，资本作用的发挥等，使得个人的自我意识和权利意识不断觉醒，个人力量得到极大的解放和发挥。个人主体性的发挥和张扬给社会带来了巨大的活力，极大地促进了中国的发展，但也造成了一系列问题。这些问题是个人主体性悖论在中国这块古老大地上演绎的反映。破解这些悖论，是拯救个人主体性的需要，也是我国经济社会健康发展的要求。

（一）贫富分化

个体之间贫富分化十分严重。改革开放之初，由于长期的平均主义影响，中国社会严重缺乏活力，导致了普遍的贫困和发展的停滞局面。为了改变这一状况，党和政府提出了“一部分人先富起来”的非均衡发展政策，理论上提出了“效率优先，兼顾公平”的思想，极大地激发了社会活力，推动了中国经济社会的高速发展。但是也造成了贫富差距日益拉大的问题。贫富悬殊、两极分化危及社会稳定。“收入差距的不断扩大会使部分经济困难的群体产生心里失衡和被剥夺感，甚至引发他们对社会的不满，影响社会稳定。”[②] 确实如此，由于贫富差距的不断拉大，导致我国社会矛盾在加剧、社会不和谐因素在增加，尤其经济利益矛盾突出、群体性事件不断增多、对抗程度增强、处置难度加大。[③] 如果贫富差距导致的矛盾继续加剧和恶化，就会危及社会和政治的稳定，“当今世界的主要‘热点’国家，政治动荡、内战的原因是多方面的，……但问题的焦点根本上是阶层间、地区间收入和发

---

① ［美］赫伯特·马尔库塞：《单面人：发达工业社会意识形态研究》，湖南人民出版社1988年版，第14页。

② 中共中央宣传部理论局：《理论热点面对面》（2007），学习出版社、人民出版社2007年版，第119页。

③ 同上书，第65页。

展差距过大”。[①] 应该说，在我国上述矛盾仍处于可掌控的范围内，我国政治和社会总体上是稳定的。但我们绝不能掉以轻心。

（二）资源环境危机

由于现代工业、科技和经济的迅速发展，人类社会与自然界的对抗日益加剧，其中包括人类个体与自然的冲突的加剧。进入现代社会以来，人类日益呈加速发展的趋势，马克思当年评价资本主义时，指出资产阶级在其不到一百年的统治时期内，所创造的生产力比过去一切世代创造的生产力的总和还要多、还要大。这一评价其实也是对现代社会生产力的迅速而巨大发展的评价。但是，现代生产力的大发展是以破坏资源环境为代价的，我国同样付出了这样的代价，“必须清醒地看到，我国环境形势依然十分严峻。长期积累的环境问题尚未解决，新的环境问题又在不断产生，一些地区环境污染和生态恶化已经到了相当严重的程度。主要污染物排放量超过环境承载能力，水、大气、土壤等污染日益严重，固体废弃物、汽车尾气、持久性有机物等污染持续增加。流经城市的河段普遍遭到污染，1/5 的城市空气污染严重，1/3 的国土面积受到酸雨影响。全国水土流失面积 356 万平方公里，沙化土地面积 174 万平方公里，90% 以上的天然草原退化，生物多样性减少。发达国家上百年工业化过程中分阶段出现的环境问题，在我国已经集中出现。生态破坏和环境污染，造成了巨大的经济损失，给人民生活和健康带来严重威胁，必须引起我们高度警醒”。[②] 到今天，我们已经不可能靠国内资源来支撑今后的发展。从消费总量看，到 2010 年，我国的石油对外依存度将达到 57%，铁矿石将达到 57%，铜将达到 70%，铝将达到 80%。我国的国内资源再也难以支撑传统工业文明的持续增长，我国的环境更难以支撑当前这种高污染高消耗、低效益生产方式的持续扩张。我国目前的废水排放总量为 439.5 亿吨/年，超过环境容量的 82%。我国 600 多座城市中有 400 多座供水不足，其中 100 多个城市严重缺水。[③]

（三）自由与平等的冲突

学者吴忠民认为，改革开放以来，中国出现种种矛盾和问题的原因，在

① 张国、林善浪等：《中国发展问题报告》，中国社会科学出版社 2001 年版，第 97 页。

② 温家宝：《全面落实科学发展观　加快建设环境友好型社会》，《光明日报》2006 年 4 月 24 日第 3 版。

③ 潘岳：《可持续发展与文明转型》，《人民日报》（海外版）2004 年 1 月 16 日第 2 版。

于“自由相对有余而平等相对不足”。[①] 其实质是，个人自由或个人主体性的过度发挥或不规范发挥造成了自由与平等的冲突。

平等意味着对社会成员基本尊严和基本权利的肯定和保护，“平等要求更应当是从人的这种共同特性中，从人就他们是人而言的这种平等中引申出这样的要求：一切人，或至少是一个国家的一切公民，或一个社会的一切成员，都应当有平等的政治地位和社会地位”；[②] 自由则意味着对社会成员的个体差异包括个人自主选择、个人禀赋、个人能力和贡献的尊重和保护。

改革开放后的一段时间，随着计划经济体制的瓦解、多元经济成分的出现，随着市场经济体制的逐渐建立，社会经济资源的垄断局面松动，社会中的自由流动资源出现并逐步增多，社会成员的自由流动空间迅速扩展。[③] 与之相适应，中国民众原有的人身依附性和身份系列开始瓦解，社会成员开始具有个体人所具有的自我意识，具有了自主选择职业、生活居地以及生活方式的可能性。中国民众自由程度开始大幅度提高，社会创造力得以大幅度提升，社会财富的创造源泉充分涌流。这就给经济社会的发展提供了强大动力。

但是，人们所得到的自由还是初级的，社会成员的基本权利还缺乏有效保护，并由此造成自由与平等的脱节和冲突。例如，市场转型初期，城乡不平等呈逐渐缩小的趋势，但是由于市场体制的不规范、不完善，导致了社会不平等逐渐加剧。社会主要群体如工人、农民工、农民在不规范的市场经济初级阶段的竞争中很容易处于劣势位置。市场经济唤醒人们的竞争意识，但不公平的竞争导致不平等急剧加大。因为谁能在竞争中获益或取胜，常常不是取决于个体的能力和努力，而取决于特权，而缺乏资源优势和基本权利保障的社会群体几乎没有任何竞争优势，因而往往得不到平等的机会。总之，由于机会平等和权利平等的严重不足，使得一部分人的自由往往会损害另一部分人的自由，并不断拉大社会成员间的差距。这样，自由与平等发生了严重的冲突。其实质上是少数人的自由肆意扩张与大多数人利益和权利受损之间的矛盾。

---

① 吴忠民：《走向公正的中国社会》，山东人民出版社 2008 年版，第 99 页。

② 《马克思恩格斯选集》第 3 卷，人民出版社 1995 年版，第 444 页。

③ 孙立平：《改革以来中国社会结构的变迁》，《中国社会科学》1994 年第 4 期。

(四) 绝对权利观造成的严峻后果

改革开放促进了公民个人权利意识的觉醒，捍卫权利成为人们的自觉意识和行动，我们已经走入一个权利的时代，这本是历史的进步。但是，过犹不及，国人的法律意识、公民意识、公共精神、集体精神等的发育却严重滞后，权利与责任之间出现了严重的失衡——权利意识高涨，而责任意识淡薄，从而造成不同个体权利之间冲突严重，个人主义野蛮生长，为了自我的权利而伤害他者（其他个体、集体等）的权利的思想和行为十分猖獗，将合理的权利意识推向绝对的权利意识，形成畸形的绝对权利观，导致了严重的社会危机、生态危机和生存危机。绝对权利观造成了严重的后果，极大损害了社会和谐，任其发展必然导致每个人的权利都无法得到保障，最后否定了权利本身。绝对权利观导致的严峻后果还为传统主义、极“左”思潮提供了口实和反扑的机会，个人主体性遭遇合法性危机。

总之，现代性危机的重要表现是，一部分人的主体性往往伤害另一部分人的主体性，一部分人的自由往往会损害另一部分人的自由，主体性、个人主体性、自由发生变异：一些处于强势位置的社会群体凭借着资源优势，使自己原本是“基于自由创造”的行为演化为一种“基于自由的为所欲为的扩张”的有害行为，使市场经济丧失起码的平等性，甚至造成少数人的资源得到极大的、超常规的扩张，从而形成某种“强者恒强，弱者恒弱”的畸形社会分层结构。[①] 这是我们必须高度警惕和抓紧化解的现代性危机。

第三节 个体理性与集体理性的悖反[②]

群体本位是中国传统文化价值观的重要方面，计划经济时代我们大力宣扬了集体主义精神。客观地说，任何社会任何时代的个人都离不开社会和集体，但我们的失误在于宣扬压抑个体的片面的集体主义。市场经济和现代化的发展要求确立个人的主体地位，发挥个人的主体性，要求尊重个体价值，保护个人权利，尊重个人利益；但个人主体性的发挥很容易失控，既存在不正确发挥的问题，也存在过度发挥的问题，从而破坏个体赖以生存发展的共

---

① 吴忠民：《走向公正的中国社会》，山东人民出版社 2008 年版，第 104 页。

② 参见詹宏伟《个体理性与集体理性的冲突与和解》，《甘肃理论学刊》2014 年第 1 期。

同利益。因此，个人利益和集体利益之间，个体理性和集体理性之间存在着深刻的悖论。这一悖论在当代中国的表现尤为突出。在前面“个人与社会的悖反”中已论及这一问题，由于问题的重要性，这里对其再进行深入具体的分析。

一　个体与集体及其相互关系

人是社会行为的主体。作为行为主体，人可以分为个体的人和群体的人，即人类社会行为主体有两种基本形态：个体和集体。个体与集体的关系是人类生存和发展必须处理好的重要关系。

（一）个体与集体的含义

1. 个体

作为相对独立的单元，个体是承载行为的最基本单位。从生物学上看，个体是实际存在的生物体，以具体性和唯一性为存在的主要特征。生物学家大卫·赫尔认为，个体是时空上有限并有相当明确的时间起点和终点的实体。[①]

学者张学文认为，个体是对于某种特定的总体（群体、体系、系统等）而言的，如果从某个角度可以把它依照比较清楚的边界分割为若干地位相同、彼此可以独立存在的N部分（N是大于0的正整数），那么其中的每一部分就是一个相对而言的“个体”。与群体中的其他各个部分边界清晰、地位相等、独立存在是任何“个体”得到承认和存在的基本条件。[②]

上述学者是从最一般的意义上界定“个体”概念的。但是个体概念用于人这个领域却有着更丰富的含义。个体的核心含义不是作为群体的组成部分，而是作为一个不可分割的独立实体而存在的个体。牛津词典对个体（个人）的定义是“a person considered separately rather than as part of a group”。[③]这一定义强调个体的独立性和主体性，个体并不是整体可以随意拆分或省略的部分。

哲学家对个体的思考更深刻，更富有人文精神。马克思就是根据个人主体发育的状况把人类社会划分为三形态的，他特别指出独立个人生成的第二

---

① David Hull, *Philosophy of Biological Science*, *Englewood Cliffs*, New Jersey: Prentice-Hall, 1974.

② 张学文：《横贯多领域的一个概念和一个单位》，《世界华人一般性科学论坛》2005年第6期。

③ 《牛津高阶英汉双解词典》第6版，商务印书馆、牛津大学出版社2005年版，第899页。

种形态的历史意义。19世纪哲学家克尔凯郭尔对个体概念的含义进行了深入而富有人文气息的探讨，他特别强调个体人的主体性和独立价值。他反对近代哲学家总是从抽象的意义上理解人，以为这抹杀了个人的主体性和独立性。他认为，黑格尔哲学是一种用思想整体来牺牲个人、使人非人化的哲学，是对人的地位和尊严的一种蔑视。① 为此，他还对群体概念进行了解构和批判，努力使个人从对群体的依附下解脱出来，变成真正的独立的存在。他说，个人不是作为整体的一个部分或一个环节的人，不是作为群体中的一分子的人。"人们可以说，我是个体的一刹那，但我不愿意是一个体系中的一章或一节。"他认为群体是一个抽象的名词，并非真实的存在，群体外表上是庞然大物，囊括了一切人，实际上它排除了个人的一切独立性、个性，因而它无比空虚。每一个人都有两只手，群体则没有。群体所做的事都得由个人去完成，离开了个人就不能存在。而个人如果被当做群体的一部分，就会失去其本来所具有的东西，失去自由和独立作出决定和选择的能力，失去责任感，这样的个人就会成为非真实的存在。他说："群体就其概念本身来说是虚妄的，因为它使个人死不悔悟和不负责任，或者至少削弱了他的责任感，把它降为零数。"②

总之，这里的个体是专门针对人而言的，是从事社会实践、具有独立的行为责任能力和明显主体性特征的个人。

2. 集体

集体是一个复杂的概念，家庭、宗族、社区、部门、企业、团体、民族、种族、国家，乃至全人类，都可以称作集体。美国经济学家奥尔森认为，拥有共同利益的个人形成"集团"。③ 他所说的"集团"就是集体。从一般意义上讲，集体指：一组具有相对独立性的个体，以共同利益和目标为基础的集合；或者说，集体是为了实现某个特定的目标，两个或两个以上相互作用、相互依赖的个体的组合。

因此，集体不是个体的简单叠加，它建立在个体相互依存和相互作用的基础上，并有着特定的目标。

---

① 刘放桐：《新编现代西方哲学》，人民出版社2000年版，第43页。

② 同上书，第46页。

③ ［美］曼瑟尔·奥尔森：《集体行动逻辑》，陈郁、郭宇峰、李崇新译，上海三联书店、上海人民出版社1995年版，第7页。

（二）个体与集体的关系

集体对于个体而言具有十分重大的意义。个体的基本需要和利益可以通过集体的资源和条件得以实现。集体是由个体组成的，每个个体在社会化的过程中不断进入或离开某个集体，集体通过个体而形成。因此，集体与个体是互相对应的概念。在人类社会的生存和发展过程中，它们就像一对孪生子，总是紧密地联合在一起。没有个体就没有集体，反之亦然。集体和个体存在着辩证统一的关系。

集体是由相互依存的个体构成的有机体。没有个体，集体就无法存在或者失去存在的基础，个体是构成整体的要素，这是集体对个体的依赖；而个体总是依靠某个集体才能生存，离群索居的个体那只是艺术的想象，是无法生存的，这是个体对集体的依赖。

但是集体与个体之间也常常存在着矛盾，二者之间相互依赖的关系是不平衡的。在集体利益和个体利益发生冲突时，在多数情况下，个体利益要让位于集体的整体利益，集体拥有比个体大的力量。

人们追求集体利益与个体利益的一致，但两者又不是天然的一致。我们不能想当然地将个体行为直接延伸为集体行为，不能由个体利益直接引申出集体利益，也不能从集体行为武断地推导出个体行为，不能武断地说集团利益就等于个体利益。

二　个体理性与集体理性及其相互关系

无论在个体层面还是集体层面上，人类行为一般是以理性为重要基础的。① 因此，认识人类行为，特别是个体行为和集体行为之间的关系时，就必须了解个体理性和集体理性及其相互关系。

（一）理性

在哲学认识论中，理性是相对于感性而言的，是人的一种逻辑思维能力，是人类正确理解自我、自然和社会的前提，其内涵和外延随着时代的发展而变化。学者张晓峰认为，理性指人们以概念、判断、推理等逻辑形式，应用分析与综合、归纳与演绎等逻辑思维方法，以系统化、理论化、模式化

① 叔本华、尼采及一些后现代主义学者等等掀起了反理性主义思潮。理性至上主义完全抹杀了人的非理性因素及其作用，这当然是错误的。但不能因否定理性至上主义而否定了理性本身，正确的做法是让理性回归恰当的位置，承认非理性的存在，重视非理性因素的作用。理性虽说不是人类行为的唯一基础，但始终是人类行为的重要基础，乃至最重要的基础。

的思想、理论、原则指导人类实践的认识能力和实际活动能力。[①]

哲学理性概念具体到经济学中形成经济理性，或者说，经济理性是哲学理性概念的具体化：经济理性指人们在经济活动过程中的思考能力、计算能力和趋利避害能力。我国著名经济哲学专家张雄教授把经济理性概念的含义概括为三条，是对经济理性概念的较全面而深刻的把握：第一，理性指的是一种理性化的能力，包括寻求确定性和内在一致性；第二，理性是以对追求自身利益的推断来表示的；第三，理性是一个手段——目的概念。理性常常与目标相联系，常常指实现目标的手段或工具，因此常常称为手段理性或工具理性。[②] 西方主流经济学对理性概念作了两个著名的规定：一是自利最大化，二是内在一致性。[③] 前者是实质理性，后者是程序理性或形式理性。

诺贝尔经济学奖得主阿马蒂亚·森在西方属于非主流经济学家，他对主流经济学的上述两种理性规定进行了深入的批判。由于他对内在一致性理性观的有效批判，动摇了“内在一致性”作为理性概念核心内涵的地位。[④] 但他对自利最大化理性观的批判更富有成效和意义。首先，阿马蒂亚·森否定人的行为动机唯一性的观点，主张人的行为动机的多元性，自利最大化只是人的行为动机之一，而不是全部。[⑤] 其次，更重要的是，阿马蒂亚·森试图改变理性的含义，并扩展了理性的外延。他认为，不仅个人自利最大化行为可以是理性的，而且受“同情”和“承诺”影响的行为也可以是理性的。其中，基于“同情”的行为不符合“自我中心的福利”原则，基于“承诺”的行为甚至有损行为者的利益，都不符合传统的自利理性观的规定，但并不构成对个人理性意志的任何否定，都应该算是理性行为的一部分。[⑥] 阿马蒂亚·森的批判性分析对理性概念的完善和发展富有建设意义，他的突出贡献

---

① 张晓峰：《理性的缺憾及对理性主义政策分析的反思》，《政治学研究》2004 年第 4 期。

② 张雄：《市场经济中的非理性世界》，立信会计出版社 1995 年版，第 27—28 页。

③ ［印］阿马蒂亚·森：《伦理学与经济学》，王宇、王文玉译，商务印书馆 2000 年版，第 18 页。

④ Amartya Sen，*Rationality and Freedom*，Cambridge，M. A.：Harvard University Press，2002，pp. 122 – 123，126 – 127.

⑤ ［印］阿马蒂亚·森：《伦理学与经济学》，王宇、王文玉译，商务印书馆 2000 年版，第 21 页。

⑥ 参见阿马蒂亚·森《理性的傻瓜——对经济学的行为主义基础的批判》，载亨利·哈里斯主编《科学与人》，商务印书馆 1996 年版，第 14 页；参见阿马蒂亚·森《伦理学与经济学》，王宇、王文玉译，商务印书馆 2000 年版，第 88—89 页。

是确立了利他主义等非自利行为的理性属性，在他看来，利己和利他都可以是理性的。这是对传统西方狭隘理性观的一个重要突破。[①]

但阿马蒂亚·森没有进一步探究非自利理性的实质，没有意识到：受"承诺"等利他因素支配的行为实质上是受集体理性支配的行为。[②] 传统的自利理性实际上是一种个体理性，而阿马蒂亚·森的利他理性是一种集体理性，利他理性行为对于个体而言不一定带来当下的直接利益，甚至可能带来损害，但个体为什么还要发动这种行为呢？因为这种行为对集体有利，受集体理性影响的个体会以集体理性支配自己的行为，从而产生利他的理性行为。下文将详述个体理性和集体理性的含义及其关系。

这样，在吸收阿马蒂亚·森研究成果的基础上，我们可以重新定义理性概念：理性就是行为主体对利益最大化的追求。当行为主体是个体时，个体是利益最大化的受益者，这种理性就是传统的自利理性；当行为主体是集体时，集体是利益最大化的受益者，这种理性就是集体理性。可见，"利益最大化"才是理性概念最核心、最坚固的规定。理性概念的其他规定都有可能被否弃，如"完全性"规定、"内在一致性"规定，但"最大化"或"利益最大化"规定始终是坚挺的。

这里有必要讨论一下马克思主义哲学研究者的批判。一些马克思主义哲学研究者认为西方主流经济学理性观的缺陷是将人性抽象化、非历史化，其中包括把"最大化"抽象化、非历史化。这种批判是中肯的。西方主流经济学把理性经济人概念及其中的"最大化"规定绝对化、永恒化、无条件普遍化，结果走向了悖谬。但如果对理性经济人概念做一些修正和限定，还是能够还原其相对真理属性的。首先，理性经济人的"人"（即理性主体）可以是个体，也可以是集体；其次，我们得承认，在市场经济这一特定环境和特

---

① 在森之前，已经有学者对西方传统理性观提出质疑和改进，最著名的是西蒙提出的"有限理性"说，西蒙批判了传统理性观内含的完全理性假设，并对理性内在一致性规定提出挑战（赫伯特·西蒙：《现代决策理论的基石》，杨砾、徐立译，北京经济学院出版社 1989 年版，第 46 页）。但他仍然坚守自利最大化理性观的基本内核，只不过是揭示了这种理性的有限性罢了，可算作是对自利理性观的改良。森的见解则具有革命性，即把非自利的利他行为也纳入理性范畴，突破了传统狭隘的自利理性观，实现了人们对理性内涵认识的革命。哈耶克因理性的有限性而极度贬低理性的作用，这是我们不能赞成的。

② 阿马蒂亚·森所谓的"承诺"是指，为了追求某种价值，如社会正义、集体福利等，人们自愿作出自我牺牲（参见阿马蒂亚·森《伦理学与经济学》，王宇、王文玉译，商务印书馆 2000 年版，第 87—90 页）。道德的重要功能是解决个体利益与集体利益的矛盾。阿马蒂亚·森所指的"承诺"实质上就是为了集体整体利益和长远利益而放弃个体当下的利益。

定历史阶段中，从事经济活动的行为主体（不论个体主体如个人，还是集体主体如经济组织）的行为倾向确实是或主要是追求自己利益最大化，改革开放以来，我们逐渐恢复了物质利益原则的合法性，实际上就是对理性经济人概念的某种承认。这符合环境塑造人的唯物主义思想。

（二）个体理性和集体理性的含义

行为主体分为两个层次：个体和集体。与之相对应，理性也体现为两个层次：个体理性和集体理性。上文明确了理性的内涵，并初步给出了个体理性和集体理性的含义，下面进一步明确这两种理性的含义。

作为理性的一个层面，个体理性是指个体人和其他类型的个体的行为以实现自身利益最大化为目的，除非为了实现自身最大化利益的需要，否则不会考虑其他个体或社会的利益。

作为理性的另一层面，集体理性是指由个体组成的特定群体以该群体整体利益或共同利益最大化为行为目标，当个体利益最大化与群体利益最大化发生冲突时，集体理性的取向是要求个体利益服从群体利益，以满足群体利益或共同利益最大化的要求。

（三）个体理性与集体理性的一般关系

个体理性与集体理性有一致的一面，也有不一致的一面，还有对立的一面。因此，个体理性与集体理性的关系有三种情形：一致；不一致但不冲突；冲突。

1. 个体理性与集体理性相一致

主要表现是：集体与个体互相配合、共同进步、同步发展、相互促进，双方形成和谐的关系。斯密认为，当每一个个体谋求自身利益最大化时，群体理性的结果会自动产生“看不见的手”，将各个个体自己的努力联合起来，并保证结果具有社会效率。即是说，个体理性与集体理性是一致的，个体在对自己的利益追求中必将导致社会利益的最大化。“西方经济学把市场中个人理性行为的总和理解为社会的集体理性。亚当·斯密在《国富论》中论述了该原理，后世经济学家只是用看起来似乎严密的数学形式来论证这个原理。”① 应该说，斯密的观点不完全是理论虚构，也是对实际生活的概括，至

---

① 鲁品越：《资本逻辑与当代现实——经济发展观的哲学沉思》，上海财经大学出版社 2006 年版，第 174 页。

少是对市场经济生活实际部分情形的概括。不过，新古典经济学等西方主流经济学的失足在于把这种情形普遍化和非历史化。

2. 个体理性与集体理性不一致但并不相互冲突

个体是集体的一分子，但集体不可能总是完全代表其中所有成员的所有利益，个体和集体各自的利益诉求在一些时候和一些方面不尽一致，二者虽然不结成相互促进的关系，但也并不互为障碍或限制因素，而是形成一种和平共处的关系。这种情形往往被研究者忽视。其实，这种情形介于两种理性的一致和冲突之间，是一种中间地带，它在实际生活中并不鲜见。

3. 个体理性与集体理性的冲突

个体理性与集体理性相互冲突的情形在市场经济的现实中大量存在。个体理性与集体理性的矛盾和对立首先在于二者利益诉求的矛盾和对立。个人的自私行为在许多情况下显然不能在斯密那只“看不见的手”的指引下产生最佳的社会共同结果，个体理性不能保证集体利益最大化，个体理性不是集体利益最大化的充分条件，不能武断地说个体的理性会自然而然带来集体理性和集体利益；另一方面，集体不一定总会为每个个体的利益行事，追求集体的整体利益也有可能损害或牺牲某些个体的某些利益。下面具体分析市场经济条件下，个体理性与集体理性相冲突的情形。

（四）市场经济与两种理性的冲突

市场经济是承认和肯定个人权利和个人利益的经济。个体在追求自己利益的过程中，在个体理性（个人利益最大化）的支配下充分发挥着自己的主体性。这是市场经济的微观基础，是与计划经济的一个根本区别，其优势是具有强大的动力和充分的活力。

然而，“成也萧何，败也萧何”，正是这种个体理性的解放和张扬却导致集体利益的受损。博弈论中的“囚徒困境”和“公地悲剧”精彩地揭示了这个问题（见图5—1）。“囚徒困境”和“公地悲剧”揭示的道理是：基于个体理性的正确选择往往降低其他人和集体的福利，最后还是会伤及自身。因此，基于个体理性的选择和决策，对于集体来说，其效果并不一定最优。“囚徒困境”揭示的道理是，基于个体理性的正确选择往往降低其他人和集体的福利。即是说，基于个体理性的选择和决策，对于集体来说，其效果并不一定最优。

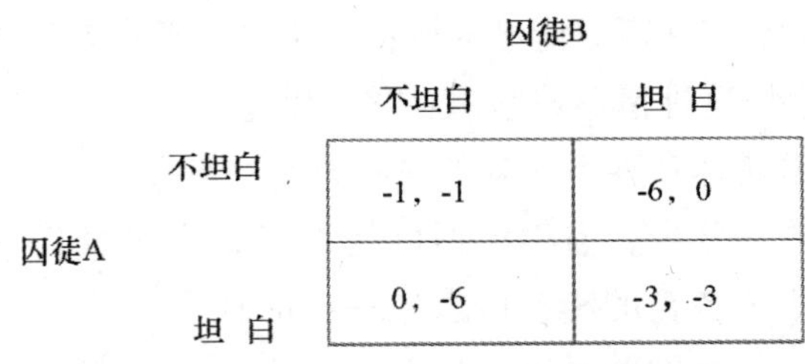

图 5—1 “囚徒困境”博弈矩阵

“囚徒困境”描述的是两个嫌疑犯 A 和 B，因为被控一宗罪而成为同案犯，他们分别被关在两个独立的不能互通信息的牢房里，因而无法串谋。已知法院的判决条件如下：如果两人都坦白，则各判 3 年；如果两人都不坦白，则因证据不足各判 1 年；如果两人中有一人坦白而另一人不坦白，那么坦白的人被放出去（坦白从宽），不坦白的那个人被判 6 年（见图 5—1）。

从这个矩阵图可以看出，无论囚犯 A 怎么选择，囚犯 B 选择坦白总是最优的，同理，不论囚犯 B 怎么选择，囚犯 A 坦白也总是最优的。这样，由于两人都从个体理性出发，都会选择坦白。其实很明显，如果两人都选择沉默，结果对两人都要好，都只判 1 年。可是，个体理性通过利害权衡，发现即使自己保持沉默，但不能保证对方也如此，因此选择坦白还是最安全的上策；两个人都这么想，自然就形成了（坦白，坦白）这种博弈解，即纳什均衡。总之，两个囚徒按照个体理性的逻辑却得到了糟糕的结局：各坐 3 年牢。“囚徒困境”揭示了个体理性和集体理性之间存在的内在的深刻的矛盾。它也充分显示了个体理性的局限性。

在市场经济环境中，个体理性和集体理性之间的冲突比比皆是。

马克思在《资本论》中就深刻地揭示了这一矛盾。资本家的个体理性和全社会的集体理性之间存在着内在的冲突：每个资本家都追求自身利润的最大化，进行资本的集中与积累，最后导致整个社会经济陷入失去集体理性制约的无政府状态，无数资源被浪费和闲置，产生一次次经济危机，最后导致整个资本主义经济体系的崩溃。

单个企业相对于社会整体来说是个体。每个企业都追求自身利润的最大化，大力进行资本积累，肆意压低工资和破坏环境，以降低成本，甚至通过假冒伪劣降低成本，把内部成本转化为外部成本，使社会公众付出的外部成本最大，实现个体利益最大化，但最后导致整个社会经济陷入需求不足的过剩危机、信任危机和严重的资源环境危机，使得企业的进一步发展丧失了必要的需求条件、社会条件和资源环境条件，导致发展中断。因此，社会整体的集体理性要求个体企业约束自己的个体理性，承担社会责任。

单个消费者相对于整个社会来说是个体。消费者追求最低价格和最大效用，此即经济学所说的最高“性价比”，它是消费者个体理性运用的表现。然而消费行为不可避免地会造成外部性资源消耗——对环境的污染，但这是个体理性所不考虑的，而社会的集体理性则要求把这种污染控制在最低限度内，要求消费者承担相应的成本。

总之，市场经济承认和保护个人追求自己利益的权利，解放和张扬了个体理性，但正是这种张扬的个体理性却往往损害集体的或共同的利益，从而与集体理性发生冲突。

但是，个体最终是离不开集体的，当集体利益受损后，也意味着个体的利益受损或将要受损（很明显，覆巢之下，安有完卵?）。个体在追求自身利益最大化时损害了集体利益，并最终损害个体自己的利益，个体从追求自身利益最大化出发，结果却是自己的利益受损，也就是说，个体是自己损害自己的利益。这是市场经济的一个深刻的悖论，也是现代社会的一个深刻的悖论，是现代性危机的一个重要表现。

第四节　追寻个人主体性陷入危机的根源

马克思主义历史辩证法是我们分析社会历史问题的有力理论武器。在马克思历史辩证法视野里，一方面要反对以往重历史规律轻主体人文关怀、重社会价值轻个人价值、重社会历史的客体向度轻主体向度的机械唯物主义；另一方面要反对脱离社会结构制约和客观条件制约来抽象谈论个人主体性的发挥的唯心主义人本主义。马克思哲学既高扬人类主体在历史发展过程中的能动性，又坚持了社会历史发展的客观制约性，是由历史地肯定人类主体作用的历史辩证法与坚持从现实物质生产出发的历史唯物主义的完整统一，“把人们当成他们本身的历史的剧中的人物和剧作者”。以马克思历史辩证法审视当代人类的主体性危机可以得到如下认知：对以往只见客观规律而漠视主体向度的历史进程进行伦理批判是值得肯定的，但是，人们往往不懂得

“人们自己创造自己的历史，但是他们并不是随心所欲地创造”[①] 的道理，从一个极端走向另一个极端，抽象地、过分地、脱离客体制约性地去张扬个人主体性，最终必然掉进主体性黄昏的陷阱。

根据马克思“现实的个人”思想，人既是有实践能动性的存在，也是关系性的存在，现实的人是社会关系的总和。这就启示我们，任何个人必然是一定社会关系中的个人，不在一定社会关系中的个人是不可能存在的，社会关系对个人的生存发展产生制约作用。因此个人在发挥实践主体性时，一定要协调好与他者的关系，这既是个人发挥主体性的条件也是个人发挥主体性的制约因素。之所以说是发挥主体性的条件，因为任何个人的存在发展都借助了他人和社会的帮助；之所以说是制约因素，是因为个人如果只把他者当作工具，则一定会遭到对方的抵制；如果个人只把客体自然当做工具，也最终会招致报复，“我们不要过分陶醉于我们人类对自然界的胜利。对于每一次这样的胜利，自然界都对我们进行报复”。[②] 最后使个人主体性自己陷入困境。总之，个人与他者一旦缺乏健康的互动，自我如果缺乏他者的认同，个人主体性最终会困难重重，直至沉寂下去；这就要求把人际关系从“主—客”关系转为“主—主”关系，或由现代性的“我—他”关系模式转为“我—你”关系模式。[③]

人与自然的矛盾与人与人的矛盾两者是互动的。马克思说，自然史和社会史总是相互制约的，“人们对自然界的狭隘的关系决定着他们之间的狭隘关系，而他们之间的狭隘的关系又决定着他们对自然界的狭隘的关系。”[④] 因此，人与自然之间的矛盾的真正解决首先取决于“人与人之间的矛盾的解决”。[⑤] 对此，我国著名学者高清海说得很清楚：“在人被分裂的孤立单子的状态下，人同自然必然会处于对立的关系中。人们无休止地征服自然，无节制地掠夺自然财富，实质都不过是掠夺他人、征服他人的一种手段。当人和人建立了本质一体化关系之后，情况就完全不同了，那时人们必然会去关怀

---

① 《马克思恩格斯选集》第 1 卷，人民出版社 1995 年版，第 585 页。

② 《马克思恩格斯选集》第 4 卷，人民出版社 1995 年版，第 383 页。

③ 马丁·布伯：《我与你》，陈维纲译，三联书店 1986 年版，转引自周志山《马克思社会关系理论及其当代意义》，齐鲁书社 2004 年版，第 219 页。

④ 《马克思恩格斯选集》第 1 卷，人民出版社 1995 年版，第 82 页，注释①。

⑤ 《马克思恩格斯全集》第 42 卷，人民出版社 1979 年版，第 102 页。

人类的共同的生存环境，会把自然看作人的家园去小心地经营、加倍地爱惜。”①

弗莱德·R. 多尔迈在《主体性的黄昏》一书中，描述了“黄昏型”个人主体的特征：这种个人主体性是以自我为中心的占有性个体主义，以统治自然为目标的人类中心主义，不顾他人的单一主体性等。很明显，这样无视客体和他者的个人主体性陷入悖论和危机是必然的。只有改变这种狭隘的个人主体性，才能拯救个人主体和个人主体性。

① 高清海等:《人的“类生命”与“类哲学”：走向未来的当代哲学精神》，吉林人民出版社1998年版，第244页。

第六章　个人主体性危机的化解

第一节　化解危机的总思路：设定个人主体性区间

石元康先生认为，在现代社会中，个人意志得到了肯定是其最大的成就，但是在这种分化的自由的基础上，能否再建立起一个统一，则是现代社会所面临的最大课题。① 对于当今中国而言，一方面，个人主体已经初步生成和确立起来了，这一点应该得到巩固和发展；但另一方面，由于个人主体性不正确的和过度的发挥，造成了许多严峻的问题和危机，导致了个人主体性的自我否定，亟须有效应对。当然，我们的应对措施绝不能走取消个人主体性的老路，那是因噎废食的错误思路。因此，我们的原则是既要肯定和充分发挥个人主体性又要防止其错误的、过度的发挥。但怎样落实这一原则呢？本书提出一个总的思路：设定个人发挥主体性的区间。所谓个人主体性区间，就是个人主体性的发挥存在一个下限和上限，上下限之间构成一个区间。

所谓下限，亦称底限，指必须确保个人主体地位的确立，杜绝取消个人主体地位的各种思想和建制，确保个人主体性的合法性，以便个人能够发挥主体性，这是个人主体性的底限。本书第二、三、四章已经详细分析了中国改革促使个人主体的生成和确立，并分析了由于改革不足导致目前我国个人主体的生成发展尚存在的种种障碍，提出了深化改革、促进个人主体继续发

① 石元康：《市民社会与现代性》，载石元康《从中国文化到现代性：典型转移?》，生活·读书·新知三联书店2000年版，第220页。

育发展的任务：[①] 一是改革的地区性不平衡。中西部落后地区个人主体性的启蒙任务还很艰巨；二是许多改革任务尚未完成。如产权改革、政治体制改革、教育体制等；三是文化转型和社会发育尚任重道远。这些问题的存在警醒我们：在我国，个人主体的发育和发展还很不够，个人主体地位还很不巩固，个人的主体性尚不能充分发挥出来；这迫切需要进一步深化改革，进一步精心呵护和培育个人主体。下限的设定和坚守，目的在于排除传统和极“左”思维和相关体制、机制对个人主体性的羁绊和伤害。

所谓上限，指规范、引导和制约个人主体性的发挥，防止其过度发挥和错误发挥，防止个人主体在发挥主体性时伤害他者，从而使得个人主体性发挥不过度，不走向片面和狭隘。通过上限的设定和坚守，可以防止个人主体性自我否定，防止个人主体性陷入“主体性黄昏”陷阱，保证个人主体健康发展，也是对后现代主义反主体性思潮的有力回应。

保持上限采取哪些具体措施呢？本章在下面几节中提出了一系列化解个人主体性危机的理论方案，其中就包含对个人主体性上限的设定：第一，实现个人主体性转型升级（推动绝对权利型个人主体向权利—责任平衡型个人主体乃至利他型个人主体转变；促进个人主体范式的交往转向，从个人主体性转向个人交往主体性或个人交互主体性，树立交往理性）；第二，用公平正义原则化解不同个人主体间的利益矛盾；第三，用集体理性和社会主义核心价值观引导个体理性，实现个体理性和集体理性的和谐；第四，推动实现中西方文化价值的互补融合；第五，深入理解和贯彻科学发展观理论体系，促进发展方式转型；等等，以期实现个人主体正确地发挥主体性，保证其不超越上限，即不过度发挥，在发挥主体性过程中不伤害他者。

上限和下限的设定，就是要引导个人主体在充分发挥自己主体性的同时，正确处理与自然和他者（他人、集体、社会等）的关系，以达到个人主体与他者和自然和谐、双赢的目标。

上限和下限之间，是中国个人主体性发挥作用的区间，这种个人主体性是受制约的主体性，是在“夹缝”中发育发展的个人主体性。中国走向现代

---

① 本书第二、三、四章详细分析了中国的各方面改革如何促进了个人主体的生成和个人主体性的发挥，同时也分析了由于改革不足造成的对个人主体性的压制和伤害，提出了深化改革、进一步促进个人主体生成发育、进一步弘扬个人主体性的措施。这里仅作一个概述，详细分析见第二、三、四章。

化，深化和完善市场经济的历史进程是无可扭转的，社会彻底完成从第一种社会形态向第二种社会形态转型，并朝着第三种社会形态方向前进，这是中国历史发展的大趋势。在这一过程中，中国的个人主体性既需要继续发育和成长，也需要克服偏误和狭隘，走向完善和成熟，避免西方主体性黄昏的命运，因而需要及时地规范、制约及完善和提升个人主体性。这样，处于夹缝中的中国个人主体性，也许可以获得健康成长的特殊客观环境和独有的历史条件。

第二节　实现个人主体的转型升级

如何破解个人主体性危机？必须在肯定个人主体性合法性的前提下，大力促进个人主体转型升级，协调不同个人主体间的冲突，实现不同个人主体之间的和谐。具体来说，就是要采取以下两方面的措施：一方面，要推动个人主体的转型升级：推动绝对权利型个人主体向权利—责任平衡型个人主体，乃至利他型个人主体转变；促进个人主体性范式的交往转向，从个人主体性转向个人交往主体性或个人交互主体性，这就要求个体树立交往理性；另一方面，要用公平正义原则化解不同个人主体间的利益矛盾。本节研究第一方面的措施，本章第三节研究第二方面的措施。

一　从绝对权利型转向权利—责任平衡型

西方主体间性理论和后现代性理论启示我们，传统的旧式个人主体及其发展之路确实已经陷入绝境，作为后发现代化国家的中国，我们不能重走西方国家的老路，即先任由主体性片面发展，物极而反，到造成严重的危机之后再有一个反主体性阶段或主体间性转向的阶段。

由西方现代化发展的教训和我国现代化发展中出现的问题，我们认识到，随着现代化的兴起，个人主体日益崛起，这本来是历史的进步，但是关键问题是形成什么样的个人主体。纵观中西方现代化历史和现实，可以概括出三种类型的个人主体：第一种是绝对权利型个人主体，就是西方传统的个人主体，即弗莱德·R. 多尔迈所描述的狭隘的、占有式的个人主体，这种个人主体把个体权利视为绝对的，[①] 必然造成自我与他者冲突的现代性危机，

① 张维为：《用“中国话语”解读世界》，《光明日报》2012 年 8 月 28 日。

西方直到今天还没有真正摆脱这种危机。第二种是权利—责任平衡型个人主体，面对严重的现代性危机，西方人自己也认识到传统绝对权利型个人主体的弊端，但并不主张取消个人主体而回到前现代的血缘、等级、专制状态之中去，而是主张责任与权利实现平衡和互补，甚至哈耶克这种自由主义者也对传统自由主义绝对权利型个人主体和绝对自由提出了不同看法，他说："一个自由的社会大概较任何其他社会都更多的要求人们行为应该受到责任的指导。"① 第三种是利他型个人主体，利他型个人主体当然仍然是个人主体，个人的主体地位并没有被取消，但这种主体地位不是仅仅体现在对自我权利的争取和坚守，而主要体现在为他人和社会做贡献上，即通过为他人和社会做贡献来体现自己的主体资格、主体性、自我价值，例如雷锋式的个人就是典型的利他型个人主体。据报道，西方国家也有人学雷锋，这是社会发展克服现代性危机的内在要求，是社会和个人主体发展的方向，我国仍然坚持学雷锋活动也具有这样的意义，要从培育新型的利他型个人主体和克服现代性危机的角度重新认识学雷锋活动的当代意义。

总之，无论来自西方教训的警示，还是我们自己面临的紧迫问题，都要求我们必须超越传统个人主体及其发展之路，尽快实现个人主体及其发展的转型：在中国现代化整个过程中都要避免那种"占有性"的、狭隘的旧式个人主体，形成与他者（其他个体、社会）和自然和谐共生共进的新型个人主体，即权利—责任平衡和互补型个人主体，同时，还要积极推动利他型个人主体的生成和发展，真正的共产党人就是这样的利他型个人主体。形成这两种新型个人主体是中国式现代化模式的重要特点和重要内容，大力推进这种新型个人主体的生成发展是超越西方现代性模式，形成中国式现代性新模式的重要途径，是中国现代化健康发展和人的健康发展的内在要求。

二　传统个人主体的交往转向

学者龙柏林对个人交往主体性有专门研究，这里在吸收他的研究成果的基础上作一些发挥。

（一）个人主体性向个人交往主体性的转型

首先让我们明确个人交往主体性概念的含义。个人交往主体性即个人交互主体性，是基于个人与他者的关系而言的，指个人主体在"人—人"关系

---

① 转引自吴玉章《论自由主义权利观》，中国人民公安大学出版社 1997 年版，第 90 页。

中建立起来的对个人主体权利、尊严和人格的维护的主体性。当个人作为主体存在时，他者亦可以是主体，不能简单地把他者当做被动的客体，于是便有了交往活动中的个人交互主体性，即个人交往主体性。①

个人主体性发展的交往转向，是个人主体性发展困境的一种化解方式。这里的交往转向具有双重含义：一是个人主体性黄昏困境的化解，关键在于个人与他者社会交往层面的科学解决；二是个人主体必须践行交往理性或交往合理化。只有这样才能纠偏主体性黄昏境遇中工具理性、认知理性僭越的弊病，构建与社会交往视域相应的理解沟通理性，化解主体性困境。②

片面的以自我为中心的、无视他者的个人主体性必然造成个人主体性悖论，并导致个人主体性黄昏的命运。怎样超越这种狭隘的个人主体性？“只有将‘类主体’放置在多极主体间双重整合机制中加以考察，将‘类’视作为交往的共同体，才有可能真正地超越自我中心论。”③

真正促使个人主体性转向个人交往主体性的力量是时代的发展变化。首先，西方第一次现代化的一个重大教训就是主体性、个人主体性的片面膨胀、过度发挥，导致形成了弗莱德·R. 多尔迈在《主体性的黄昏》一书中所描绘的那种个人主体性：以自我为中心的占有性个体主义、以统治自然为目标的人类中心主义、不顾他人的单一主体性等意义上的个人主体性。随着现代化向第二次现代化转型，即现代工业社会向知识经济的能本社会转变，促使个人与他者以真实交互主体的形态出现。因为知识经济是能本经济，它超越了血缘、权力和金钱社会的狭隘性，摆脱了个体对血缘和权力的人身依附，克服了金钱役使人的异化，为个人主体性的发挥，也为个人与他者之间独立、平等、开放、竞争、合作的交往提供了基础和环境，纠正了个人与他者的不对等关系，使个人成为与他者平等对话的交互主体，并昭示了马克思向往的自由人联合体的和谐社会的可能性。其次，全球化浪潮和市场经济的完善，呼唤着个人主体性的交往转向。市场经济不但赋予个人以自我决策、自主行动与自我负责的主体地位，而且它通过交换的开放性，赋予个人以平等、自由的主体地位，使个人在平等的多层次交往中形成较为丰富的社会关系。全球化使市场经济打破了过去自然经济条件下活动的地域局限性和小生

① 龙柏林：《个人交往主体性研究》，广东人民出版社 2005 年版，第 10—11 页。

② 同上书，第 1—2 页。

③ 任平：《走向交往实践的唯物主义》，人民出版社 2003 年版，第 116 页。

产的狭隘眼界，个人交往变得越来越频繁与普遍，交往的范围越来越大，有力地推动了个人交往主体性的发展。

（二）个人交往主体性是个人主体性的一种新生形态

相对于传统的群体本位时代而言，西方现代社会确立的个人本位时代有其历史进步性，经济社会获得了极大的发展，个人获得了空前的解放。但是，西方现代社会的个人主体性的局限性是重大的：个人不仅受物的役使，而且脱离集体和他人成为“单子”式的个人，个人主体性表现为“个人单子主体性”。正在构建富有自己特色现代性的当代中国，发育生成中的个人主体，既要超越依附性的个人，又要超越“个人单子主体性”，也就是说，既要凸显个人的独立价值，又要防止走向狭隘的单子式的个人。达致这一理想境界的可行出路是推动个人主体转向“交往”式的个人主体。交往内蕴的“平等”理念，使个人和他者之间相互承认主体资格，而不是仅仅把他者当成一个客体，“交往是打破自我封闭、破除自恋情结和解放自我的唯一途径”，[①] 只有交往理性和交往实践才能真正推动我们超越自我中心论，克服个人主体性的狭隘形态，从而丰富和发展个人主体性，推动个人主体性转型升级。显然，个人交往主体性是个人主体性的一种新生形态。

（三）个人交往主体性是扬弃片面个人主体性的结果，是个人主体性发展的更高境界

在现代社会，个人主体从原始的共同体的束缚中解放出来，以独立的姿态出现在历史舞台上，但个人主体性在获得解放的同时却又掉进了得意忘形的陷阱，导致了主体性的自我否定。“人的主体性在扩展中引起了反主体性的问题。这些问题包括主体自身的异化、客体的反主体化和他人的非主体性，等等。”[②] 具体来说，个人主体性出现了以下问题：第一，个人自我异化，个人变成一种失衡的存在，人们强化了物质价值的追求却疏忽了精神世界的充实，导致精神追求和物质追求的失衡；科技时代，人们追求科技理性，却在高科技支配下出现了情感贫瘠，导致理性弘扬与情感充实的失衡；工业社会，技术、物质、消费文化将人们压缩为趣味齐一、缺乏个性的平面存在，人成为丧失超越与批判维度的单向度的人，导致现实生存与超越发展的失衡。第二，客体的反主体化，人与自然之间的关系变得紧张和恶化。第

① 任平：《交往实践哲学：全球化语境中的哲学视域》，人民出版社2003年版，第91页。

② 郭湛：《主体性哲学：人的存在及其意义》，云南人民出版社2002年版，第203页。

三，他人的非主体性，表明个人与他者的关系不公正、不合理。在当代世界，性别歧视、利益欺诈、唯我独尊、目中无人等病态现象十分严重，把他人、集体仅仅当做客体的现象十分普遍，这些都是极端、片面的个人主体性的恶果。

为了解决上述片面的个人主体性造成的危害，迫切需要否定旧式个人主体性的弊病，但又不能取消个人的主体地位和窒息个人的主体性，而应该走辩证否定的道路，实现个人主体的交往转向，把旧式个人主体提升为具有交往理性和交往本性的个人主体，形成个人交往主体性，建设共存、共生、共荣的平等主体形态，即交往主体性形态。总之，个人交往主体性是对过去片面型个人主体性的扬弃，是个人主体性发展的一种更高境界。

三　推动个人主体性转型升级的具体措施

上面充分论述了推动个人主体性转型升级的重要性、必要性。那么，如何实现个人主体性的转型升级呢？需要从各方面着手，采取多方面的措施。下面提供三方面的措施。

（一）发展交往意识、交往理性、交往伦理

人的交往实践受交往意识支配，个人交往意识是个人之间交往活动在人的头脑中的反映，它对交往活动具有能动的反作用。因此，培养和强化个人主体交往意识是发展个人交往主体性和提高个人交往能力的重要一环。

一般情形下，理性是支配人的行动的基础，交往理性对主体之间形成“主—主型”交往关系起支配作用。因此，要促进交往主体性，首先，个人要深刻认识到传统“主—客型”人际关系的危害性，明确构建“主—主型”人际关系的重大意义；其次，个人必须抛弃人的依附时代不对等的身份等级意识，确立起个人与他者平等交往的意识和理性；再次，个人要克服金钱本位观，抛弃仅仅用物的和客体的眼光看待他人的偏见，即见钱不见人的狭隘意识，树立人本意识，自觉尊重他者的人格、尊严和人权。

要积极倡导人际交往的新型伦理。在这方面，哈贝马斯提出的商谈伦理学具有重要的启示性。在思想观念、生活方式、价值取向等日益多样化的今天，要解决不同主体之间的纷争，就必须确立一种为多数人认可的价值标准。如何确立这一标准呢？不能像传统社会那样由某个或某些权威制定标准，然后大众盲目服从和遵循。在新的时代，要摒弃以某一个体或集团的利益诉求为中心，摒弃任何“独白”的方式，每一个个体都要养成和遵守平等

对话、尊重他人、尊重对话规则、诚实交流、坦诚待人的伦理规范即商谈伦理。同时，必须建立起不同主体之间的沟通和协调机制，以保证新型的商谈伦理得以贯彻。上升到民族国家间的层面，这一原则同样有效：任何一个国家、民族或利益共同体都不能无视世界经济、政治、文化、社会发展模式多样化的现实，不能以自我为中心，把自己的价值观念与发展模式当做普适性的真理——这在理论和实践上都是行不通的。①

要通过教育、宣传、学习、个体自我反省、文学和影视作品感染等形式，促进社会各个个体切实增强交往意识、强化交往理性、树立和遵守交往伦理。

（二）发展个人主体的交往能力

当今社会，以往靠身份、金钱左右交往的游戏规则越来越面临质疑与挑战，而转向更多地依靠个人主体自身的能力来展开交往。个人主体自身的能力是平等交往的前提条件。如果个人主体交往能力弱，那么他（她）在交往过程中不可能获得平等的地位，并有沦为强能力主体的附庸的危险。

同时要发展个人的合作能力。交往理性的实现还有赖于理性转化为现实的能力。既然个人之间互相视对方为独立主体，那么个人之间的关系就应该是平等合作和互利的关系，这种新型关系的建立需要培养个人的对话理解能力、合作沟通能力、说服妥协能力、组织协调能力等。

如何增强个体的交往能力和合作能力呢？除了提高认识和转变观念外，主要途径是实践，不仅社会个体走上了工作岗位后要加强这方面的实践，在个体进入社会之前，在个体整个在校阶段，不仅要学习书本知识，还要重视社会实践，即使是知识的获得和品格的形成也要积极运用操作、行动、生活、体验和实践的方式。这方面需要积极借鉴西方生活教育哲学和建构主义等教育理论，坚决变革我国现有的教育观念，摒弃唯智主义的教育理念，切实把培养健康人格作为教育的重心，并切实改革我国各级各类学校的教育教学模式，同时改进家庭教育，塑造新型父母，充分发挥父母在培养新型的交往主体方面的作用。

（三）完善制度

发展新型个人主体还必须完善社会环境，脱离社会环境抽象地讨论个人交往主体性（新型个人主体性）的发育发展，是苍白无力的，因为任何个人

---

① 彭国华：《商谈伦理学的价值与现实际遇》，《人民日报》2009 年 6 月 30 日。

都不是离群索居的孤立个人，人是环境的产物，尤其是社会环境的产物。社会环境中最重要的是制度环境，它对个人发展的影响最大最直接。

在新制度学派代表人物诺斯看来，制度是一个社会的游戏规则，是为决定人们的相互关系而人为设定的一些制约。[①] 对人们的活动起到规范和制约的作用。交往制度则是用于规范人们交往活动的交往规则，健全良好的制度是个人交往主体性健康发展的保障。必须加强制度创新，以适应社会生活和个人交往主体性的发展的需要。

尤其需要重视的是，建立与交往理性相适应的制度包括构建现代法制体系，制定法律的哲学基础就是自由、平等和公正。"法律是保护权利的公器。"西方理论往往是在个人与政府的关系这个坐标系中理解这一立法原理，侧重的是用法律限制政府的权力，防止权力对权利的伤害；其实，还需要在另外一个维度下理解此立法原理，即在众多独立主体之间的关系的协调这个坐标下理解此立法原理，以防止权利与权利之间的冲突和相互伤害。因此，准确地说，这条立法原理应该表述为："法律是保护每一个主体的权利的公器"。权利分配失衡是现代性演化出的一个严峻问题，解决问题的原则只能是平等和公正。

第三节　以公平正义原则协调自我与他者间的利益冲突

一　自我与他者间矛盾的协调原则——公平正义

众多获得主体地位的不同个体间的冲突、自我与他者间的冲突，实质上是利益冲突，因此，调节这种冲突应该坚持公平正义原则。公平正义即使各利益主体各得其所，各得其所应得，从而使各主体的积极性都得到发挥。"正义的主要问题是社会的基本结构，或更准确地说，是社会主要制度分配基本权利和义务，决定由社会合作产生的利益之划分的方式。"[②] 也就是说，公平正义要解决的问题是利益在社会成员间合理分配的问题，是处理主体间利益关系应该遵循的原则。

只有坚持公平正义，才能使社会不同利益群体各尽其能、各得其所，和

① 道格拉斯·C. 诺斯：《制度、制度变迁与经济绩效》，上海三联书店 1994 年版，第 3 页。
② ［美］罗尔斯：《正义论》，何怀宏等译，中国社会科学出版社 1988 年版，第 7 页。

谐相处。公平正义是现代社会进行制度安排的重要依据，是协调社会各个阶层相互关系的基本准则，也是一个社会具有凝聚力、向心力和感召力的重要源泉。在进行制度安排和制度改革的过程中，只有遵循公平正义的原则，才能取得社会各个阶层的共识和认同，使出台的改革措施获得最广泛的社会支持，从而得以顺利实施；在调节各种不同利益关系的过程中，只有遵循公平正义的原则，使绝大多数社会成员都受益，才能取得社会不同利益群体的广泛支持和接纳，有效地整合社会各种资源和力量，实现全社会的团结与合作，形成社会发展的强大合力；在为实现国家的整体目标而奋斗的过程中，只有遵循公平正义的原则，才能使广大人民群众看到希望，并自觉自愿地为之奋斗和献身。公平正义不仅广泛涉及上层建筑领域中的问题，也大量涉及生产关系问题，是直接关系全体人民经济权益和政治权益的重大问题。政府只有坚持公平正义，才能得到人民群众的衷心拥护，才能获得执政的合法性。“中国的发展固然离不开改革，但同时应当清醒地看到，并非所有的改革都是公正、合理、有效的改革。我们所期望的是，要让改革成为有利于改善民生的改革，要让改革成为有利于发展的改革，要让改革成为能被社会各阶层所广泛认同和接受的改革。”[①] 只有遵循公平正义原则，中国的改革和发展才能沿着健康的方向顺利前进。

促进社会公平正义，需要防止两种倾向：第一，脱离具体历史条件去追求公平，把公平等同于绝对平均主义。我们应树立科学的公平观，看到公平具有的历史性和相对性。公平是历史的，是说公平总是受生产力的发展水平和具体的制度安排制约的，在不同的历史条件下，公平实现的方式和手段都是不同的。公平是相对的，是说公平不是无条件的，它总是相对某种规则或相对某种不公平状况而言的，并不是否认差别，更不是绝对平均主义。当前，我们应当从社会主义初级阶段生产力还不发达这个实际出发，既尽力而为，大力促进社会公平；又量力而行，根据实际可能切实维护社会公平。第二，借口公平的相对性而阻碍社会推进实质性公平的步伐。例如，如果借口遵循市场规则而听任资本霸权不受限制地扩张，甚至对于资本与权力相勾结造成的利益差距也予以默认，那不会有公平正义，必然加剧不同社会主体间和不同群体间的冲突，从而引起严重的危机。

---

① 吴忠民：《走向公正的中国社会·题记》，山东人民出版社 2008 年版。

二 促进公平正义的改革

（一）主要改革措施

实现公平正义需要在政治、经济、社会等领域相应采取一系列措施。

第一，在政治领域，积极推进民主政治，切实转变政府职能。民主的前提是承认和尊重社会各主体（公民）的权利，拥有平等权利的各个主体通过民主的方式协调利益分歧，寻找共识和共同利益。政府受人民委托保障共识的实现和维护共同利益，这就要求改革政治权力，充分发挥其协调不同利益间的冲突、保护公共利益的职能：（1）基于公共利益对市场经济进行必要的宏观调控管理和处理对外事务；（2）规范市场竞争、促进效率与公平的统一；（3）增进社会福利和分配公平；（4）维护社会秩序，为公民实现自由民主权利提供平等条件、公平机会和基本保障。

第二，在经济领域，坚持和完善市场经济体制，充分发挥市场机制在资源配置中的决定性作用和价值规律优胜劣汰的作用，坚持利益分配“贡献—收益正相关”原则，坚决破除平均主义，通过利益机制充分调动各主体的积极性和创造性。政府要做的就是创设和维护公平的竞争环境，维护市场法则。市场经济以交换为基础，在市场交易中，不存在身份和地位的高低之分，不能以行政强制和暴力来达到不平等交换的目的。契约自由是市场经济的一个基本特点。它必须由法律来保护。所谓的市场法则就是法制化的市场竞争关系。它要求：（1）市场主体都能机会均等地进入市场，自主经营；（2）市场主体都能机会均等地按照统一的市场价格取得生产要素；（3）市场主体都能平等地承担税负及其他方面的负担，市场主体在法律上和经济往来中处于平等地位。

第三，在社会领域，一要加强体现共同利益的公共建设，如基础设施、医疗、教育、社保、环保、治安等；二要利用二次分配获得的资源扶助弱势主体，提高他们的生活质量和主体性能力，这不仅有利于社会的利益和谐和社会的安定，也可以缓解社会主体结构中的“短板”，“一只木桶的装水量取决于那块最短的桶板，一个舰队的速度取决于速度最慢的那只舰艇的速度”。同理，在社会发展过程中，当各个主体都获得了解放，各自主体性都充分发挥后，社会整体主体性力量的大小取决于弱势主体性力量的大小。因此，社会体制改革的要义就是保障弱势群体的权益，改善他们的福利，帮助他们提高如阿马蒂亚·森所说的可行能力。

（二）及时调整改革战略

改革开放之初，由于长期的平均主义，中国社会严重缺乏活力，导致了普遍的贫困和停滞局面。为了改变这一状况，党和政府提出了“一部分人先富起来”及“效率优先，兼顾公平”的改革战略，极大地激发了社会的活力和社会成员的奋斗动力，推动了中国经济社会的高速发展。但是也造成了贫富差距日益拉大的问题，严重威胁社会的稳定和国家的继续发展。如果不解决这些问题，发展就有中断的危险，改革就有可能逆转。因此，改革和发展必须及时从“效率优先，兼顾公平”的战略转向“效率和公平兼顾，更加重视公平”，只有这样的改革和发展才能使大多数人分享改革和发展取得的成果，才是公平的改革和发展，才能赢得广大社会成员的拥护，从而推动改革持续健康地发展。

（三）协调改革中不同利益群体间的关系

这个问题是我国社会当前面临的一个紧迫而敏感的问题，我们在这方面却仍存在着不少认识上的误区。

有人认为，执政党提出以人为本的发展理念，就是应该关注弱势群体。这毫无疑问是正确的。在社会主义市场经济发展过程中，由于个体差异和利益关系的调整，以及分工和竞争机制的作用，人们的收入出现了差距，素质较高的个体和群体更容易抓住市场机遇而发展起来，成为社会的强势群体和强势主体，而大众一般成为弱势群体，这是不可避免的客观现象。因此，我们要努力减小弱势群体发展的脆弱性，增强他们的发展能力，想方设法解决弱势群体的劳动就业问题，让弱势群体也能分享社会发展带来的成果……这是社会发展的必然要求，也是政府的重要职责。而且，由于弱势群体比社会其他群体缺少话语权，所以更应受到关注和扶助。

但是，我们不能走向另一个极端，不能一味仇富，而应当公正地看待和解决不同群体间的差距问题。首先，今天，把中国社会人为地划分为“精英”和“草根”，是一种简单化的做法，是一种二元对立的思维，会引起人为的分化和对立，威胁国家和社会的稳定和发展。其次，“以人为本”本身蕴涵着公平正义原则，“以人为本”意味着所有的人都是平等的，不管哪一个社会成员，作为人和公民，作为社会的一员，都应该享有作为人和公民的一切权利，都应具有做人的尊严——这是“以人为本”理念的内在意涵，但往往被人们忽视了。因此，我们既要关心弱势群体，也不能伤害先富者和能者的权利，不能因为关心弱势群体而忽视其他社会阶层的能力和权益，不能回归平均主义，更不能走向民粹主义。如果一个社会不能做到“各尽所能、各得其所”，那是违背“以人为本”精神的。

市场经济是一个利益多元化的共同体，如何解决不同利益间的分歧呢？一定要超越极“左”思维，一定要走出对抗的思维，不应当采取“不是你吃掉我、就是我吃掉你，用一个社会群体的利益去反对和压制另一个社会群体的利益”的做法，而应当在更多关心弱势群体的前提下，让各种合法的利益诉求都得到充分的表达，然后通过协商和理性博弈，学会相互妥协，努力寻找各方利益的最大公约数，找到某种各方都能接受的利益分配方案，使各种主体各得其所，各得其所应得。这才符合公平正义原则的价值取向，才是通向各个利益群体互补共赢和所有社会成员和谐共进的坦途。

（四）保证权力的公平行使

“从社会力量配置结构的角度看，影响中国社会的负面拉动力量有三种：第一种负面拉动力量是平均主义，第二种负面拉动力量是没有任何约束的资本扩张，第三种负面拉动力量是缺乏限制的公权扩张。而在这三种负面拉动力量中，缺乏限制的公权扩张是最为严重的负面拉动力量。”[①] 前两种负面力量上文不同地方做了论述，[②] 这里着重分析第三种负面力量。

改革开放以来，我国以极不均衡的方式迅速发展着，在经济建设方面取得巨大成就的同时，社会公平却没有取得明显的改进，甚至在某些领域公平

① 吴忠民：《走向公正的中国社会·题记》，载《走向公正的中国社会》，山东人民出版社2008年版。

② 需要补充的是：平均主义和两极分化都是不公平的，因为都阻滞社会的发展。第一，平均主义的危害：①主要是挫伤“能者”和“勤者”的积极性和创造性，不利于调动社会成员的主体性；②从伦理上看，其不公平主要体现在一部分人无偿占有另一部分人的劳动成果，所以是不道德不公平的。第二，两极分化的危害：①马克思对“过剩经济危机”的分析，从经济学上揭示了两极分化破坏经济发展的内在机理，说明两极分化阻碍社会发展，因而是不公平、不正义的；②在分配过程中，资本与劳动之间的关系失衡，资本拿走了很大一部分属于劳动者的“应得”部分，利益过于向资方倾斜，所以资本的剥削是不公平的。那么，不同群体间怎样进行利益分割呢？历史证明，自由放任地让不同个体或不同群体去博弈的代价太大——过剩的危机，社会动荡甚至引起革命；而完全由政府控制又会限制社会和个人的自主性，付出社会丧失活力的代价。可行的办法是政府制定底限公平标准，剩下的交由不同主体间去博弈——当然这种博弈要遵循程序公正原则。博弈论揭示，博弈双方最终会找到一个均衡点，这是双方都可接受的状态，是双赢博弈的结果。然而，无论底限公平规则的制定与维护，还是程序公平规则的制定与维护，都离不开政府。但它要求的是一个“中性”的政府，即政府真正是公权力的代表和化身，避免西方历史上政治权力与社会某些主体如资本结盟造成的严重社会失衡。显然，“代表最广大人民群众利益”的中国共产党最有条件成为公权力的代表和化身，这是中国现代化和市场经济发展过程中存在的一个独特的优势，应该保持和发扬这个优势。

严重缺失。市场经济的“马太效应”呼唤政府履行自己的社会责任，社会不公问题的持续加剧反映了政府社会责任的缺失，政府应承担维护社会公平的责任，这已经成为民众的普遍吁求。但政府在维护社会公平方面存在着一个悖论性的现象，即“政府公平悖论”：政府既是维护社会公平的关键力量，也有可能因诸多原因导致不公平现象的滋生。

首先，权力谋私是最大的不公平。在我国转轨过程中，社会成员的差距和分化已经很明显了，导致这种分化的原因是多种多样的。由市场机制的本性造成的分化具有一定的客观性和不可避免性，甚至历史进步性。当然，即使对这种差距我们也要采取一定的调节措施。但导致差距和分化还有人为的非正常原因，其中最主要的是权力寻租，钱权勾结，它不仅违背中国共产党的性质和宗旨，而且是违背市场法则的，因为它破坏了市场秩序，制造不公平竞争，同时造成权力的合法性危机和社会危机，挫伤绝大多数社会成员的积极性，激化社会矛盾，危及社会的稳定。

其次，政府行为越位造成的不公平也很严重。市场化改革确实使我国的财富大量增加，这些财富使数以亿计的绝对贫困人口脱贫。但我们的市场化改革还不彻底，政府在很大程度上脱离了公共产品与公共服务提供者的身份，积极地介入市场资源配置，成为市场经济的契约制订者与利益索取者，成为市场中的一个利益主体，导致政府既是“裁判员”也是“运动员”，从而造成不公平。要革除这一弊病，只有一个办法，就是使政府回归本位，明确权力的边界，要求政府依法行政，并履行好社会公共产品提供者的职能。

行政权力参与资源配置的一个直接后果是特权阶层与特权企业的产生，这是我国社会转轨过程中不公正现象的一个重要原因。权力缺乏及时而有效的规范，使得行政权力渗进市场，人为地使一些低效的国企获得大量的廉价资源，进而拥有垄断利润，从而扭曲了市场，造成严重的不公问题。

因此，在今天的中国，把市场化改革作为贫富差距的根源，是不符合实际的。回顾中国改革开放的历程，正是市场化消灭了绝对贫困，也正是权力与市场的双轨制与权力深度介入市场导致了机会的不公与资源配置的扭曲，只有用持之以恒的市场化，构建公平健康的市场制度，才能充分发挥市场推动经济健康、快速发展的作用。因此，必须遵循市场经济本身的逻辑，加大改革力度，构建体现市场法则的公平的市场经济体：第一，市场经济是一种自主经济，需要法律确定政府与市场主体之间的法律关系，明确市场主体的独立地位与权利。市场经济是权利经济，而不是权力经济。只有当法律约束政府行为时，市场主体才会有经济自主权可言。否则，独立的主体地位和自由贸易就没有根本保障。第二，市场经济是一种平等经济，要求政府保障公平竞争，反对垄断。市场经济的平等性表现在：一是商品价值形成的尺度和商品价值实现的尺度具有同一性；二是商品交换具有等价性和互利性；三是市场主体的市场地位的平等性。这要求任何一个市场主体在从事生产，进入或退出市场，参与商品交换、市场竞争等方面具有同等的机会和权利，承受相同的风险和压力，承担同样的责任和义务，面对同样的约束和限制。市场经济的这种平等性，要求政府必须用法律保护公平竞争，反对垄断，协调、平衡利益冲突。①

可见，中国市场经济建设一方面要求政府依法尊重市场主体的地位和权利，限制和规范政府的权力；另一方面又要求政府为培育和发展市场经济创造良好的环境和条件，协调主体间的矛盾与冲突。要使政府做好这两方面的事情而又避免“政府公平悖论”，就需要切实改革和规范政府行政权力：第一，重塑权力的性质，行政权力一定要保持公共性和公平性，坚决杜绝权力与部分市场主体勾结所导致的不正当得利；而且权力也绝对不能作为一个市场主体与社会中各种主体“竞争”和逐利。第二，行政权力也不能消极无为，因为这等于放任市场中强势主体（资本等）对弱势主体的肆意挤压甚至宰制；行政权力应该顺应市场和社会的呼唤，帮助市场和社会中不同个体、不同主体解决其自身不能解决的那部分冲突，包括维护公平竞争的市场秩序，调节过大的利益差距，等等。

第四节　实现个体理性与集体理性的和谐②

现代化与个人主体地位的确立和个人主体性的发挥之间存在着内在的联系。尊重个体价值和权利是现代社会区别于传统社会的一个重要标志。但是，个人主体性的发挥很容易失控，既存在发挥不正确的问题，也存在过度发挥的问题，从而破坏个体赖以生存发展的共同利益或集体利益。个人利益和集体利益之间经常发生尖锐的冲突，个体理性和集体理性之间存在着深刻的悖反，引发严重的现代性危机。这一冲突和悖反在当代中国也鲜明地表现

① 参见段红柳《构建法治政府论》，湖南人民出版社 2007 年版，第 33—41 页。

② 参见詹宏伟《个体理性与集体理性的冲突与和解》，《甘肃理论学刊》2014 年第 1 期。

出来了，并威胁到中国的持续、健康发展。化解个体理性和集体理性的冲突，实现二者的和解，是现代化过程中面临的一个难题。正如石元康先生指出的那样，在现代社会中，个人意志得到了肯定是其最大的成就，但是在这种分化的自由的基础上，能否再建立起一个统一则是现代社会所面临的最大课题。①

实现个体理性与集体理性的和谐，实质上是个人主体与集体之间矛盾的解决，也即是个人利益与集体利益矛盾的解决，是破解个人主体性悖论的一个重要措施。

一　个体理性与集体理性和谐的真义

个体运用自己的理性追求自身利益最大化是一个效率社会的基本动力，是社会活力的基础。但完全放任个体理性不能实现“帕累托最优”，他人利益和集体利益往往受到损害。随着现代社会的发展，人们越来越认识到各群体之间、个体与集体之间的和谐的重要性。因为在追求最大化利益的过程中，虽然个体理性得到充分发挥，并带来了经济的极大繁荣，但人类发展过程中的种种矛盾却激化了，如人口与资源的矛盾、社会贫富差距的拉大等问题越来越严重了。很明显，社会要得到可持续的、健康的发展，关键在于个体理性与集体理性的和谐。因此，基于集体理性的社会和谐目标应运而生，建设社会主义和谐社会的目标被明确地提了出来，并日益深入人心。同时，社会的发展理性与公正理性亦正在走向融合和统一。

但是，我们在集体与个体的和谐问题上很容易犯走极端的错误——以个人否定集体或以集体否定个人。通常容易犯的错误是，或把个体和集体绝对分开，或者将二者简单地统一起来，随意抹杀二者之间的区别。这种二元对立的思维和简单的统一的思维方式在我国都存在。

实际上，个体与集体之间既要保持一种张力，不能用个体利益反对和忽视集体利益，也不能用集体利益抹杀或取消个体利益。历史上正、反两方面的事实一再证明，无视集体利益和无视个体利益，社会都无法持续、健康地发展。个体与集体虽然都需要保持各自的位置，保持二者之间的区分和张力，但二者之间不能形成二元对立，而是要寻求二者之间的和谐：一方面，

---

① 石元康：《从中国文化到现代性：典型转移》，生活·读书·新知三联书店2000年版，第220页。

我们传统的思维方式习惯于以集体利益的名义一味贬斥、打压甚至取消个体利益，这种思维方式根深蒂固，很容易在当代中国复活。事实上，有益于或促进个体发展的集体才是有效的集体，背离或伤害个体发展的集体必然没有活力，必然变成死水一潭和走向衰亡，必然被新的集体形式取代。马克思就批判了那种脱离和否定个体利益的所谓集体，称其为“虚幻的共同体”；另外，个体利益的实现如果以牺牲集体利益为代价，必然是不可持续的，必然遭到其他个体的反抗，也不可能获得集体的保护和支持。事实上，只有符合或促进集体利益发展的个体利益才能得到集体的保护与支持，并借用集体的资源和机会更好地实现个体目标。但西方人常常对于集体采取警惕的态度，有的甚至一味贬斥集体，西方近代著名哲学家克尔凯郭尔就是如此，他因强烈否定黑格尔的整体主义，把个体主义推向了极端；西方近代以边沁为代表的功利主义者只承认个人利益的实在性，否定集体利益或社会利益的存在；西方社会学家往往也持这种态度，认为集体对个人有负面作用，集体行为使人们以非理性和兽欲主义方式行事。[①] 对于西方人的个体观和集体观，我们应该保持批判分析的态度。

可见，个体和集体必须和平共存，并且实现双赢共进，建立二者相互促进和共同发展的和谐关系，这是个体理性和集体理性和谐的真义，是个人和社会持续健康发展的需要。正如学者康健所言：“新集体主义就是以个人的能力与需要为基础，以共同发展为目标而建立起来的，包括合作进步的自觉意识，公私兼顾的关系模式，以社群为单位的社会组织方式诸方面规定的社会价值理性。”[②] 其实，马克思讲得更明确：“只有在共同体中，个人才能获得全面发展其才能的手段，也就是说，只有在共同体中才可能有个人自由。在过去的种种冒充的共同体中，如在国家等等中，个人自由只是对那些在统治阶级范围内发展的个人来说是存在的，他们之所以有个人自由，只是因为他们是这一阶级的个人。从前各个人联合而成的虚假的共同体，总是相对于各个而独立的；由于这种共同体是一个阶级反对另一个阶级的联合，因此对于被统治的阶级来说，它不仅是完全虚幻的共同体，而且是新的桎梏。在真

① Le Bon，Gustave，*The Crowd*：*A Study of the Popular Mind*，London：Transaction Publishers，1995.

② 康健：《是家乡，不是异乡：个人存在的真实性及其限度》，中央编译出版社 2000 年版，第 357 页。

正的共同体的条件下，各个人在自己的联合中并通过这种联合获得自己的自由。”①

二　实现个体理性与集体理性和解的路径

那么，个体理性和集体理性之和解、和谐何以可能呢？本书提供两条可行的路径。

第一，利用个体理性逻辑引导和规范个体行为。

产生现代性危机的一个重要原因是释放的个体理性缺乏及时的引导和规范。为应对现代性危机，西方的主流理论和实践是利用个体理性的逻辑去诱导、引导、规范和约束个体行为，从而使个体能够做到：其一，做利己又利集体的事（利人利己）；其二，不做损集体而不利己的事（损人不利己）；其三，不做、不能做利己而损集体的事（忌惮道德谴责和法律制裁）。

具体而言，就是利用个体追求自身利益最大化的逻辑因势利导，引导和规范、约束个体，以改变个体的行为方向，使个体的行为方向与集体的行为方向保持一致。引导、规范、约束的方式可以是道德力量（如“诚信”），也可以是法律制度的力量，总之，“是经济制度和文化的力量。这种制度与文化的力量体现在对经济个体博弈过程当中，它使个体理性服从于集体理性，由此最终实现的博弈均衡是经济总体效率最大化的博弈均衡”②。

美国著名学者曼瑟尔·奥尔森的思路实质上就是从个体理性的逻辑出发引出符合集体理性的行为。他说：“只有一种独立的和‘选择性’的激励会驱使潜在集团中的理性个体采取有利于集团的行动。”所谓“选择性的激励”，即通过惩罚那些没有承担集团行动成本的强制，或通过奖励那些为集体利益而出力的人来进行诱导，从而把个人行为引向符合集体利益的方向。③

第二，塑造具有集体理性的个体。

上述实现个体理性与集体理性和解、和谐的方式主要是从个体理性的逻辑出发影响个体行为，不论是制度还是道德法律都是基于个体理性逻辑——

---

① 《马克思恩格斯选集》第1卷，人民出版社1995年版，第119页。

② 鲁品越：《资本逻辑与当代现实——经济发展观的哲学沉思》，上海财经大学出版社2006年版，第177页。

③ ［美］曼瑟尔·奥尔森：《集体行动逻辑》，陈郁、郭宇峰、李崇新译，上海三联书店、上海人民出版社1995年版，第41—42页。

为了个体的利益不愿意或不能去损害他人和集体的利益，目的论道德观的逻辑，本质上就是这种逻辑。这当然是必要的，在目前历史文化条件下这甚至是制度和道德法律的主要基础。但是，基于个体理性逻辑的和解方式是有局限性的，无法从根本上解决严重的现代性危机。因为其实现的和解与和谐是被动和脆弱的，对监督的要求很高，监督成本很大，很容易产生道德风险和制度危机。同时，这种方式下的个体的境界还不够高，它至多只能产生如上文所说的前三种个体行为（做利己又利集体的事，不做损集体而不利己的事，不能做利己而损集体的事），而无法产生更高境界的第四种个体行为——行为逻辑直接基于集体理性的个体行为，即为了集体利益自觉自愿牺牲个体利益。这种新型个体行为对个体提出了更高的道德要求——以义务论道德观支配行为；这种新型个体行为要求个体以新的行为逻辑支配行为——在开明的个体理性的基础上超越个体理性，提升个体境界，直接以集体理性支配个体的行为，即个体行为的逻辑直接基于集体理性而非个体理性。这不是乌托邦，历史上和现实中就大量存在这样的新型个体。例如，革命战争时期的先烈，新中国成立初期纷纷放弃国外优裕的生活条件和工作条件而毅然回国的科学家，社会主义建设时期的焦裕禄、雷锋，新时期的孔繁森、吴天祥、郭明义，等等。共产党人作为社会先进分子应该成为这样的个体——以集体理性支配自己行为的超越个体理性逻辑的个体。塑造这样的个体是克服现代性危机，实现社会和谐发展的需要，是先进文化建设的重要内容。我们应该大力宣传和弘扬社会主义核心价值观，并供给相应的制度，为这样的个体的生成提供强大的精神力量、舆论环境和制度环境。

行为逻辑基于集体理性的执政党是中国特色社会主义现代化的独特优势。

西方文明可以塑造出上述第一、第二和第三种个体行为，但他们对于第四种个体行为及其逻辑始终无法理解，他们始终无法超越自利最大化的理性经济人逻辑和视野。我国发展市场经济和推进现代化工程，当然必须充分尊重基于个体理性逻辑的前三种个体行为。但是，以公共利益为旨归（立党为公）、“全心全意为人民服务”的中国共产党及其党员，要自觉地在一个更高水平上实现个体理性与集体理性的和谐，不仅应该超越一般的个体理性逻辑，而且应该超越基于个体理性逻辑而实现的两种理性的和解，而直接以集体理性支配自己的行为，每一个真正的共产党人应该是直接以集体理性支配自己行为的新型个体。①

行为逻辑基于集体理性的新型执政党，也即是说，有一个以全体人民和社会整体利益为旨归的执政党，是中国的独特优势，② 相当程度上平衡和中和了市场经济和现代性带来的分化与冲突，相当程度上破解了“石元康问题”，③ 使得中国的改革开放和现代化进程保持总体稳定，避免了西方现代化历史过程中的覆辙，实现了国家持续稳定的发展，成功地走出了一条“中国特色的社会主义道路”，创造了令世人惊叹的中国奇迹。

目前，我国的发展和现代化建设处于一个重大转折的历史关头，这种转折的实质就是发展方式的转型——由传统增长主义发展方式转变为新的、科学的发展方式。一种发展方式对应于一种利益格局，因此，转变发展方式的实质就是调整利益格局——把与传统增长主义发展方式相适应的利益格局调整为与科学发展发展方式相适应的利益格局。④

但利益格局的调整是十分困难的，李克强总理形容：触动利益比触及灵魂还要难。那么，怎样突破调整利益格局难题呢？路径有多种，但有一种路径常常被人忽视——培养行为逻辑基于集体理性的主体（包括个人主体和集体主体）。科学发展方式显然有利于社会整体利益和长远利益，发展行为或实践符合科学发展方式是符合集体理性的。那些利益与传统发展方式密切相

---

① 这样的共产党人和政党组织，超越了西方人的理论范式，超越了西方人的政党观。

② 中国政治制度的一个重要优势在于执政党可以真正代表全民。西方的多党制下，每个政党代表的利益群体是不同的，上台之后，施政只能偏向支持自己的群体，中央政府借转移支付的手段，对同党执政的地方大力倾斜；而中国30多年来，经济政策总体来看没有特别地倾向任何一个利益群体（参见宋鲁郑《中国政治制度的比较优势》，《红旗文稿》2010年3月）。另如：中国驻英国大使刘晓明撰文指出：西方资本主义国家“政党利益凌驾于国家利益。金融危机期间，不少西方国家上演‘党锢之祸’。政党私利凌驾于国家利益，给经济和民生造成严重损害。众所周知的美国两党‘债务上限’之争，一度险些使美联邦政府关门歇业。美国网络时政杂志《调色板》的主编韦斯伯格说的一番话颇能反映西方人士的忧虑：两党再这样闹下去，美将‘选择自我毁灭’，短期代价是经济持续衰退，长期代价就是超级大国加快衰落，并拖累整个西方的命运。”（参见刘晓明《对西方资本主义困境的观察与思考》，《人民日报》2013年4月12日）。再如：姚洋也有类似的见解，他认为中国模式的优势是有一个“中性政府”，即中国政府具有广泛的代表性，不偏向社会的任何一个部分，而且它把社会的长远利益摆在首位（参见姚洋《中国模式与“中性政府”》，《北京日报》2008年11月3日）。

③ 在现代社会中，个人意志得到了肯定是其最大的成就，但是在这种分化的自由的基础上，能否再建立起一个统一，则是现代社会所面临的最大课题。（参见石元康《从中国文化到现代性：典型转移?》，生活·读书·新知三联书店2000年版，第220页）。

④ 参见詹宏伟、唐世刚《利益格局调整与中国发展模式转型——历史唯物主义视野中的中国发展模式转型》，《人民论坛》2011年第2期。

关、但行为逻辑基于集体理性的个体和群体，有可能自觉调整自己的行为，使之与集体理性相一致，即行为与科学发展方式相一致。这样的个体和群体越多，利益格局调整就会越顺利，发展方式转型就会越快。这，难道是天方夜谭吗？

中国共产党是行为逻辑基于集体理性的新型执政党，中国共产党人是行为逻辑基于集体理性的新型社会个体，也即是说，执政党及其党员是以全体人民和社会整体利益为旨归的。这是中国的独特优势，中国发展过程中面临的种种问题如何破解？中国转变发展方式难题如何破解？回归、保持和发扬执政党这一传统和优势是一条独特的途径，是一条西方理论范式和思维方式无法理解的途径，但却是成本最低、最有效的途径之一，是必不可少的一条途径。

因此，加强中国共产党先进性建设和保持共产党纯洁性，不仅具有政治意义，而且是转变利益格局、促进发展方式转型、实现科学发展的一条重要途径。

另外，还要从克服现代性危机的高度理解加强中国共产党自身建设的重要意义。加强中国共产党先进性建设和保持共产党纯洁性的意义，就在于保持和发展中国共产党的特点和优势——行为逻辑基于集体理性。市场经济承认和讲究个人利益、等价交换，但是共产党的党员和干部为党和人民工作不能讲等价交换，必须超越等价交换，不能以个人利益超越集体利益，不能向党斤斤计较职务、报酬和待遇，要坚决地抵制拜金主义、享乐主义，以艰苦奋斗为荣，以骄奢淫逸为耻，始终保持共产党人艰苦创业的革命精神和政治本色。无论怎样进行政治改革和其他改革，无论现代化推进到何种程度，作为执政党的中国共产党都要珍惜、保持和发展自己的这一独特优势，只有如此，才能真正有效化解现代化和市场经济带来的分化问题，有效克服现代性危机，实现更加合理、更加合意、更加健康的发展。

三 社会主义核心价值观的引领和整合作用

价值观是人们心中的深层信念，是判断是非的标准，是行动遵循的准则。一个国家和社会是否拥有广泛认同的核心价值观，直接关系到一个国家的凝聚力和影响力，关系到一个国家的和谐稳定，关系到一个国家的持续、健康发展。

我国经济体制改革的目标是建立和完善社会主义市场经济，而在现代社会和市场经济环境下，利益分化和多元化是客观的现实，与此相应，价值观也必然多元化。但是，社会及其中的各个个体的生存和发展，必然有公共利益发挥作用，必须维护公共利益，这也是客观的；与此相应，寻找价值共识，用一种核心价值观中和众多价值的冲突，形成主导性价值观，引领个体理性，是促进社会和谐、有序、健康发展的客观要求。执政党对此有清醒的认识，中国共产党的十六届六中全会明确提出了“社会主义核心价值体系”的科学命题，指出“马克思主义指导思想，中国特色社会主义共同理想，以爱国主义为核心的民族精神和以改革创新为核心的时代精神，社会主义荣辱观，构成社会主义核心价值体系的基本内容”。中国共产党第十八次全国代表大会明确要求“用社会主义核心价值体系引领社会思潮、凝聚社会共识”。并在以前的基础上对社会主义核心价值体观进行了进一步提炼和凝练：“倡导富强、民主、文明、和谐，倡导自由、平等、公正、法治，倡导爱国、敬业、诚信、友善，积极培育社会主义核心价值观。”①

（一）在社会主义市场经济条件下，个性的解放、利益的分歧和价值的多元，客观上需要社会主义核心价值观的整合和引领

市场经济解放了人的个性，形成了“以物的依赖性为基础的人的独立性”。马克思“现实的个人”的思想对于市场经济健康发展具有重要指导意义。虽然市场经济解放个性、尊重个人价值、保护个人权益、张扬个体理性，但马克思“现实的个人”的思想表明，任何个人都不可能脱离社会而存在，个人的理想、目标、前途必须与社会的理想、目标、前途相协调才能最终实现。任何脱离社会总目标、总趋势的所谓“个人追求”或“个人目标”，很难变为现实。因此，用社会主义核心价值观提出的共同理想引导市场经济环境中的社会大众是十分必要的。

在现代社会和市场经济条件下，压抑个体理性就不会有经济发展的微观活力和动力，因此个体理性必然得到承认、释放和张扬，这必然造成利益和价值观的多元化及其相互冲突，如果完全自由放任个体理性，个体之间、个体与群体之间、群体之间必然发生剧烈冲突，最终结果是个体利益和整体利益都得不到保证，形成双输结局。集体理性告诉我们，为了共同利益和长远利益，必须对这些多元化的利益和价值进行引导和整合，以达成共识，形成

---

① 胡锦涛：《坚定不移沿着中国特色社会主义道路前进　为全面建成小康社会而奋斗》，人民出版社2012年版，第31页。

共同的理想信念。其中一个重要方式是大力弘扬社会主义核心价值观，加强全社会的思想道德建设。社会主义核心价值体系对当代中国特色社会主义建设实践具有引导作用，它是我们应当遵循的价值理念。随着我国经济社会发生的深刻变化，不可避免会出现社会意识的多样化。这客观上更加需要一个能够代表广大人民根本利益、为社会各个阶层广泛认可和接受的共同理想，去凝聚社会各阶层、各方面的智慧和力量，打牢全党全国各族人民团结奋斗的思想基础。这个共同理想，就是在党的领导下，走中国特色社会主义道路，实现中华民族的伟大复兴，实现“中国梦”。近代中国曾经备受列强欺凌，积贫积弱，实现国家富强、民族复兴是全民族最强烈的愿望。不论哪个社会阶层、哪个利益群体的人们，都能够而且应该认同和接受这个共同理想，因为这个共同理想，把党的目标、国家发展、民族振兴与个人的发展和幸福紧密地联系在一起，集中代表了我国工人、农民、知识分子和其他劳动者、建设者、爱国者的共同利益和愿望，具有令人信服的必然性、广泛性和包容性，具有强大的感召力、亲和力和凝聚力。把握住中华民族在现阶段的这一共同理想，并以之引领每个社会成员的理想，才能为推进中国特色社会主义事业提供强大的合力。习近平总书记提出的“中国梦”，使得全体中国人共同的理想、目标、信念更加清晰、更加鲜明、更加富有感染力和感召力，可以把所有中国人乃至分布在世界各地的炎黄子孙凝聚起来，产生了重大的实际的影响，为中国发展注入了巨大的正能量，充分证明共同理想信念的巨大力量！

一个社会的核心价值观，反映社会意识的本质，决定社会意识的性质，涵盖社会发展的指导思想、意识形态、价值取向，影响人们的思想观念、思维方式、行为规范，是引领社会前进的精神旗帜。社会主义核心价值体系是引领人们的思想行为、社会精神风尚和发展方向的灵魂，是关系社会稳定与国家兴旺的决定性因素，决定着中国特色社会主义的发展方向。必须用社会主义核心价值观引领多元的文化和多元的价值观，最大限度地形成社会共识和价值共识。当前，由于个体理性的解放和张扬，社会的活力大增，我们正处在一个思想大活跃、观念大碰撞、文化大交融的时代，先进文化、落后文化和腐朽文化同时并存，正确思想和错误思潮相互交织的时代。但是，对不同文化间的冲突、碰撞、摩擦，如果不注意引导、协调、妥善解决，就会引起思想混乱，甚至导致社会危机。在现代社会市场经济的条件下，多样化的社会思潮既是无法避免的，又是必须加以引领的。如果任其自由发展，那就会影响和冲击社会主义的主流意识形态，影响和冲击党和人民团结奋斗的思想政治基础，影响和冲击构建社会主义和谐社会的共同目标取向，甚至会动摇中国特色社会主义事业的根基。在多元价值并存中形成价值共识，确立得到多数社会成员认同的核心价值观，是当今意识形态领域中的一个大问题。在我国，马克思主义指导思想，中国特色社会主义共同理想，以爱国主义为核心的民族精神和以改革创新为核心的时代精神，社会主义荣辱观，代表最广大人民的根本利益和整个社会的历史走向，具有其他任何价值体系都不可替代的先进性和影响力，因而必然成为我们党引领社会思潮的伟大旗帜。

社会主义和谐文化是社会主义核心价值的重要内容。越是利益和思想多元化，越是需要对其进行整合，否则社会就会解体，而个体离开了社会也无法生存和发展。因此，在利益和思想多元的情形下，必须整合社会力量，化解矛盾，凝聚人心，促进社会和谐，这是社会主义核心价值观的重要功能。要从这个角度理解构建社会主义和谐社会的意义。在一个社会结构多元化、利益主体多元化、价值观念多元化、行为选择和行为方式多元化的社会，整合人民内部不同的利益诉求，化解各种社会矛盾，客观上要求以社会主义核心价值体系为根本的和谐文化发挥整合功能，引导人们树立和谐的思想观念，以和谐的思维认识事物，以和谐的态度对待问题，以和谐的办法解决矛盾，以和谐的理念平衡心态，以和谐的方式表达诉求，以和谐的举措凝聚人心，使和谐的理念成为全社会的价值取向，最大限度地消解社会不和谐的因素，把全体社会成员的行为纳入理性、道德、法治的轨道，和睦相处，和衷共济，实现社会力量和社会资源的整合，促进社会的和谐发展，共建和谐，共享和谐。

社会主义核心价值观是我国各族人民共同利益的观念体现，弘扬社会主义核心价值观，可以为我国各方面人民群众提供共同的精神纽带、为人们奠定共同的思想基础、为人们提供心灵上的方向性引导，是提升个体精神境界的需要。只讲价值导向上的一元化而排斥社会思潮的多样化，必将产生思想僵化；反之，只讲价值取向上的多样化而否定价值导向上的一元化，必将产生思想上的分化和混乱。在当今中国社会存在多种多样的思想、社会思潮、多种价值取向，这些思想、社会思潮与价值取向交织在一起，既有封建主义的，也有资本主义的，还有社会主义的；既有马克思主义的，也有非马克思主义的；既有前现代的，也有现代的，还有后现代的；既有小农经济的，也有市场经济的，还有知识经济的；既有中国的，也有西方的，难免鱼龙混杂，其中一些属于错误的思想、思潮与价值取向。这些思想、思潮与价值取向必然影响人们的意识，使许多人认识模糊、思想界限不清，找不到人生的目标和方向，进而在行为上无所适从，在心灵上迷失方向。如果不加以正确引导，如果没有共同的思想基础，就可能出现思想意识上的分化，进而出现精神世界的危机；如果不积极主动地整合各种合理的社会意识，凝聚一切积极的思想力量，就会影响社会的和谐，甚至会出现社会动荡。由此，社会主义的核心价值体系与各种思潮的关系问题就凸显出来了。在这种情况下，主流思想必须旗帜鲜明亮出自己的立场和观点，在我们的社会主义社会里，是非、善恶、美丑的界限绝对不能含糊，也不能混淆，坚持什么、反对什么，倡导什么、抵制什么，都必须旗帜鲜明。这就需要确立一种反映中国特色社会主义本质要求的、具有广泛的适用性和包容性、具有强大的整合力和凝聚力、为全民族都认同的核心价值体系，作为主旋律从方向上引导人们的思想、意识和行为，从精神上凝聚全民族的思想力量，从思想上为人们奠定共同的基础。没有共同的思想基础，党就要分裂，国家就要瓦解，民族就要解体。邓小平指出，我们这么大一个国家要团结起来、组织起来，一靠理想，二靠纪律；江泽民指出，一个民族、一个国家，如果没有自己的精神支柱，就等于没有灵魂，就会失去凝聚力和生命力；胡锦涛指出，要增强“民族精神”、巩固“精神支柱”、形成“共同理想信念”；习近平强调，用“中国梦”这一理想凝聚全国人民。这些强调的都是共同思想基础建设。提出社会主义核心价值体系，其实就是要进一步明确揭示我们共同思想基础的基本内涵和基本要求。社会主义核心价值体系是一面思想旗帜，中国共产党人鲜明地打出这面旗帜，就是昭示人们，不论社会思想观念如何多样多变，不论人们价值取向发生怎样的变化，我国社会主义意识形态的核心价值是不能动摇的。提出建设社会主义核心价值体系，有利于我们更清醒、更坚定地把握和坚持社会主义意识形态的本质，有利于我们更清醒、更坚定地把握和坚持社会主义先进文化的前进方向。建设社会主义核心价值体系的实质，就是解决中国特色社会主义建设和和谐社会建设过程中的方向性问题，“社会主义核心价值体系是兴国之魂，决定着中国特色社会主义发展方向”①。

① 胡锦涛：《坚定不移沿着中国特色社会主义道路前进　为全面建成小康社会而奋斗》，人民出版社2012年版，第31页。

（二）社会主义市场经济需要社会主义核心价值观提供精神支柱和解决灵魂安放问题

市场经济对人的最大的积极影响，就是逐渐确立人的独立人格，促进个人主体的生成，弘扬个人的主体性；而最大的消极影响，就是人的物化或异化，物或交换价值役使和支配人，金钱本位观侵蚀人的灵魂，商品拜物教、货币拜物教和资本拜物教肆虐横行，造成严重的精神危机、信仰危机、意义危机。人们的幸福感不一定与经济的增长成正比，反而往往成反比，“穷得只剩下钱”，反映了市场经济虽然带来的物质的丰裕，但人们精神世界却极度空虚，灵魂的无处安放，出现了所谓的“意义危机”；这充分说明，金钱和物质不等于幸福，甚至还可能伤害幸福。马克思主义是要超越市场经济的，针对人在资本主义市场经济中的生存际遇，马克思主义把追求的最高价值目标确定为每个人自由而全面的发展。今天中国的发展，由于特殊的国情和发展阶段的客观制约，不能跳过市场经济阶段，但我们发展的不是资本主义的市场经济，而是在马克思主义及其价值理想引导下有中国特色的社会主义市场经济。越是搞市场经济，就越需要马克思主义，只有马克思主义才真正历史地、辩证地看待市场经济，才能真正从理论上高屋建瓴地把握和驾驭市场经济。马克思主义启发我们，健康的市场经济绝对不是不要理想信念，一定要把社会主义核心价值观楔入市场经济中，让传统市场经济发生嬗变，使我国社会主义市场经济既具有市场经济的一般逻辑，也具有马克思主义的信仰逻辑，具有超越性，这就离不开用社会主义核心价值观提升市场经济，塑造新型市场经济，即中国模式的市场经济。

必须用社会主义荣辱观引领社会风尚，提升全社会的思想道德水准，有效对冲唯利是图和金钱万能的思想观念。什么是善的，什么是恶的，什么是光荣的，什么是耻辱的，不仅反映社会道德价值标准和取向，而且还是一个民族正气盎然、精神奋发的鲜明标志，也是一个社会健康和谐、文明进步的必然要求。新中国成立以来，党和国家大力提倡爱祖国、爱人民、爱劳动、爱科学、爱社会主义的基本道德规范，大力发展各民族和社会成员之间平等、团结、友爱、互助的社会主义新型关系，在道德建设方面取得了巨大进步。但是，目前我国还处于社会主义初级阶段，改革开放，发展社会主义市场经济，在推动经济、社会全面进步的同时，也给道德领域和社会关系带来许多深刻复杂的变化，道德取向的多元化使社会主义价值观和道德观受到资本主义、封建主义思想的冲击。一些人甚至颠倒是非，以丑为美，以恶为善，以耻为荣。思想道德领域的这种严峻形势，迫切需要倡导正确的荣辱观引领社会道德风尚，以达成社会道德共识。中国共产党提出的“八荣八耻”社会主义荣辱观，涵盖爱国主义、集体主义、社会主义思想，弘扬中华民族的传统美德和中国革命传统道德，集中体现了当代中国社会最基本的价值取向和行为准则。社会主义荣辱观，适应了发展社会主义市场经济、建设社会主义先进文化的迫切要求，是引领当今中国社会风尚的价值指针。社会主义荣辱观的基本功能，是对个人行为的合理约束、规范与提升，其结果是有利于提升个体精神境界，有利于社会稳定，有利于构建合理的社会秩序，有利于共同利益，有利于塑造形成健康的市场经济模式。

（三）社会主义核心价值观贯穿和渗透到社会主义现代化事业整体布局的各个方面，是社会主义事业的精神灵魂

社会主义现代化建设是一个整体，其布局包括经济建设、政治建设、社会建设、文化建设、生态文明建设。经济建设的最终目的是实现共同富裕；政治建设的最高目标是建立社会主义民主法制和人民群众当家作主的民主政治；社会建设的最高目标是构建社会主义和谐社会；文化建设的最高目标是构建社会主义和谐文化，社会主义核心价值体系深入人心，正确处理社会主义核心价值体系这一主旋律与文化多样性的关系；生态文明建设包括尊重自然和自然规律，实现人与自然的和谐相处。这些都属于中国特色社会主义建设的基本内容，而绝不是听任单一的市场原则主宰我们的社会主义社会，“市场化”是有范围和边界的，不是一切领域都市场化，如政治领域、精神领域、教育领域、家庭领域等，不仅不能盲目市场化，而且要拒接和超越市场规则。而且，即使在经济领域，也不能任凭唯利是图的思想和行为泛滥，而应该“义利结合”、“以义制利”，即用社会主义核心价值观引导、规范和制约市场领域的逐利行为。总之，社会主义核心价值观渗透到社会主义现代化建设整体布局的各个方面，即渗透到经济建设、政治建设、社会建设、文化建设、生态文明建设之中，是整个社会主义现代化建设的精神灵魂和精神支柱。

当然，我们吸取历史的经验和教训，不会因为多元利益和多元价值引起的问题而压制个体理性和取消个体权益，而是在承认个人主体性、个体理性的同时，着力对其进行引导和提升。我们必须“坚持以社会主义核心价值体系引领社会思潮，尊重差异，包容多样，最大限度地形成社会思想共识”。[①]

① 《中共中央关于构建社会主义和谐社会若干重大问题的决定》，《人民日报》2006年10月18日。

同时必须指出，“尊重差异”并不是倡导文化相对主义或文化多元主义，“包容多样”也不意味着容忍、放纵任何不利于社会和谐、稳定、发展的因素，而是必须坚持用社会主义核心价值观主导、引领、统摄多样化的价值观念，并且在具体实施中，必须坚持原则、区别对待、正确引导。必须旗帜鲜明、理直气壮地以社会主义核心价值观引领社会思潮，使先进文化得到发展，健康文化得到支持，落后文化得到改造，腐朽文化受到抵制，在多元中树立主导，在多样中谋求共识，减少思想冲突，增进社会认同与共识，有效避免因认识差异引发的社会动荡，只有这样，才能发展中国特色社会主义，才能把构建社会主义和谐社会的美好理想、把实现中华民族伟大复兴的中国梦，变为举国上下的一致行动，才能不断增强全国各族人民的向心力和凝聚力，才能建成富强、民主、文明、和谐的社会主义现代化国家。

第五节　中西文化价值互补与个人主体健康发展

一　中西文化价值的优缺点

费孝通先生生前提出了他的世界文化观的十六字箴言：“各美其美，美人之美，美美与共，天下大同”。费孝通提倡不同文化或文明相互尊重与和谐共处，对建设和谐世界与促进世界和平具有重大的意义。但是，客观理性地看，不同的民族文化确实各有自己的长短、各有千秋，否则就没有互相交流和互相学习的必要了。

然而，对一种文化价值的评价不能采取非历史的、抽象的方法，而应该采取历史的、具体的方法，也就是说，只有将一种文化价值置于一定历史语境中，才能判断其性质，才能衡量和辨识其长短。同一种文化价值在一种历史条件下可能发挥出正能量，而在另一种历史条件下可能发挥出负能量。

（一）文化价值：中国的缺点与西方的优点

中国传统文化价值的弊端是明显的，它阻滞了中国社会的现代转型。中国向来是一个不重视私权的国家，私权从来没有像西方那样得到应有的尊重和保护，个体的人格、权利、尊严是被忽视和受压抑的，窒息了个体的主体性，人的自由个性长期被严重压抑，从个体到整个社会都缺乏创造力，成为中华民族后来长期徘徊不前和最终落后挨打的一个重要的内部根源。

一些文化保守主义者津津乐道传统中国的“传统美德”，但有些“美德”往往是建立在漠视普通民众和个人应有主体人格的基础之上的。而没有个人的基本权利和自由，个人也就不可能成为独立的人。其实，那种抹杀个人主体地位、那种不尊重个体独立人格的道德教化和说教，毋宁说是在愚民。

现代化、市场经济、新科技和新产业革命、创新驱动的发展方式等，要求尊重个性、大力弘扬敢为人先、勇于创新的精神。中国传统文化的缺点因此凸显出来。

中国传统文化不重个体价值和个体主体性，贬抑标新立异，严重制约了人们的创造力，这是中华民族后来长期徘徊不前和最终落后挨打的一个重要的内部根源，对今天中国创新驱动型发展方式的形成表现为一种文化阻滞力。

与中国传统文化相反，西方人历来把对个人利益、权利和自由的追求看成是天经地义、最正常不过的一种举动，认为它符合人类理性，具有最高的道德合理性与合法性。西方人将个人幸福作为其伦理观念的终极目标，认为人类之所以需要道德来指导自己的生活，是因为道德途径可以最大限度地实现个人幸福，个人幸福是道德的出发点，也是内在的动力和最终的目的。西方的哲学传统一直注重个人的主体性价值，并最终通过法律肯定了个人的基本自由与权利。尊重个性、个人权利和自由的西方文化，有利于激发个体和社会的创造力，有利于冲破传统社会的束缚而转向现代社会，有利于现代化的启动和推进。西方社会能够率先开启现代转型，创新活动旺盛，近代以来领先于世界，与这种文化的积极影响是分不开的。

可见，启动现代化、解决发展不足的难题、创新驱动型发展方式的形成，需要利用西方文化的优点。

（二）文化价值：西方的缺点与中国的优点

西方发达国家进入现代社会后，严重的现代性危机也随之出现，这种危机长期困扰着西方社会，一代又一代思想家为之殚精竭虑，探寻解救之路。

现代性危机的内容和原因是多方面的，但是其中一个重要方面和一个重要原因是个人主体性过度发挥和不正确发挥，个体权利过度膨胀，权利被绝对化，权利与责任之间的关系严重失衡，从而造成个体之间、个体与社会之间、群体之间发生尖锐的冲突，引起严重的危机。这一点，西方产生的现代性危机得到充分印证。在现代西方，相对于社会整体利益而言，个人的权利是绝对的和至上的，个人自由、社会福利等权利几乎被绝对化。这种个人主义或个体本位的文化价值无法化解现代社会日益严重的种种冲突，充分暴露了西方文化价值的缺陷。

对于中国传统文化价值来说，其在历史上总体上是适应中华民族的生存环境和生存发展需要的，对于中华灿烂古文明的形成和发展发挥了重要的积极作用。同时，当西方发达国家陷入现代性危机，当中国迅速生成和发展自己的现代性时，我们发现中国传统文化具有可开发利用的价值——缓解现代社会多元主体间日益加剧的冲撞。当个人主体性觉醒和个人主体地位确立后，个体之间、群体之间的冲突也日益加剧，此时，中国传统文化那种重视人际协调和谐、重视自我约束、注重自我修养和自我境界提高的文化资源，完全可以开发利用，不仅可以使之与现代社会相适应，而且可以使之成为建构健康合理的中国式现代性的建设性因素和健康的文化力量。反映和表达这种文化价值的中国格言、名言可以信手拈来：以义制利、义利相生，和合协调，和为贵，天时不如地利、地利不如人和，家和万事兴，天人合一，修身、齐家、治国、平天下，天下为公，养浩然之气，三军可以夺帅、匹夫不可以夺志，富贵不能淫、贫贱不能移、威武不能屈，不为五斗米折腰，志士不饮盗泉之水、廉者不受嗟来之食，穷且益坚、不坠青云之志，克己复礼，等等，无不蕴涵有无穷的智慧和独特的价值理念，在当代人类物欲横流，虚无主义肆虐，个体精神空虚，意义与信仰危机，个体之间、群体之间、国家民族之间严重冲突的背景下，这些文化价值具有安顿众生心灵、提升个体境界、完善个体修养、充盈个体内涵、缓解人际冲突、构建良好主体际关系和主客际关系的重要价值，需要结合新的时代特点进行开掘整理和重新阐释，以提升和完善现代社会的文化价值，助推现代社会的良性、健康发展。中国传统文化的价值在现代性危机的背景下日益凸显出来，需要我们进行系统地、创造性的开掘和阐释。

可见，消除现代化过程伴随的负效应、解决发展起来后的难题，需要利用中国文化的优点。

二　中西文化价值的互补、融合

根据上述分析可知，兼收并蓄西方文化价值注重个人主体性与中国传统文化价值注重内在修养的各自优点，是我们的理性选择，是探索个人主体和现代化健康发展的可行途径。

但是，“可欲”如果不是建立在“可能”基础上，就会沦为幻想。究竟两种性格相异甚至相反的文化价值能否综合在一起形成一种新的文化价值呢?

一种典型的观点是，不同文化价值观是无法互补融合的。理由有多种。其一是认为不同文化价值核心部分是互相冲突的，是水火不相容的，无法实现互补融合。美国学者塞缪尔·亨廷顿（Samuel Huntington）提出的“文明冲突论”（Clash of Civilization）就是这种观点的代表。其二是认为一种文化价值是一个有机的整体，优点和缺点不可拆开而后任由人们选取合意的部分。笔者认为，泛泛而谈两种文化价值能否融合是没有意义的，那些谈论和论证许多属于假设性甚至臆想性的宏大叙事，得到的往往是一些似是而非的结论，不如把视野和精力转向微叙事或小叙事，从微观问题的分析开始，看看在一个个具体问题上，中西方文化价值是否可以互补融合。这里举出“创新观”这一具体问题进行分析。

中西方创新观的差异是中西方文化价值差异的一个缩影，但两种创新观可不可以互补，从而融合形成一种新的更优的创新观呢?

在西方理论视野中，创新或创造性多被认为是人格的基本特性或内在需求。如马斯洛视创造性为人类普遍的心理需求层次，创造的欲求意味着人性的健康；埃弗里特·哈根认为创造性是现代社会人格类型的特征，它表现为追求成就、证明自己存在价值的强烈渴望；马尔库塞等人认为它是代表个体自由、独立和解放的“真实需要”[①]。但西方的创新观的缺点也是明显的，创新似乎是纯私人的事情，创新的动力来源于个体的内在需要，缺乏社会需要的导引和牵引。

与西方不同，我国创新观念以“社会需要”为主要基调，创造观念形成的主旨和出发点是救国图强，因而创造的内涵始终关注群体目标的实现，并被赋予了强烈的社会使命感和责任感，“天下兴亡，匹夫有责”、“为中华之崛起而读书”往往成为人们学习、创造的强大动力。可见，我国现今的创造、创新概念比起个体的人格特点或内心欲求，更多地被理解为一种社会需求，主要关乎群体利益。在经济全球化背景下，创造、创新是为提升国家竞争力而倡导和实施的一种发展战略。应当肯定的是，把创造作为一种社会需求，显然有利于激发个体的责任心、增强社会的凝聚力。但创造活动与个人内在需求的联系则没有引起足够的重视，如果仅仅把创造视为一种外在的需

① 刘畅：《提高我国创造能力须增强个体内在动力》，《人民日报》2010年11月16日。

要与责任，创造者的内在动力就容易受到忽略而显得匮乏，甚至导致创造、创新与个体的意志、热情和兴趣相互隔膜。①

随着东、西方的交流和互借，中西方创新观也正在走向融合。比如在我们中国，现在十分重视把创新的社会需要与个体内在需要结合起来。例如，每年国家哲学社会科学基金既发布选题指导目录，意在引导研究者把研究方向和精力投向国家和社会急迫需要的方面，又设置自选课题，意在帮助那些根据自己兴趣和个性进行科学研究的研究者。这一具体的制度设计充分体现了融合中西创新观的意图和理念，是可行的，也是有效的。

由这一微观案例，我们可以推广地说，只要制度设计足够精致，中西文化价值完全可以互补，完全可以把两种性格不同的文化价值的优点融合在一起，以完善当今人类的文化价值，回应人类面临的空前挑战。

例如，我们为什么不能把西方尊重个体和独立人格的文化价值与中国重视人际协调和集体利益的文化价值结合在一起呢？事实上，无论理论上还是实践上，中西方都在做这种努力。中国有学者提出了“新集体主义”，② 西方有学者提出了“新个人主义”，③ 这两种理论实质上相通的。在实践中，西方的个体本位主义在逐步被矫正，西方人的公共精神在迅速成长；中国改革开放以前那种漠视个体的片面的集体主义在社会生活中的影响日益式微，尊重个人权利和尊严的立法、制度设计已不鲜见。日本著名企业家涩泽荣一在《论语与算盘》一书中提出了一种具有日本特色的管理模式：“《论语》+算盘”，其实质就是融合中国传统儒家文化价值与西方工商业文化价值的一种尝试。东亚经济奇迹（亚洲“四小龙”以中国香港、新加坡、中国台湾和韩国为代表）充分证明东方文化价值（主要是中国儒家文化）可以与西方文化价值相融合。但 1998 年东亚经济危机爆发后，许多人纷纷转而诟病

① 刘畅：《提高我国创造能力须增强个体内在动力》，《人民日报》2010 年 11 月 16 日。

② “新集体主义就是以个人的能力与需要为基础，以共同发展为目标而建立起来的，包括合作进步的自觉意识，公私兼顾的关系模式，以社群为单位的社会组织方式诸方面规定的社会价值理性。”（康健：《是家乡，不是异乡：个人存在的真实性及其限度》，中央编译出版社 2000 年版，第 357 页）

③ 在个人与社会的关系上，西方学者提出了“新个人主义”，反对把个人与社会完全对立起来，强调个人与社会的不可分割的联系。格林认为，个体无法以孤立的方式意识和规定自己，“单一的东西除非为关系所规定，否则就是无物”。一个人只有在满足自我、实现自我的同时，也满足他人的需要和实现他人的自我，才能真正达到实现自我的目的（转引自岳麟章《当代西方政治思潮》，陕西人民出版社 1998 年版，第 43 页）。

东方文化，认为东方文化不利于经济全球化和新科技革命时代背景下经济社会的发展。这是一种非历史的观点。事实上，东西方文化的融合互补工作不是一劳永逸的，必须根据不同历史时期的特点和历史任务不断地进行新的融合和新的创造，以满足新的需要。1998 年以前东亚奇迹的形成，说明在 20 世纪 50 年代末至 60 年代初启动的西方发达国家产业转移的历史背景下，东亚儒家文化圈地区创造性地实现了东西方文化的融合，形成了适应这一历史时期东亚社会发展所需要的文化价值；而 1998 年的亚洲经济危机说明，东亚地区的发展需要转型升级，不能停留于低端的仿制加工阶段，不能满足于承接西方发达国家转移过来的产业的发展模式，而应有自己的创新，走创新发展之路。东亚地区新的发展阶段和新的发展要求，对东西方文化提出了再融合、再创新的任务，以形成与东亚新的历史发展阶段相适应的新的文化价值，尤其要大力推动形成尊重个性和鼓励创新的文化价值。

今天中国同样面临发展转型的重任，也正处于从低端发展（为发达国家和地区代工、低附加值、要素驱动、外延扩张、粗放增长等）向高端发展（自主创新、高附加值、创新驱动、集约增长等）。低端发展阶段及相应的发展方式对创新的依赖性弱，对个人能动性、创造性（主体性）要求不高。高端发展阶段及相应的发展方式极大地依赖创新，对人的能动性、创造性（主体性）要求高。中国传统文化转型或文化价值重构必须与这一发展趋势相适应，为这种发展转型服务。这就要求积极吸收西方文化价值尊重个体价值和弘扬个人主体性的优点，优化我们的文化价值，以助推中国的发展和现代化事业向高层次转型。同时，我们要保持中国传统文化价值的优点，以中和现代化带来的分化和主体际紧张关系，以推动中国构建健康的、良性的、具有和谐性格的现代性。

通过上述分析可以得出结论："中西文化价值互补、融合"这一原则，既可欲，又可能，且必要。原则既已明确，今后关键是落实，是实践。实现中西文化融合将是一个长期的过程，我国今后要持之以恒地落实两条措施：

第一，精心设计体现中西文化价值互补、融合的各类、各层次的制度。包括教育制度，人才选拔制度，科研体制，激励制度，财税体制，管理制度等。

第二，以各种有效形式大力宣传中西互补、融合的文化价值，使其深入人心和日常生活，并日久积淀为中华文化的新传统。不仅要大力推进理论研究，而且要将成熟的理论大众化；不仅要重视理论的逻辑阐释，而且要把逻辑性的理论形象化、文艺化，如通过文学作品形式影响大众。尤其是影视对大众影响更广更大，我国要严控古装帝王将相影视片的上映，鼓励反映时代需要、融合中西方文化价值优点的影视作品的创作与传播。

第六节　科学发展观与个人主体健康发展

一　科学发展观以人为本思想的个人主体论蕴含

（一）“以人为本”的三个向度

“以人为本”的一般意义是：人是根本，人是目的，人是主体。可以从三个方面理解“人”的具体含义，因而可以从三个向度把握“以人为本”的意涵。

首先，“以人为本”的人民向度。科学发展观主张发展为了人民、发展依靠人民、发展成果由全体人民共享，因此，可以说，科学发展观包含着人民主体论。“人民主体论”反对英雄史观和官僚主义，凸显人民群众的历史创造者价值和主人翁地位。①

其次，“以人为本”的人类向度。也就是说，“以人为本”的“人”可以指作为族类的人，即人类。“人类主体论”针对“神本论”、“绝对精神主体论”、“自然决定论”、“机械决定论”等，弘扬人类在自然面前和社会历史领域中的主体性地位和作用。②

最后，“以人为本”的个体向度。这是最容易被人忽视的一个向度，也很容易遭到误解。下面详细论述这个问题。

（二）“以人为本”的个体向度

不论是“人”（“人类”）还是“人民”（“人民群众”），都是群体概念或整体概念，但在现实生活中，不论是“人类”还是“人民群众”，都是由众多不同的个体构成的；而且，市场经济的深入发展日益凸显个人主体的价值，市场经济的存在和运行需要张扬个体主体性，否定那种依附型和消极无为的个体。现代社会的经济基础是商品（市场）经济。而商品（市场）经济是个人主体性得以弘扬的根本原因；同时，个人主体的确立和个人主体性

---

① 参见詹宏伟《论三种主体及其区分》，《学术论坛》2011 年第 6 期。

② 同上。

的发挥是现代社会和市场经济运行和发展的必要条件。在 1857—1858 年手稿和《资本论》中马克思深刻地揭示了个人主体与商品（市场）经济和现代化之间存在着的本质的、内在的联系。

在我国，从理论上提出“个人”的思想具有重大意义，有利于纠正片面地、一味地以整体或群体压抑和否定个体的传统倾向，有利于消解“虚假的集体主义”。片面强调整体、忽视甚至否认个人，乃是我们传统文化和传统计划体制的一个重要特点，到后来愈来愈成为社会发展的阻碍力量。如果不在理论上说明和在实践中落实个人主体的作用和地位，而像过去那样，不论在理论思维深处还是实践中，处处贬抑个体，那么我们的市场经济根本无法生根，市场机制将无法有效运转。而且，我们讲尊重人权，但忽视“个体权利”的所谓“人权”必定是抽象的和虚假的。我们当然需要辩证地处理好个人与集体和社会的关系，但前提条件之一是必须承认个体的合理地位，如果抹杀了个体的主体地位，把个体视为依附于群体的一个消极组成部分，那实际上取消了个体与集体之间的区分，也就没有个体与集体的关系可言。马克思对未来社会的定位是，“每个人自由发展”，每个人都具有“自由个性”，其蕴涵的前提是尊重个人的主体地位，要求发挥每个人的主体性。

总之，“个人主体论”反对压抑和漠视个体的整体主义和片面的集体主义，主张确立和尊重个人的主体地位、充分发挥个人的主体性。[①]“个人主体论”是科学发展观以人为本思想的重要内容。

二 科学发展观理论体系与和谐主体际关系构建

科学发展观的内涵是：发展是第一要义，核心是以人为本，基本要求是全面协调可持续，根本方法是统筹兼顾。科学发展观内涵本身蕴涵着和谐社会的思想，后者是前者的逻辑延伸和理论展开。因此，可以把科学发展观和和谐社会理论等思想统称为科学发展观理论体系。

科学发展观理论体系不仅蕴涵尊重个人主体性的思想内容，而且蕴涵构建和谐主客际关系和和谐主体际关系的思想：一方面弘扬人类对自然和客体的主体性，另一方面要求人类善待自然、尊重自然和自然规律，实现人类与自然的和谐相处；一方面弘扬各民族国家、各类人群的主体性，另一方面要求实现不同民族、国家和人群之间的和谐相处、共同发展；一方面要尊重和

① 参见詹宏伟《论三种主体及其区分》，《学术论坛》2011 年第 6 期。

弘扬每个社会个体、每个公民的主体性，另一方面要求不同个体之间和谐相处、共赢发展。科学发展观理论体系包含的这些和谐思想，不仅是理论演绎的结果，更是当代中国和世界发展经验和教训的总结，也是中国和世界进一步发展提出的新要求。

人本、和谐、增长都是科学发展观追求的重要价值，这是对传统发展观的辩证否定。传统发展观的缺陷是，它追求的价值是单一而狭隘的，其视野中只有经济增长甚至 GDP 增长，为了 GDP 的增长牺牲人的发展、和谐等重要价值，除经济增长以外的其他一切价值似乎都无关紧要，都可以牺牲，从而造成了有增长无发展、无幸福的发展悖论。

和谐的价值是双重的，第一，和谐具有工具价值，就是说，和谐是实现其他价值的重要条件；第二，和谐具有内在价值，就是说，和谐是人类追求的重要价值，和谐本身就是我们追求的目的，和谐是人类实践的一个重要尺度。

但传统发展观和发展实践严重践踏了“和谐”这一重要价值，造成了深刻的危机。从工具价值来看，传统发展观和发展实践导致地区之间、城乡之间、行业之间、不同人群之间、经济与社会之间、精神与物质之间、经济增长与资源环境之间、生产与消费之间出现严重失衡，严重失衡下的发展就像单腿走路的人，无论如何走不快，也走不远，即是说，在严重失衡条件下的发展，无论如何是不健康的，是不可持续的。中国经济现在面临的主要问题就是不平衡、不协调、不可持续，如果不抓紧解决，将危及中国的继续发展，甚至倒退。可见，和谐是经济发展的必要条件，显示了和谐对于发展的工具价值。

从内在价值看，缺失了和谐的所谓发展一定不是合意的，一定不是可欲的：金钱富有、物质财富充裕，但精神空虚、道德滑坡，这样的发展结果有幸福感吗？有意义吗？我们固然不希望过物质短缺的生活，但我们难道希望过这样的生活？地区之间、城乡之间、不同人群之间差距悬殊，有安全感吗？孔子说，不患寡而患不均。我们可以修改为：既患寡也患不均。穷人和落后地区固然不幸，但贫富分化导致的人际关系紧张，社会动荡不安，这样的生活环境是我们每个人愿意生活于其中的吗？没有人际的协调、和睦和友善，没有他者的认同，人们不仅会有不安全感，还会有孤独感、焦虑感，这样的发展后果又有什么意义呢？① 只有构建和谐的主体际关系，每一个个体

① 近几年，中国的富人为什么纷纷移民海外？富有但缺乏其他群体的认同所导致的孤独感、焦虑感和不安感是一个重要原因。

才能健康发展，每一个个体才能有幸福感和归宿感；那种只顾发挥自己的个人主体性，那种伤害他人和社会的个人主体性，一定会导致“他人即地狱”的尴尬局面，一定会陷入主体性的黄昏。只有在和谐的主体际关系中，个人主体才能合意地生存和健康地发展，和谐即是幸福，和谐就是我们追求的目标，绝不能用和谐与功利相交换，就像罗尔斯说的绝不用正义与功利相交换一样。

科学发展观理论体系就是要纠正传统发展观和发展实践造成的人际关系紧张和失衡，重拾和谐价值。统筹城乡发展、统筹区域发展、统筹不同人群的发展、统筹经济社会发展、统筹经济发展与资源节约和环境保护，等等，实质上就是要再造人与人的关系，以形成一个协调互动、相互促进的良性的人际关系，即和谐的人际关系。而和谐主客际关系的构建有赖于和谐主体际关系的形成。

再造人际关系必然涉及利益格局的调整和再造，往往会遭到一些既得利益个体和群体的反对和阻挠。但是，全社会尤其是既得利益群体应该明白：构造和谐的人际关系，既是我们谋取可持续、健康发展的必要条件，也是我们追求的发展目标和发展境界，是建设美丽中国和幸福中国、实现中国梦的重要措施，是社会每一个个体获得幸福生活的重要条件。作为公共利益代表的政府，必须以巨大的勇气、高超的智慧和有效的措施，推动利益格局的调整和完善，从而形成和谐的人与人的关系，建成和谐社会。

总结：中国改革及个人主体发展的展望

根据马克思的社会三形态理论，我国社会正处于第一大社会形态向第二大社会形态的转变之中，即“人的依赖关系”社会向“以物的依赖性为基础的人的独立性”社会转型，也就是社会的现代性转型或现代化。这种转型涉及经济、政治、社会、文化等一系列的变革，更涉及人的生存发展状态和境遇的转换。在这个过程中，个人主体破土而出，并反过来支撑和促进经济、政治、社会和文化等的变革；同时伴随着另一个现代性后果出现了：自我与他者之间的剧烈冲突。造成这种冲突的重要原因在于个人主体的片面发展和个人主体性的过分膨胀。

个人主体的生成不是偶然的事件，它是现代化的必然产物。中国尚处于现代化过程之中，个人主体仍然处于生成、发育和成长之中，只要中国的现代化不逆转、不中断，中国个人主体的生成发展趋向就不会逆转或中断。改革的深化将推动中国现代化的深化，这必将冲破中国个人主体生成发展尚存的种种羁绊。同时，个人主体的生成、发育和成长将极大地促进中国社会的现代转型。

中国改革开放 30 多年的事实证明，个人主体在发挥主体性时，很容易过度膨胀，从而导致个人主体性危机。这一危机严重危及个人主体和现代化的进一步发展，如果不及时化解，将导致个人主体性和现代化的自我否定。

上述实际问题对中国今后的改革提出了两个方面的要求：一方面，通过改革的深化，继续破除羁绊个人主体性发挥的各种因素，继续促进个人主体的发育成长；另一方面，改革的内涵需要拓展：革除激化主体际冲突的各种不合理、不公平因素，尤其要改变激化主体间冲突的失衡的利益格局，伸张公平正义，大力推动构建和谐的主体际关系，努力实现不同个人主体之间、个体与群体之间、个体与社会之间、群体之间的协调发展和共赢发展，即和谐发展。这是中国个人主体、个人主体性和现代化健康发展的必然要求。

参考文献

一 著作

1.《马克思恩格斯文集》第 1 卷，人民出版社 2010 年版。
2.《马克思恩格斯文集》第 2 卷，人民出版社 2010 年版。
3.《马克思恩格斯文集》第 3 卷，人民出版社 2010 年版。
4.《马克思恩格斯文集》第 4 卷，人民出版社 2010 年版。
5.《马克思恩格斯选集》第 1 卷，人民出版社 1995 年版。
6.《马克思恩格斯选集》第 2 卷，人民出版社 1995 年版。
7.《马克思恩格斯选集》第 3 卷，人民出版社 1995 年版。
8.《马克思恩格斯选集》第 4 卷，人民出版社 1995 年版
9.《马克思恩格斯全集》第 1 卷，人民出版社 1956 年版。
10.《马克思恩格斯全集》第 2 卷，人民出版社 1957 年版。
11.《马克思恩格斯全集》第 7 卷，人民出版社 1959 年版。
12.《马克思恩格斯全集》第 16 卷，人民出版社 1972 年版。
13.《马克思恩格斯全集》第 19 卷，人民出版社 1973 年版。
14.《马克思恩格斯全集》第 22 卷，人民出版社 1965 年版。
15.《马克思恩格斯全集》第 26 卷第Ⅱ册，人民出版社 1973 年版。
16.《马克思恩格斯全集》第 30 卷，人民出版社 1995 年版。
17.《马克思恩格斯全集》第 39 卷，人民出版社 1974 年版
18.《马克思恩格斯全集》第 42 卷，人民出版社 1979 年版。
19.《马克思恩格斯全集》第 46 卷（上），人民出版社 1979 年版。
20.《马克思恩格斯全集》第 46 卷（下），人民出版社 1980 年版。
21.《毛泽东选集》第 2 卷，人民出版社 1991 年版。
22.《毛泽东选集》第 3 卷，人民出版社 1991 年版。

23.《毛泽东选集》第五卷，人民出版社1977年版。

24.《邓小平文选》第3卷，人民出版社1993年版。

25.《邓小平文选》第2卷，人民出版社1994年版。

26.《斯大林选集》下卷，人民出版社1979年版。

27.《斯大林全集》第10卷，人民出版社1954年版。

28.《列宁选集》第4卷，人民出版社1995年版。

29.《列宁全集》第42卷，人民出版社1987年版。

30.《列宁全集》第36卷，人民出版社1985年版。

31.《列宁全集》第26卷，人民出版社1959年版。

32.《联共（布）党史简明教程》，人民出版社1975年版。

33.《十二大以来重要文献选编》（上），人民出版社1986年版。

34.《十二大以来重要文献选编》（中），人民出版社1986年版。

35.《十三大以来重要文献选编》（上），人民出版社1991年版。

36.《十六大以来重要文献选编》（上），中央文献出版社2005年版。

37.《牛津高阶英汉双解词典》第6版，商务印书馆、牛津大学出版社2004年版。

38.［美］艾恺：《世界范围内的反现代化思潮——论文化守成主义》，贵州人民出版社1991年版。

39.［英］安东尼·吉登斯：《超越左与右——激进政治的未来》，李惠斌等译，社会科学文献出版社2000年版。

40. 陈弘毅：《法治、启蒙与现代法的精神》，中国政法大学出版社1998年版。

41. 陈新夏：《人的尺度——主体尺度研究》，湖南人民出版社1995年版。

42. 大卫·雷·格里芬：《后现代精神》，中央编译出版社1997年版。

43.［美］丹尼尔·贝尔：《资本主义文化矛盾》，赵一凡、蒲隆、任晓晋译，三联书店1989年版。

44. 邓正来、亚历山大：《国家与市民社会》，上海人民出版社2006年版。

45. 邓正来：《国家与社会：中国市民社会研究》，北京大学出版社2008年版。

46. 丁龙嘉：《改革从这里起步——中国农村改革》，安徽人民出版社

1998 年版。

47. 段红柳：《构建法治政府论》，湖南人民出版社 2007 年版。

48. 范宝舟：《论马克思交往理论及其当代意义》，社会科学文献出版社 2005 年版。

49. 费孝通：《费孝通论文化与文化自觉》，群言出版社 2007 年版。

50. 费孝通：《乡土中国》，凤凰出版集团、江苏文艺出版社 2007 年版。

51. ［美］费正清、赖肖尔：《中国：传统与变革》，江苏人民出版社 1996 年版。

52. ［美］费正清：《中国与美国》，商务印书馆 1971 年版。

53. 丰子义等：《主体论：新时代新体制呼唤的新人学》，北京大学出版社 1994 年版。

54. 冯契：《逻辑思维的辩证法》，华东师范大学出版社 1996 年版。

55. ［美］弗莱德 · R. 多尔迈：《主体性的黄昏》，上海人民出版社 1992 年版。

56. 傅永军：《控制与反抗》，泰山出版社 1998 年版。

57. 郭湛：《主体性哲学：人的存在及其意义》，云南人民出版社 2002 年版。

58. ［英］哈耶克：《个人主义与经济秩序》，生活 · 读书 · 新知三联书店 2003 年版。

59. 韩庆祥、邹诗鹏：《人学——人的问题的当代阐释》，云南人民出版社 2001 年版。

60. 韩庆祥：《能力本位》，中国发展出版社 1999 年版。

61. 韩庆祥、张军：《能力改变命运》，中国发展出版社 2002 年版。

62. 韩庆祥、宫敬才：《计划人与市场人》，当代中国出版社 1995 年版。

63. 何传启：《东方复兴：现代化的三条道路》，商务印书馆 2003 年版。

64. 何增科：《公民社会与民主治理》，中央编译出版社 2007 年版。

65. ［美］赫伯特 · 马尔库塞：《单面人：发达工业社会意识形态研究》，湖南人民出版社 1988 年版。

66. 黑格尔：《法哲学原理》，范扬、张企泰译，商务印书馆 1961 年版。

67. 黑格尔：《历史哲学》，上海书店出版社 1956 年版。

68. 胡锦涛：《高举中国特色社会主义伟大旗帜　为夺取全面建设小康社会新的胜利而奋斗——在中国共产党第十七次全国代表大会上的报告》，

人民出版社 2007 年版。

69. 胡希宁、汪艳：《西方经济学与中国经济体制改革》，中华工商联合出版社 1996 年版。

70. 江流、陈之骅：《苏联演变的历史思考》，中国社会科学出版社 1994 年版。

71. 江泽民：《论党的建设》，中央文献出版社 2001 年版。

72. 康德：《历史理性批判文集》，商务印书馆 1990 年版。

73. 康健：《是家乡，不是异乡：个人存在的真实性及其限度》，中央编译出版社 2000 年版。

74. 旷三平、常晋芳：《唯物史观前沿问题研究》，中国社会科学出版社 2004 年版。

75. 李炳炎：《共同富裕经济学》，经济科学出版社 2006 年版。

76. 李超：《社会主义市场经济的人学底蕴》，人民出版社 2004 年版。

77. 李正华：《中国改革开放的酝酿与起步》，方志出版社 2007 年版。

78. 利普哈特：《民主的模式》，北京大学出版社 2006 年版。

79. 刘放桐：《新编现代西方哲学》，人民出版社 2000 年版。

80. 刘军宁：《共和民主宪政——自由主义思想研究》，上海三联书店 1998 年版。

81. 刘军宁：《经济民主与经济自由》，生活·读书·新知三联书店 1997 年版。

82. 刘克明：《苏联政治经济体制七十年》，中国社会科学出版社 1990 年版。

83. 龙柏林：《个人交往主体性研究》，广东人民出版社 2005 年版。

84. 鲁品越：《资本逻辑与当代现实——经济发展观的哲学沉思》，上海财经大学出版社 2006 年版。

85. 陆震：《中国传统社会心态》，浙江人民出版社 1996 年版。

86. ［美］罗尔斯：《正义论》，何怀宏等译，中国社会科学出版社 1988 年版。

87. ［美］罗尔斯：《作为公平的正义》，姚大志译，上海三联书店 2002 年版。

88. 罗荣渠：《现代化新论：世界与中国的现代化进程》，北京大学出版社 1993 年版。

89. 马长山：《国家、市民社会与法治》，商务印书馆2003年版。

90. 马丁·布伯：《我与你》，生活·读书·新知三联书店2002年版。

91. 马克思：《1844年经济学哲学手稿》，人民出版社1985年版。

92. 马克思：《资本论》第1卷，人民出版社2004年版。

93. 马克思、恩格斯：《共产党宣言》，人民出版社1997年版。

94. ［美］曼瑟尔·奥尔森著：《集体行动逻辑》，陈郁、郭宇峰、李崇新译，上海三联书店、上海人民出版社1995年版。

95. ［美］莫蒂默·艾德勒：《6大观念》，陈德中译，重庆出版社、海南出版社2005年版。

96. 钱乘旦、刘金源：《寰球透视：现代化的迷途》，浙江人民出版社1999年版。

97. 任平：《交往实践的哲学》，云南人民出版社2003年版。

98. 任平：《走向交往实践的唯物主义》，人民出版社2003年版。

99. 任平：《交往实践哲学：全球化语境中的哲学视域》，人民出版社2003年版。

100. 沙莲香：《中国国民性》（一），中国人民大学出版社1989年版。

101. 佘碧平：《现代性的意义与局限》，上海三联书店2000年版。

102. 沈大德、吴延嘉：《中国传统社会结构探析》，台北南天书局1998年版。

103. 沈宗灵：《现代西方法理学》，北京大学出版社1992年版。

104. 石元康：《从中国文化到现代性：典范转移?》，生活·读书·新知三联书店2000年版。

105. 万光侠：《市场经济与人的存在方式》，中国公安大学出版社2002年版。

106. 王亚南：《中国官僚政治研究》，中国社会科学出版社1981年版。

107. 王岳川：《后现代主义文化研究》，北京大学出版社1992年版。

108. 吴敬琏：《转轨中国》，四川人民出版社2002年版。

109. 吴象：《中国农村改革实录》，浙江人民出版社2001年版。

110. 吴晓波：《激荡三十年》（上），中信出版社、浙江人民出版社2007年版。

111. 吴晓波：《激荡三十年》（下），中信出版社、浙江人民出版社2007年版。

112. 吴忠民:《走向公正的中国社会》，山东人民出版社 2008 年版。

113. 吴泽:《吴泽文集》第三卷，华东师范大学出版社 2002 年版。

114. ［英］肖恩·塞耶斯:《马克思主义与人性》，冯颜利译，东方出版社 2008 年版。

115. 肖前、黄楠森:《马克思主义哲学原理》（下册），中国人民大学出版社 1994 年版。

116. 许纪霖等:《中国现代化史》第一卷（1880—1949），上海三联书店 1995 年版。

117. 杨冬雪、薛晓源:《第三条道路与新的理论》，社会科学文献出版社 2000 年版。

118. ［德］尤尔根·哈贝马斯:《公共领域的结构转型》，曹卫东等译，雪林出版社 1999 年版。

119. ［德］尤尔根·哈贝马斯:《交往行为理论：行为合理化与社会合理化》，上海人民出版社 1987 年版。

120. 余秋雨:《千年一叹》，作家出版社 2002 年版。

121. 俞吾金:《重新理解马克思》，北京师范大学出版社 2005 年版。

122. 袁祖社:《权力与自由》，中国社会科学出版社 2003 年版。

123. ［美］詹姆斯·布坎南:《财产与自由》，韩旭译，中国社会科学出版社 2002 年版。

124. ［美］詹姆斯·布坎南:《自由、市场和国家》，北京经济学院出版社 1991 年版。

125. 张传有:《西方智慧的源流》，武汉大学出版社 1999 年版。

126. 张国、林善浪等:《中国发展问题报告》，中国社会科学出版社 2001 年版。

127. 张晋藩:《中国法律的传统与近代转型》，法律出版社 1997 年版。

128. 张雄:《经济哲学：从历史哲学向经济哲学的跨越》，云南人民出版社 2002 年版。

129. 张雄:《市场经济中的非理性世界》，立信会计出版社 1995 年版。

130. 张雄:《历史转折论》，上海社会科学院出版社 1994 年版。

131. 张彦、陈红霞:《社会保障概论》，南京大学出版社 1999 年版。

132. 张一兵、胡大平:《西方马克思主义哲学的历史逻辑》，南京大学出版社 2003 年版。

133. 张一兵：《马克思历史辩证法的主体向度》，南京大学出版社 2002 年版。

134. 张银杰：《市场经济理论与市场经济体制改革新论》，上海财经大学出版社 2006 年版。

135. 张宇：《中国的转型模式：反思与创新》，经济科学出版社 2006 年版。

136. 郑永庭：《人际关系学》，中国青年出版社 1998 年版。

137. 中共中央党史研究室第三研究部：《邓小平与改革开放的起步》，中共中央党史出版社 2005 年版。

138. 中共中央宣传部理论局：《理论热点面对面（2007）》，学习出版社、人民出版社 2007 年版。

139. 周志山：《马克思社会关系理论及其当代意义》，齐鲁书社 2004 年版。

140. 庄国雄、马拥军、孙承叔：《历史哲学》，复旦大学出版社 2004 年版。

141. 张雄、鲁品越：《中国经济哲学评论》，社会科学文献出版社 2007 年版。

142. 周文文：《伦理 理性 自由》，学林出版社 2006 年版。

143. 孙承叔：《打开东方社会秘密的钥匙》，东方出版中心 2004 年版。

144. 王雨辰：《中国语境中的西方马克思主义哲学研究》，湖北人民出版社 2010 年版。

145. 王雨辰：《哲学批判与解放的乌托邦》，黑龙江大学出版社 2007 年版。

二 论文

146. 阿尔都塞：《列宁在黑格尔面前》，《马列研究资料》1984 年第 5 期。

147. 曹天予：《科学和哲学中的后现代性》，《哲学研究》2000 年第 2 期。

148. 陈海娟、陈旭东：《如何看待马克思主义的复兴——访英国肯特大学教授塞尔斯》，《社会科学报》2008 年 6 月 19 日第 7 版。

149. 邓正来、景跃进：《构建中国的市民社会》，《中国社会科学辑刊》（香港）1992 年总第 1 期。

150. 恩格斯：《反杜林论》，载《马克思恩格斯选集》第 3 卷，人民出版社 1972 年版。

151. 高尚全：《大力发展民本经济》，《中外企业家》2002 年第 5 期。

152. 郭凤海：《自由的歧路——“苏联哲学”的历史命运及启示》，《理论探讨》2007 年第 3 期。

153. 国家统计局：《从基尼系数看贫富差距》，《中国国情国力》2001 年第 1 期。

154. 韩立新：《市民社会和社会主义的关系》，《学习时报》2008 年 5 月 19 日。

155. 韩庆祥：《关于以人为本的若干重要问题》，《哲学研究》2005 年第 2 期。

156. 韩庆祥：《论建设社会主义核心价值体系的现实意义》，《中国党政干部论坛》2007 年第 10 期。

157. 何增科：《市民社会概念的历史演变》，《中国社会科学》1994 年第 5 期。

158. 何增科：《关于市民社会概念问题的几点思考》，《现代与传统》1994 年第 4 期。

159. 蒋一苇：《企业本位论》，《中国社会科学》1980 年第 1 期。

160. 李继武：《现代性、现代化及其商品经济形式的宏大背景》，《唯实》2007 年第 3 期。

161. 李淑梅：《社会转型与人的现代重塑》，山西教育出版社 1998 年版。

162. 李燕：《个性自由与“丰富的个体”之文化共同体》，《哲学研究》2003 年第 11 期。

163. 鲁品越：《生产关系理论的主体性复归》，《教学与研究》2002 年第 2 期。

164. 鲁品越：《中国历史进程与市民社会之构建》，《中国社会科学辑刊》（香港）1994 年总第 8 期。

165. 鲁品越：《资本与现代性的生成》，《中国社会科学》2005 年第 3 期。

166. 鲁品越：《中国现代化悖论与和谐社会构建》，《上海财经大学学报》2007 年第 2 期。

167. 刘国光：《我的经历：计划与市场关系变革三十年》，《社会科学报》2008 年 10 月 16 日。

168. 马长山：《略论我国团体的法律地位及淡化其行政化倾向》，《政治与法律》1992 年第 3 期。

169. 潘岳：《可持续发展与文明转型》，《人民日报》（海外版）2004 年 1 月 16 日第 2 版。

170. 盛邦和：《亚细亚生产方式与中国》，《中州学刊》2006 年第 2 期。

171. 孙立平：《改革以来中国社会结构的变迁》，《中国社会科学》1994 年第 4 期。

172. 唐文明：《何谓现代性?》，《哲学研究》2000 年第 8 期。

173. 陶卫华：《吴敬琏谈中国改革 30 年：停顿和倒退没有出路》，《小康》2008 年 3 月 30 日。

174. 万俊人：《普世伦理及其方法问题》，《哲学研究》1998 年第10 期。

175. 汪晖：《韦伯与中国的现代性问题》，载《汪晖自选集》，广西师范大学出版社 1997 年版。

176. 王雨辰：《论塞耶斯对马克思主义人学的解读》，《山东社会科学》2010 年第 1 期。

177. 王雨辰：《论马尔库塞对历史唯物主义理论人本主义化的理解》，《武汉大学学报》2010 年第 2 期。

178. 王雨辰：《略论弗洛姆对马克思主义哲学的人学解读》，《武汉大学学报》2005 年第 3 期。

179. 王雨辰：《人道主义还是反人道主义：评西方马克思主义视阈中的马克思主义和人道主义的关系》，《青海社会科学》2004 年第 5 期。

180. 王雅林：《“社会转型”理论的再构与创新发展》，《江苏社会科学》2000 年第 2 期。

181. 王亚南：《中国官僚政治研究》，中国社会科学出版社 1981 年版。

182. 许纪霖等：《中国现代化史》第 1 卷（1880—1949），上海三联书店 1995 年版。

183. 衣俊卿：《现代性的维度及其当代命运》，《中国社会科学》2004 年第 4 期。

184. 衣俊卿：《社会发展与文化转型》，《哲学动态》2000 年第 3 期。

185. 俞吾金：《也谈“人的全面发展”问题》，《毛泽东邓小平理论研究》2004 年第 1 期。

186. 俞吾金：《在实践中丰富马克思关于个人全面发展的理念》，《学术界》2001 年第 5 期。

187. 俞吾金：《人文关怀：马克思哲学的另一个维度》，《光明日报》2001 年 2 月 6 日。

188. 张晓峰：《理性的缺憾及对理性主义政策分析的反思》，《政治学研究》2004 年第 4 期。

189. 张雄：《对经济个人主义的哲学分析》，《中国社会科学》1992 年第 2 期。

190. 张雄：《货币幻象：马克思的历史哲学解读》，《中国社会科学》2004 年第 4 期。

191. 张雄：《人的生命质量是经济学最根本的价值前提：关于经济学与人学关系的思考》，《江海学刊》2005 年第 5 期。

192. 张雄：《现代性后果：从主体性哲学到主体性资本》，《哲学研究》2006 年第 10 期。

193. 张雄：《现代性逻辑预设何以生成》，《哲学研究》2006 年第 1 期。

194. 张彦：《试析市场经济的伦理基础》，《学术月刊》2005 年第 4 期。

195. 孙承叔：《关于重建个体所有制的一点哲学思考》，《东南学术》2000 年第 6 期。

196. 孙承叔：《马克思唯物史观的历史主体理论》，《西南师范大学学报》（人文社会科学版）2005 年第 9 期。

三　外文资料

197. Joseph Raz, *The Authority of Law*, Claredon Press, 1979.

198. Amartya Sen, *Development as Freedom*, New York: Alfred Knopf, 1999.

199. Becker, L., C., *Property Rights: Philosophic Foundations*, Routledge and Kegan Paul, 1977.

200. Dworkin, R., *Taking Rights Seriously*, Duckfworth, 2000.

201. Nozick, R., *Anarchy*, *State*, *and Utopia*, New York: Basic Books, Inc., Publishers, 1974.

202. Rawls, J., *A Theory of Justice*, Harvard University Press, 1971.

203. Hugh Potter, Pornography, *Group Pressures and Individual Rights*, The Federation Press, 1996.

后　记

（本书由我博士论文的一部分修改、扩展而成。当年，获知博士论文盲审成绩，欣喜无比。正式答辩，全优通过。激情之下，一挥而就，草成此文。为了留住逝去的历史，特保留原貌，作为本书的“后记”）

看到这篇博士论文的盲审成绩的一刹那，不由自主地从我内心深处涌出这样一句话：老师，谢谢您！谢谢你们的严格要求。接着，正式答辩全优通过，信心大增！我想，如果不是导师们一贯的严格要求和热情鼓励，我不可能取得如此成绩。说起来很惭愧，我曾埋怨导师们太过苛刻。但愿来者能够明白：老师对学生的严格要求才是真正的关爱啊!!

本来有一份安稳的工作，但潜藏于内心深处的那个“形而上情结”时时折磨着我，驱使我毅然放弃升迁的机会，最后竟辞掉工作，走上了攻读硕士学位、继而博士学位的不归之路。弹指一挥间，六个春秋悄然逝去！

事非经过不知难。这个过程的痛苦无法形容！我体悟到，思想本身就是痛苦。我感受到，功利滚滚的时代坚守象牙塔的艰辛。博士论文选题，变换竟达七八次之多，一个刚做到半成品即换另一个，犹豫徘徊，举棋不定，苦闷至极，焦虑万分，曾担心会重蹈“一路捡，一路丢”的那个猴子的覆辙……

好在快乐并不少于痛苦。徜徉书海，与古今圣贤、智者对话，得晤社会、人生真谛，洞悉天地玄机；会聚书堂，聆听导师教诲，追随学术前沿；参加学术报告会，目睹大师风范，享受思想盛宴；聚会学友，敞开心扉，天马行空，时时面红耳赤，竟时常废寝忘食；每有心得，龙飞凤舞于键盘，寄去杂志社，或有用稿通知，莫不欣喜若狂；塞翁失马，博士论文选题的变幻多端，说不定真的造就我为“博”士，呵呵……

幸得诸师长和朋友的提携、关爱，这三年的崎岖路总算走了过来。

我首先要感谢我的导师张彦教授。他是我博士论文的第一导师。他渊博的学识折服了我，他务实的学风感染了我；他“授人以渔”的指导方法锻炼了我的独立研究能力（很长一段时间我还对他的这一方法不理解呢，愚钝如我，直到现在才真正理解这一方法的高妙和他的一片苦心!）；他在我论文冲刺的最后关头竟亲自“抓鱼”送给我（帮我收集了宝贵的资料），帮我完善了论文；他虽然自己工作和科研繁忙，但总是耐心听取我往往长达一个小时的唠唠叨叨（汇报思想和研究心得），并给予热情的鼓励，又四两拨千斤，轻轻地、简洁地指出问题……

我要特别感谢张雄教授。初来上海，人地两生，他常有询问和关心，使我感受到了亲人般的温暖；在课堂上，张老师以其渊博的知识、深邃的思想和流畅的表达吸引了我，他常常鼓励我讲体会、谈看法，并总能得到他的肯定和称赞，他的课令我受益匪浅；记得我开题不顺，心情沮丧，不久在校园内相遇，他热情地鼓励我，一句“你是很能干的”令我信心大增；预答辩后，他亲自打电话给我，耐心听取我的修改计划，并提出了十分宝贵的具体的修改建议，这次通话竟达半小时之久!

我要特别感谢鲁品越教授。他恢宏的思想、巨大的研究热情深深地吸引了我；他强烈的创新意识和杰出的创新能力，深深地折服了我；他对我博士论文的框架结构提出了决定性的建议，并提出了很多具体而深刻的修改意见，使我少走了许多弯路，受益良多。让我由衷地道一声：鲁老师，谢谢您!!

我要衷心地感谢马钦荣教授、徐大健教授、盛邦和教授、章忠民教授、宓文湛教授、卜祥记教授、马拥军教授、范宝州副教授、汪传发副教授、陆绯云研究员、周文文老师等等。感谢他们对我的关心，感谢他们把渊博的知识传授给了我。

有幸结识张雪奎、张家喜、速继明、余菲、王博识、毛矛、鲍伶俐、陈伟、余程跃、赵明强、左大鹏、李志平、张锐、何怀浪等学友。尤其张家喜、速继明、张雪奎，与我交流思想十分深入和投机，他们给了我很大的帮助。

我还要感谢北京大学博士、即将赴美从事博士后研究的何思志君，他对我论文的形式完善提出了重要建议；感谢华南师范大学英语教师潘君武先生，他对我英文摘要提出了有价值的修改意见。

最后，我尤其要感谢我的妻子蔡红明女士。不用说硕博六年，我负笈在外，家事全赖她；不用说这么多年她为我提供了经济支持；不用说她在文字上和排版方面帮我完善博士论文……我要说的是，她还是我的精神后盾和奋斗的动力！我最放心不下的是儿子的教育和成长问题，但儿子偏偏顽皮得很，常常破坏常规，惹出乱子，但为了让我安心学业，妻常常报喜不报忧。在电话中，我曾对妻戏言：百无一用是书生，况且我又是学哲学的，今后找不到工作咋办啊？她答道：那你就继续读书，读博士后，家事不用你操心。可读完博士后还是找不到工作呢？她干脆地回答：你就回家带孩子，我养活你们！……我默然了，任泪水静悄悄地淌……

这世界充满爱，这么多的人关爱我！我何以报答？唯有效仿他们，去爱他人和社会！好人配享好的生活，好人们应该生活在一个好的社会环境中。我能做点什么呢？为建设好的社会奉献自己的一份力量！毕业在即，我知道自己今后要做什么了。

詹宏伟
2008 年 12 月 6 日深夜
于上海国权北路研究生公寓